Resumo de
DIREITO TRIBUTÁRIO

Conselho Editorial
André Luís Callegari
Carlos Alberto Molinaro
César Landa Arroyo
Daniel Francisco Mitidiero
Darci Guimarães Ribeiro
Draiton Gonzaga de Souza
Elaine Harzheim Macedo
Eugênio Facchini Neto
Giovani Agostini Saavedra
Ingo Wolfgang Sarlet
José Antonio Montilla Martos
Jose Luiz Bolzan de Morais
José Maria Porras Ramirez
José Maria Rosa Tesheiner
Leandro Paulsen
Lenio Luiz Streck
Miguel Àngel Presno Linera
Paulo Antônio Caliendo Velloso da Silveira
Paulo Mota Pinto

Dados Internacionais de Catalogação na Publicação (CIP)

M663r   Minardi, Josiane.
        Resumo de direito tributário / Josiane Minardi, Leandro Paulsen. – Porto Alegre : Livraria do Advogado Editora, 2016.
        235 p. ; 23 cm.
        Inclui bibliografia.
        ISBN 978-85-69538-46-2

        1. Direito tributário. 2. Tributos. 3. Imunidade tributária. 4. Obrigação tributária. 5. Crédito tributário. 6. Contribuições (Direito tributário). I. Paulsen, Leandro. II. Título.

CDU 34:336.2
CDD 343.04

Índice para catálogo sistemático:
1. Direito tributário   34:336.2

(Bibliotecária responsável: Sabrina Leal Araujo – CRB 10/1507)

Josiane Minardi
Leandro Paulsen

Resumo de
DIREITO TRIBUTÁRIO

Porto Alegre, 2016

©
Josiane Minardi
Leandro Paulsen
2016

Capa, projeto gráfico e diagramação
Livraria do Advogado Editora

Revisão
Rosane Marques Borba

Direitos desta edição reservados por
Livraria do Advogado Editora Ltda.
Rua Riachuelo, 1300
90010-273 Porto Alegre RS
Fone: 0800-51-7522
editora@livrariadoadvogado.com.br
www.doadvogado.com.br

Impresso no Brasil / Printed in Brazil

Sumário

1. Conceito de tributo
Josiane Minardi...11

2. Espécies de tributos
Josiane Minardi...14
    2.1. As cinco espécies tributárias..14
    2.2. Taxas – Previsão: art. 145, II, da CF e arts. 77 a 79 do CTN..................16
    2.3. Taxa e tarifa...18
    2.4. Contribuição de Melhoria – Previsão: art. 145, III, da CF e arts. 81 a 82 do CTN, DL 195/1967...19
    2.5. Empréstimo Compulsório – Previsão: art. 148 da CF...........................21

3. Competência tributária
Josiane Minardi...23
    3.1. Características da competência tributária...24
    3.2. Classificação da competência tributária..27
    3.3. Repartição das receitas tributárias..29
    3.4. Exercício da Competência Tributária..30

4. Princípios de Direito Tributário
Josiane Minardi...32
    4.1. Princípio da legalidade..32
    4.2. Atenuação do princípio da legalidade..33
    4.3. Princípio da isonomia..34
    4.4. Princípio da irretroatividade...35
    4.5. Princípio da anterioridade..37
    4.6. Princípio do não confisco..39
    4.7. Princípio da liberdade de tráfego...40
    4.8. Princípio da uniformidade geográfica..41
    4.9. Princípio da capacidade contributiva..42
    4.10. Princípio da proibição das isenções heterônomas...............................44
    4.11. Princípio da não discriminação quanto à procedência ou destino.............44

5. Imunidades
Josiane Minardi...46
    5.1. Imunidade recíproca..47
    5.2. Imunidade recíproca e os impostos indiretos..49
    5.3. Imunidade dos templos de qualquer culto..50
    5.4. Imunidade subjetiva...51
    5.5. Imunidade objetiva...52
    5.6. Imunidade dos CDs e DVDs..53

6. Legislação tributária
Leandro Paulsen 54
- 6.1. Espécies normativas 54
- 6.2. Vigência da legislação tributária 61
- 6.3. Aplicação da legislação tributária 63
- 6.4. Integração da legislação tributária 65
- 6.5. Interpretação da legislação tributária 68

7. Capacidade, cadastro e domicílio
Leandro Paulsen 70
- 7.1. Capacidade tributária 70
- 7.2. Cadastros de contribuintes 70
- 7.3. Domicílio tributário 71

8. Obrigações tributárias
Leandro Paulsen 73
- 8.1. Relações contributivas, colaborativas e punitivas 73
- 8.2. Obrigações principais e acessórias 74
- 8.3. Aspectos da norma tributária impositiva 76
- 8.4. Fato gerador das obrigações tributárias 77
- 8.5. Classificação dos fatos geradores 78
- 8.6. Ocorrência dos fatos geradores 79
- 8.7. Planejamento tributário e norma tributária antielisiva 81
- 8.8. Sujeito ativo das obrigações tributárias 82
- 8.9. Sujeito passivo das obrigações tributárias 84
- 8.10. Solidariedade 86
- 8.11. Responsabilidade tributária 87
- 8.12. Responsabilidade dos sucessores 88
- 8.13. Responsabilidade de terceiros 91

9. Ilícito tributário
Leandro Paulsen 96
- 9.1. Infrações à legislação tributária e multas 96
- 9.2. Responsabilidade por infrações à legislação tributária 97
- 9.3. Denúncia espontânea 99

10. Constituição do crédito tributário
Leandro Paulsen 102
- 10.1. Natureza do crédito tributário 102
- 10.2. Existência, exigibilidade e exequibilidade 103
- 10.3. Constituição do crédito tributário 103
- 10.4. Lançamento 104
- 10.5. Modalidades de lançamento 108

11. Suspensão da exigibilidade do crédito tributário
Leandro Paulsen 111

12. Exclusão do crédito tributário
Leandro Paulsen 117
- 12.1. Natureza e efeitos da exclusão do crédito tributário 117
- 12.2. Isenção 117
- 12.3. Anistia 120

13. Extinção do crédito tributário
Leandro Paulsen..122
   13.1. Hipóteses de extinção do crédito tributário.......................................122
   13.2. Pagamento, juros e multas...123
   13.3. Compensação..128
   13.4. Transação...129
   13.5. Remissão..130
   13.6. Decadência do direito de lançar..130
   13.7. Prescrição da ação para execução do crédito tributário..................132

14. Garantias e privilégios do crédito tributário
Leandro Paulsen..136
   14.1. Meios de garantia e privilégios..136
   14.2. Indisponibilidade dos bens...138
   14.3. Preferência do crédito tributário..140

15. Administração tributária
Leandro Paulsen..144
   15.1. Fiscalização tributária...144
   15.2. Dívida ativa...148
   15.3. Certidões negativas de débito..152

16. Processo tributário
Josiane Minardi..155
   16.1. Ação Declaratória..155
   16.2. Ação Anulatória...156
   16.3. Mandado de Segurança..156
   16.4. Execução fiscal e embargos à execução fiscal....................................157
   16.5. Exceção de pré-executividade..158
   16.6. Ação de restituição..159

17. Impostos federais
Josiane Minardi..162
   17.1. Imposto sobre Importação de Produtos Estrangeiros – II.............162
   17.2. Imposto sobre Exportação de Produtos Nacionais – IE..................164
   17.3. Imposto sobre Renda e Proventos de Qualquer Natureza – IR....166
   17.4. Imposto sobre Produtos Industrializados – IPI................................169
   17.5. Imposto sobre Operações de Crédito, Câmbio e Seguros – IOF....172
   17.6. Imposto sobre Propriedade Territorial Rural – ITR.........................175
   17.7. Imposto residual..177
   17.8. Imposto Extraordinário de Guerra (IEG)...177

18. Impostos estaduais
Josiane Minardi..179
   18.1. Imposto sobre Transmissão *Causa Mortis* e Doação de Quaisquer Bens ou Direitos – ITCMD..179
   18.2. Imposto sobre Operações relativas à Circulação de Mercadorias e sobre Prestação de Serviços de Transporte Interestadual e Intermunicipal e de Comunicação – ICMS..184
   18.3. Operações sobre circulação de mercadorias......................................184
   18.4. Serviços de transporte intermunicipal e interestadual....................187
   18.5. Serviço de comunicação..187
   18.6. Imposto Sobre a Propriedade de Veículos Automotores – IPVA...192

19. Impostos municipais
Josiane Minardi..195
   19.1. Imposto sobre Propriedade Predial e Territorial Urbana – IPTU.............195
   19.2. Imposto sobre Transmissão *inter vivos* de Bens Imóveis e direitos a eles relativos – ITBI..198
   19.3. Imposto sobre Serviços de Qualquer Natureza – ISS ou ISSQN.............202

20. Contribuições
Leandro Paulsen..207

21. Contribuições de seguridade social previdenciárias
Leandro Paulsen..209
   21.1. Contribuição dos empregados ao RGPS...209
   21.2. Contribuição dos contribuintes individuais (autônomos).....................211
   21.3. Contribuições previdenciárias dos empregadores e das empresas..........212

22. Contribuições de seguridade social sobrea receita (PIS e COFINS)
Leandro Paulsen..216
   22.1. A receita como base tributável..216
   22.2. PIS e COFINS comuns ou cumulativas..217
   22.3. PIS e COFINS não cumulativos..219

23. Contribuições de seguridade social do importador
Leandro Paulsen..221

24. Contribuição de Seguridade Social sobre o Lucro (CSL)
Leandro Paulsen..223

25. Contribuições de intervenção no domínio econômico
Leandro Paulsen..225
   25.1. Contribuição destinada ao SEBRAE...225
   25.2. Contribuição sobre a comercialização de combustíveis......................226

26. Contribuições do interesse de categorias profissionais ou econômicas
Leandro Paulsen..229
   26.1. Contribuição aos conselhos de fiscalização profissional......................229
   26.2. Contribuição sindical...230

27. Contribuição de iluminação pública
Leandro Paulsen..233

1. Conceito de tributo

JOSIANE MINARDI

O tributo é uma prestação pecuniária arrecadada pelo Estado, no uso de seu poder de império, com a finalidade de atender os gastos públicos, cujo conceito encontra-se no art. 3º do Código Tributário Nacional – CTN:

> Art. 3º Tributo é toda prestação pecuniária compulsória, em moeda ou cujo valor nela se possa exprimir, que não constitua sanção de ato ilícito, instituída em lei e cobrada mediante atividade administrativa plenamente vinculada.

Para melhor compreensão, passa-se à análise das estipulações que completam o conceito de tributo.

a) **Tributo é toda prestação pecuniária compulsória** significa dizer que consiste no cumprimento obrigatório de uma prestação em dinheiro, que independe da vontade do sujeito passivo.

O Código Tributário Nacional, ao referir-se à expressão "toda prestação", estabelece que qualquer prestação que se enquadre em todos os requisitos do seu art. 3º será tributo, independentemente da **denominação**, conforme determina seu art. 4º:

> Art. 4º A natureza jurídica específica do tributo é determinada pelo fato gerador da respectiva obrigação, sendo irrelevantes para qualificá-la:
> I – a denominação e demais características formais adotadas pela lei;
> II – a destinação legal do produto da sua arrecadação.

É importante frisar, nesse momento, que ainda que o inciso II do art. 4º do CTN mencione a irrelevância da destinação legal do produto para qualificá-lo como tributo, a partir da Constituição Federal de 1988, para as contribuições e empréstimos compulsórios, tornam-se relevantes suas destinações. Isto acontece porque nessas exações a denominação e a destinação são destacadas pelo próprio legislador constituinte, não tendo relevância para a identificação do fato gerador do tributo, como ocorre com os impostos, taxas e contribuições de melhoria.

b) **Em moeda ou cujo valor nela se possa exprimir:** o legislador infraconstitucional incorreu em redundância ao repetir o caráter pecuniário da prestação, não havia a necessidade de insistir com a locução "em moeda" ou "cujo valor nela possa se exprimir", pois ao tratar de obrigação pecuniária, já significa dizer que será paga em dinheiro.

Ninguém poderá entregar ao fisco, como forma de pagamento, algo que não seja dinheiro, salvo o caso do art. 156, XI, do CTN, que trata da dação de bem imóvel, quando houver expressa previsão em lei. Observa-se que mesmo nesse caso, por se tratar de uma exceção, há necessariamente a previsão em lei para autorizar o pagamento do tributo com a entrega de bem imóvel.

c) **Que não constitua sanção de ato ilícito:** ninguém paga o tributo por ter desrespeitado uma lei, **tributo não é castigo.** Ao contrário, paga-se o tributo por incorrer em uma situação prevista em lei como hipótese de incidência tributária, ou seja, o legislador elegeu uma situação que uma vez praticada pelo sujeito, no mundo concreto, estará sujeita à incidência da norma tributária e por essa razão irá nascer a obrigação de pagar um tributo.

Por exemplo: a lei prevê que a hipótese de incidência tributária do Imposto sobre Renda ou Proventos de Qualquer Natureza – IR – é "auferir renda", ou seja, o sujeito terá que pagar IR quando auferir renda, porque praticou o fato previsto em lei.

Assim sendo, pode-se afirmar que uma lei descreve hipoteticamente um estado de fato e dispõe que a realização concreta, no mundo fenomênico, do que foi descrito, determina o nascimento de uma obrigação de pagar um tributo.[1]

As hipóteses de incidência da norma tributária são sempre constituídas por fatos **lícitos**, que uma vez ocorridos no mundo jurídico originam a obrigação de pagar o tributo.

Jamais, o legislador poderá eleger como hipótese de incidência tributária algo ilícito, como por exemplo, tributar a venda e circulação de drogas pelo ICMS. Embora a hipótese de incidência tributária não se refira a ações ilícitas, os frutos de uma atividade ilícita podem ser objeto de tributação.

Outro exemplo é o caso do Imposto sobre Rendas ou Proventos de Qualquer Natureza – IR –, a hipótese de incidência, também chamada pelo legislador de "fato gerador", é "auferir renda", assim o sujeito que auferir renda terá a obrigação de pagar IR, não importando para fins de tributação como essa renda foi auferida. O que importa é que o sujeito incorreu na previsão da norma tributária: auferir renda.

---

[1] ATALIBA, Geraldo. *Hipótese de Incidência Tributária*. 6ª ed. São Paulo: Malheiros, 2005, p. 53.

Assim, se o sujeito auferiu renda de atividades ilícitas, terá que pagar o IR.

O art. 118, I, do Código Tributário Nacional – CTN – prevê que a definição do fato gerador será interpretada abstraindo-se da validade dos atos praticados pelo sujeito.

> Art. 118. A definição legal do fato gerador é interpretada abstraindo-se:
> I – da validade jurídica dos atos efetivamente praticados pelos contribuintes, responsáveis, ou terceiros, bem como da natureza do seu objeto ou dos seus efeitos;
> II – dos efeitos dos fatos efetivamente ocorridos.

No caso do sujeito que aufere renda pela venda de entorpecentes, a ilicitude é irrelevante para fins tributários, o que importa é que foi praticado o fato gerador, "auferir renda" e por essa razão o sujeito deverá pagar IR.

O STF tem o entendimento majoritário de que praticado o fato gerador previsto em lei, deve ser pago o imposto, independentemente de a atividade ser lícita ou ilícita, conforme se pode observar da ementa do HC 77.530/RS, da relatoria do Ministro Sepúlveda Pertence:

> Drogas: tráfico de drogas, envolvendo sociedades comerciais organizadas, com lucros vultosos subtraídos à contabilização regular das empresas e subtraídos à declaração de rendimentos: caracterização, em tese, de crime de sonegação fiscal, a acarretar a competência da Justiça Federal e atrair pela conexão, o tráfico de entorpecentes: irrelevância da origem ilícita, mesmo quando criminal, da renda subtraída à tributação.

A exoneração tributária dos resultados econômicos de fato criminoso – antes de ser corolário do princípio da moralidade – constituiu violação do princípio da isonomia fiscal, de manifesta inspiração ética.

Os Tribunais Superiores aplicam o princípio *pecunia non olet,* ou seja: o dinheiro não tem cheiro. Não importa de onde vem, nesse caso, a renda auferida, o que importa é que ocorreu o fato gerador do IR, "auferir renda", e por essa razão, aplicando-se o art. 118, I, do CTN, deve haver a tributação.

d) **Instituída em lei** – o tributo só pode ser instituído por meio **de lei,** de acordo com o art. 150, I, da Constituição Federal e art. 97 do CTN, e por meio de instrumento normativo com força de lei, ou seja, Medida Provisória, conforme prevê o art. 62, § 2º, da CF.

e) **cobrada mediante atividade administrativa plenamente vinculada** – O tributo será cobrado pelo Poder Público, que não terá margens para escolhas discricionárias. O fiscal não poderá cobrar o tributo de acordo com a conveniência e a oportunidade; deverá exigir a obrigação tributária do contribuinte exatamente como está disposto na legislação.

2. Espécies de tributos

JOSIANE MINARDI

2.1. As cinco espécies tributárias

Muito se discute sobre quantas espécies tributárias subsistem no ordenamento jurídico pátrio, devido à possibilidade de classificá-las de diversas formas.

Existe a corrente **dualista** ou **bipartida**, segundo a qual as espécies tributárias seriam classificadas em impostos e taxas.

Há a teoria **tripartida, tricotômica ou tripartite**, que divide os tributos em impostos, taxas e contribuição de melhoria. Essa corrente distingue as espécies tributárias de acordo com a vinculação ou não vinculação do tributo.

Um tributo vinculado é aquele relacionado a uma atividade estatal especificamente voltada ao contribuinte, como por exemplo, a contribuição de melhoria, que é devida em decorrência da realização de uma obra pública cuja consequência seja a valorização de um imóvel do contribuinte.

Outro exemplo de tributo vinculado são as taxas que serão pagas pela utilização efetiva ou potencial de um serviço público específico e divisível ou pelo exercício regular do Poder de Polícia.

A **taxa** é um tributo vinculado **direto e imediatamente**: uma vez que se houver a atuação do Estado, nasce a obrigação tributária. Enquanto as **contribuições de melhoria** são devidas se houver uma valorização imobiliária ao contribuinte decorrente de uma obra pública, por isso seria uma **vinculação indireta, mediata,** pois não basta a simples construção de uma obra pública para se ter a imediata cobrança do tributo, deve haver ainda a valorização imobiliária.

Já a não vinculação não está relacionada a uma atividade estatal específica, mas simplesmente à arrecadação de dinheiro aos cofres públicos para suprir as necessidades públicas de maneira geral.

Os impostos são tributos não vinculados, pois, o contribuinte paga por ter praticado o fato gerador, sem saber qual será a contraprestação estatal.

Há a teoria **tetrapartite, quadripartida** ou **tetrapartida** de forma que os tributos seriam impostos, taxas, contribuições e empréstimos compulsórios.

E por último, a teoria **pentapartida** ou **quinquipartida**, segundo a qual os tributos são: impostos, taxas, contribuições de melhoria, contribuições e empréstimo compulsório.

O art. 5º do CTN prevê **três** espécies tributárias:

1) **Impostos**;
2) **Taxas**;
3) **Contribuição de Melhoria**.

A Constituição Federal, no art. 145, prevê as mesmas **três** espécies tributárias:

1) **Impostos**;
2) **Taxas**;
3) **Contribuição de Melhoria**.

O art. 148 da CF faz menção ao **Empréstimo Compulsório**, e o art. 149 da CF refere-se às **Contribuições**.

O art. 149 divide as contribuições em três modalidades, que serão estudadas em outro capítulo:

a) **Contribuição Social**;

b) **Contribuição de Intervenção no Domínio Econômico (CIDE)**;

c) **Contribuição de interesse de categoria profissional ou econômica**.

E o art. 149-A da CF traz a Contribuição para custeio do serviço de iluminação pública – COSIP.

Ainda que o Código Tributário Nacional adote a teoria tripartida, por classificar as espécies tributárias em apenas três (impostos, taxas e contribuição de melhoria), a maioria dos doutrinadores e o **Supremo Tribunal Federal adotam a teoria pentapartida**, que classifica os tributos em 5 espécies tributárias:

a) **Impostos**;

b) **taxas**;

c) **contribuição de melhoria;**
d) **contribuição;**
e) **empréstimo compulsório.**

A maioria das bancas de concursos, dentre elas a FGV, CESPE e FCC, segue a teoria pentapartida, de 5 espécies tributárias. No entanto, se a prova mencionar que, segundo o CTN, são três espécies tributárias, essa alternativa estará correta, pois o art. 5º prevê apenas impostos, taxas e contribuição de melhoria.

As demais exações tributárias, contribuições e o empréstimo compulsório ingressaram no ordenamento jurídico apenas com a Constituição de 1988.

Nos itens que seguem, trataremos das taxas, das contribuições de melhoria e dos empréstimos compulsórios. Os impostos e as contribuições serão objeto de capítulos próprios adiante.

2.2. Taxas – Previsão: art. 145, II, da CF e arts. 77 a 79 do CTN

Trata-se de tributo intimamente ligado à atividade do Estado. Isto quer dizer que a hipótese de incidência da taxa está atrelada a uma contraprestação do Estado, paga pelo contribuinte que usufrui dessa atividade estatal.

A competência para instituição desse tributo é comum, ou seja, todo e qualquer ente federativo que prestar um serviço público poderá instituir taxas.

As taxas poderão ser instituídas por meio de Lei Ordinária.

Segundo art. 145, II, da CF, o fato gerador das taxas pode ser:

(i) **O exercício regular do poder de polícia;**
(ii) **a utilização, efetiva ou potencial, de serviço público específico e divisível, prestado ao contribuinte ou posto à sua disposição.**
Art. 145. A União, os Estados, o Distrito Federal e os Municípios poderão instituir os seguintes tributos:
(...)
II – taxas, em razão do exercício do poder de polícia ou pela utilização, efetiva ou potencial, de serviços públicos específicos e divisíveis, prestados ao contribuinte ou postos a sua disposição;

O conceito de exercício regular do poder de polícia está disposto no art. 78 do CTN:

Art. 78. Considera-se poder de polícia atividade da administração pública que, limitando ou disciplinando direito, interesse ou liberdade, regula a prática de ato ou abstenção de fato, em razão de interesse público concernente à segurança, à higiene, à ordem,

aos costumes, à disciplina da produção e do mercado, ao exercício de atividades econômicas dependentes de concessão ou autorização do Poder Público, à tranqüilidade pública ou ao respeito à propriedade e aos direitos individuais ou coletivos. (Redação dada pelo Ato Complementar nº 31, de 28/12/1966)
Parágrafo único. Considera-se regular o exercício do poder de polícia quando desempenhado pelo órgão competente nos limites da lei aplicável, com observância do processo legal e, tratando-se de atividade que a lei tenha como discricionária, sem abuso ou desvio de poder.

As taxas serão cobradas em razão do exercício do poder de polícia, podendo ser entendido como atividade da administração pública que visa a atender ao interesse público. Citam-se como exemplos: Taxas de Fiscalização, Taxa de Alvará, Taxa de Controle e Fiscalização Ambiental (TCFA – Lei 10.165/2000 – declarada constitucional pelo STF, por meio do RE 416.601), Taxa dos Títulos e Valores Mobiliários (Súmula 665 do STF) etc.

Sobre a possibilidade de cobrança, o STF[2] entende que o exercício do poder de polícia é presumido por existir um **órgão estruturado em efetivo funcionamento**, não sendo necessariamente exigível a fiscalização realizada diretamente pelos agentes.

No caso da hipótese de taxa de utilização de serviço público, devem-se observar os requisitos do art. 79 do CTN, deve ser serviço público específico **E** divisível de utilização efetiva **OU** potencial pelo contribuinte.

Tem-se como serviço público a atividade estatal a fim de satisfazer as necessidades do sujeito passivo.

O serviço público deverá ser específico e divisível. Específico por se tratar de um serviço em particular, de forma que seja possível identificar exatamente qual o serviço prestado. E divisível porque deverá possibilitar a individualização de maneira a quantificar o serviço utilizado.

Segundo entendimento do STF, a segurança pública é serviço público *uti universi*, desse modo, **indivisível,** sendo incompatível com a imposição de taxa, devendo, portanto, ser mantida por meio dos recursos provenientes de impostos. (RE 536639/RN – Rel. Min. Carlos Britto, DJ 04/08/2009)

Outro exemplo que é importante citar é o caso da instituição da taxa de iluminação pública, que foi entendida como inconstitucional pelo STF, tendo em vista a impossibilidade de atender o requisito da **divisibilidade** da taxa. Para uniformizar este entendimento, o STF editou a Súmula Vinculante nº 41.

---

[2] RE-416601 – Informativo 396.

A Taxa de Coleta de Lixo domiciliar (individual, e não a limpeza pública), por se tratar de serviço público **específico e divisível**, foi julgada como constitucional pelo STF, nos termos da Súmula Vinculante nº 19.

Além disso, a utilização do serviço público, segundo o art. 79 do CTN, deverá ser **efetiva** ou **potencial**. **Efetiva**, tendo em vista que deverá ser um serviço prestado de maneira concreta. E **potencial,** porque deverá ser um serviço de utilização obrigatória, colocado à disposição do contribuinte. Vale destacar que o serviço público, quando se apresentar disponível para utilização potencial, se revestirá de compulsoriedade, sendo devida a cobrança da taxa.

> Art. 79. Os serviços públicos a que se refere o art. 77 consideram-se:
> I – utilizados pelo contribuinte:
> a) efetivamente, quando por ele usufruídos a qualquer título;
> b) potencialmente, quando, sendo de utilização compulsória, sejam postos à sua disposição mediante atividade administrativa em efetivo funcionamento;
> II – específicos, quando possam ser destacados em unidades autônomas de intervenção, de utilidade, ou de necessidades públicas;
> III – divisíveis, quando suscetíveis de utilização, separadamente, por parte de cada um dos seus usuários.

Segundo o STJ,[3] "a base imponível da taxa há de refletir correspondência com a hipótese de incidência". Ressalta-se, todavia, que as taxas não podem ter base de cálculo idêntica a dos impostos e nem ser calculadas em função do capital social da empresa, nos termos do art. 145, § 2º, da CF e art. 77, parágrafo único, do CTN.

No entanto, deve-se destacar que o STF entende que a base de cálculo das taxas **poderá ter um ou mais elementos da base de cálculo dos impostos,** desde que não haja identidade integral entre as bases de cálculo. Entendimento da Súmula Vinculante 29.

> **STF – Súmula Vinculante nº 29 –** É constitucional a adoção, no cálculo do valor de taxa, de um ou mais elementos da base de cálculo própria de determinado imposto, desde que não haja integral identidade entre uma base e outra.

2.3. Taxa e tarifa

Muito se confunde taxa com tarifa, em virtude de ambas serem prestações de serviço público; no entanto, importante demonstrar as diferenças.

---

[3] REsp 2220 / SP, Rel. Ministro Geraldo Sobral, DJ 15/10/1990.

A tarifa consiste no preço da venda do bem, exigido por empresas que prestam serviços públicos, quais sejam: permissionárias e concessionárias. Assim, o serviço público poderá ser cobrado por taxa ou tarifa. No entanto, destaca-se que os serviços públicos entendidos como essenciais serão, necessariamente, cobrados por taxa.

Outra diferença que se faz necessário apontar consiste em dizer que no caso da prestação do serviço ter íntima relação com a função desempenhada pelo Estado, haverá cobrança de taxa. Outrossim, no caso de haver uma certa desvinculação do serviço com a atividade do Estado (serviço prestado por concessionárias ou permissionárias), este serviço será cobrado por meio de tarifa.

Tendo em vista essas considerações, cumpre evidenciar que os serviços públicos prestados exclusivamente pelo Estado serão remunerados por taxa. Ademais, os serviços públicos considerados essenciais e tidos como obrigatórios, por meio de lei, também serão remunerados por taxa. Por outro lado, os serviços públicos não considerados como essenciais e, geralmente, delegados para concessionárias ou permissionárias, serão remunerados por meio de preços públicos (tarifa).

Destaca-se ainda que a tarifa, por não ser tributo, poderá ser cobrada independentemente de lei. Esse entendimento pode ser encontrado nas súmulas 148 e 545 do STF:

STF – Súmula nº 148 – É legítimo o aumento de tarifas portuárias por ato do ministro da viação e obras públicas.

STF – Súmula nº 545 – Preços de serviços públicos e taxas não se confundem, porque estas, diferentemente daqueles, são compulsórias e têm sua cobrança condicionada à prévia autorização orçamentária, em relação à lei que as instituiu.

2.4. Contribuição de Melhoria – Previsão: art. 145, III, da CF e arts. 81 a 82 do CTN, DL 195/1967

Trata-se de tributo instituído em virtude da realização de obra pública que, de maneira geral, valoriza os imóveis da região abrangida pela obra. Com essa valorização, o ente federativo que realizou a obra poderá exigir contribuição de melhoria das pessoas proprietárias desses imóveis.

Assim, pode-se concluir que para se exigir a contribuição de melhoria, deverá haver a valorização imobiliária decorrente da obra pública.

Importante observar que a competência é comum, ou seja, todo e qualquer ente federativo poderá instituir a contribuição de melhoria, nos termos do art. 145, III, da CF.

> Art. 145. A União, os Estados, o Distrito Federal e os Municípios poderão instituir os seguintes tributos:
> (...)
> III – contribuição de melhoria, decorrente de obras públicas.

A contribuição de melhoria pode ser instituída por meio de lei ordinária.

O proprietário do imóvel, por possuir relação direta com o fato gerador, nos termos do art. 121, I, do CTN, é contribuinte desse tributo. Assim, não haveria como se aceitar, no âmbito tributário, convenções particulares, responsabilizando terceiros, conforme preceitua o art. 123 do CTN e arts. 3º, § 3º, e 8º, *caput*, do Decreto-Lei 195/1967.

Ressalta-se, todavia, que o legislador permitiu ao locador ajustar o aluguel do locatário que esteja usufruindo da valorização do imóvel, em até 10% (dez por cento) ao ano da Contribuição de Melhoria paga, nos termos do art. 8º, § 2º, do Decreto-Lei 195/1967:

> Art. 8º Responde pelo pagamento da Contribuição de Melhoria o proprietário do imóvel ao tempo do seu lançamento, e esta responsabilidade se transmite aos adquirentes e sucessores, a qualquer título, do domínio do imóvel.
> (...)
> § 2º No imóvel locado é lícito ao locador exigir aumento de aluguel correspondente a 10% (dez por cento) ao ano da Contribuição de Melhoria efetivamente paga.

A base de cálculo da contribuição de melhoria consiste em mensurar o valor da valorização do imóvel, decorrente da obra pública. Esse cálculo poderá ser feito por meio da obtenção do resultado da diferença do valor do imóvel depois e do valor do imóvel antes da obra.

Vale evidenciar ainda, que não basta a valorização imobiliária do imóvel, decorrente da realização da obra pública, existem alguns limites impostos pelo CTN em seu art. 81, para cobrança da contribuição de melhoria, que são os limites global e individual.

Limite individual refere-se ao valor de valorização individual, verificando-se o imóvel de cada contribuinte.

Limite geral (total): trata-se do valor total da obra, ou seja, a despesa total gasta com a obra pública.

> Art. 81. A contribuição de melhoria cobrada pela União, pelos Estados, pelo Distrito Federal ou pelos Municípios, no âmbito de suas respectivas atribuições, é instituída para fazer face ao custo de obras públicas de que decorra valorização imobiliária, tendo como limite total a despesa realizada e como limite individual o acréscimo de valor que da obra resultar para cada imóvel beneficiado.

A cobrança da contribuição de melhoria é devida apenas após a conclusão da obra pública que efetivamente valorizar os bens imóveis, nos termos do art. 9º do Decreto-Lei 195/1967.

> Art. 9º Executada a obra de melhoramento na sua totalidade ou em parte suficiente para beneficiar determinados imóveis, de modo a justificar o início da cobrança da Contribuição de Melhoria, proceder-se-á ao lançamento referente a êsses imóveis depois de publicado o respectivo demonstrativo de custos.

2.5. Empréstimo Compulsório – Previsão: art. 148 da CF

Trata-se de tributo de competência da União, que tem previsão no art. 148 da CF. O Empréstimo Compulsório apenas pode ser instituído por meio de **Lei Complementar** e em duas circunstâncias: i) para atender a despesas extraordinárias, decorrentes de calamidade pública, de guerra externa ou sua iminência; ii) no caso de investimento público de caráter urgente e de relevante interesse nacional, observado o disposto no art. 150, III, "b".

Importante detalhar sobre a observação do Princípio da Anterioridade (do exercício e nonagesimal – art. 150, III, "b" e "c", da CF) em cada um dos pressupostos do Empréstimo Compulsório do art. 148 da CF, quais sejam:

Para atender as despesas extraordinárias, decorrentes de calamidade pública, de guerra externa ou sua eminência – o Empréstimo Compulsório instituído para essa finalidade poderá ser cobrado **imediatamente,** sem ter que observar os princípios da anterioridade do exercício e dos noventas dias, nos termos do art. 150, § 1º, da CF, tendo em vista seu caráter emergencial;

Para investimento público de caráter urgente e de relevante interesse nacional – nessa hipótese de instituição do tributo em referência, deverá observar o princípio da anterioridade do exercício e o dos noventa dias, pois não configura exceção do art. 150, § 1º, da CF.

Cumpre informar que a totalidade do valor arrecadado por meio deste tributo deverá ser aplicada na finalidade que gerou a instituição deste tributo, nos termos do art. 148, parágrafo único, da Constituição Federal.

> Art. 148. A União, mediante lei complementar, poderá instituir empréstimos compulsórios:
> I – para atender a despesas extraordinárias, decorrentes de calamidade pública, de guerra externa ou sua iminência;
> II – no caso de investimento público de caráter urgente e de relevante interesse nacional, observado o disposto no art. 150, III, "b".

Parágrafo único. A aplicação dos recursos provenientes de empréstimo compulsório será vinculada à despesa que fundamentou sua instituição.

Ademais, por se tratar de empréstimo, a lei que instituir o mencionado tributo deverá regulamentar a forma de devolução, bem como o prazo para o resgate, conforme prevê o art. 15 do CTN.

Art. 15 (...)
Parágrafo único. A lei fixará obrigatoriamente o prazo do empréstimo e as condições de seu resgate, observando, no que for aplicável, o disposto nesta Lei.

3. Competência tributária

JOSIANE MINARDI

Os tributos serão inseridos no ordenamento jurídico por meio da **competência tributária**, pois é através dela que os entes federativos podem inovar a ordem tributária, criando tributos por meio de lei que irão descrever as suas hipóteses de incidência, bem como seus sujeitos passivos, suas bases de cálculo e suas alíquotas.

Nos dizeres de Roque Antonio Carrazza, a competência tributária é: "a habilitação ou, se preferirmos, a faculdade potencial que a Constituição confere a determinadas pessoas (as pessoas jurídicas de direito público interno) para que, por meio de lei, **tributem**." (*Curso de Direito Constitucional Tributário*. 25ª ed. São Paulo: Malheiros, 2009, p. 507)

Não se pode confundir **competência tributária** com **competência para legislar em direito tributário**.

A **competência para legislar sobre direito tributário** é a permissão dada pela Constituição Federal aos entes federativos para editar leis que versem sobre tributos e relações jurídicas a eles pertinentes. É uma competência concedida aos entes federativos para traçarem regras sobre o exercício do poder de tributar.

Competência tributária	Competência para legislar em Direito Tributário
Criação e Majoração de tributos	Leis que versem sobre tributos já instituídos e relações jurídicas a eles pertinentes.

Todos os Entes Federativos apresentam competência para legislar sobre direito tributário.

O art. 24 da CF estabelece expressamente competência **concorrente** entre a União, os Estados e o Distrito Federal para legislar o direito tributário. Compete, no entanto, à União a edição de **normas gerais** e aos Estados e ao Distrito Federal, a **suplementação** da legislação federal.

> Art. 24. Compete à União, aos Estados e ao Distrito Federal legislar concorrentemente sobre:
> I – direito tributário, financeiro, penitenciário, econômico e urbanístico
> (...)
> § 1º No âmbito da legislação concorrente, a competência da União limitar-se-á a estabelecer normas gerais.
> § 2º A competência da União para legislar sobre normas gerais não exclui a competência suplementar dos Estados.

Se não existir, no entanto, norma federal, Estados e Distrito Federal apresentarão **competência plena** para legislar. Contudo, se sobrevier a norma geral pela União, haverá suspensão da lei estadual no que lhe for contrária. A lei federal não irá revogar a lei estadual porque não há entre elas uma hierarquia.

> Art. 24. (...)
> § 3º Inexistindo lei federal sobre normas gerais, os Estados exercerão a competência legislativa plena, para atender a suas peculiaridades.
> § 4º A superveniência de lei federal sobre normas gerais suspende a eficácia da lei estadual, no que lhe for contrário.

Assim, diante da ausência de norma geral da União sobre IPVA, cada Estado exerceu a competência legislativa plena, com base no art. 24, § 3º, da CF.

Registre-se que os Municípios não constam no art. 24 da CF, todavia, isso não quer dizer que esse Ente Federativo não possui competência legislativa para dispor sobre Direito Tributário, sua competência está prevista no art. 30 da CF. Mais especificamente nos incisos II e III do referido artigo, o legislador constituinte cuidou da competência dos Municípios, concedendo competência para legislar sobre assuntos de interesse local e suplementar a legislação federal e estadual no que lhe couber:

> Art. 30. Compete aos Municípios:
> I – legislar sobre assuntos de interesse local;
> II – suplementar a legislação federal e a estadual no que couber;
> III – instituir e arrecadar os tributos de sua competência, bem como aplicar suas rendas, sem prejuízo da obrigatoriedade de prestar contas e publicar balancetes nos prazos fixados em lei; (...)

Portanto, cada Ente Federativo legislará sobre os tributos constantes em sua competência tributária; poder esse concedido pela Constituição Federal para instituir e majorar tributos.

3.1. Características da competência tributária

A competência tributária apresenta cinco características importantes. São elas: (i) indelegabilidade, (ii) facultatividade, (iii) incaducabilidade, (iv) inalterabilidade e (v) irrenunciabilidade, que estudaremos a seguir.

(i) Indelegabilidade: Quando a Constituição permite aos entes federativos criarem os tributos, ela estabelece exatamente quais serão os tributos de competência de cada ente, de modo que a competência tributária seja **indelegável,** ou seja, **intransferível.**

O ente federativo não poderá transferir a sua competência tributária, quer no todo, quer em parte, para nenhum outro ente, ainda que por meio de lei. Assim, se a Constituição determinou que cabe à União instituir o Imposto sobre Produtos Industrializados (IPI), apenas ela poderá instituir esse imposto, mais ninguém.

Enquanto a competência tributária que consiste na **criação e majoração** de tributo é **indelegável,** as funções administrativas de **arrecadar, fiscalizar tributos e executar leis,** que compreendem a **capacidade ativa tributária,** podem ser **delegadas,** como define o art. 7º do CTN.

> CTN – art. 7º A competência tributária é indelegável, salvo atribuição das funções de arrecadar ou fiscalizar tributos, ou de executar leis, serviços, atos ou decisões administrativas em matéria tributária, conferida por uma pessoa jurídica de direito público a outra, nos termos do § 3º do artigo 18 da Constituição.
> § 1º A atribuição compreende as garantias e os privilégios processuais que competem à pessoa jurídica de direito público que a conferir.
> § 2º A atribuição pode ser revogada, a qualquer tempo, por ato unilateral da pessoa jurídica de direito público que a tenha conferido.
> § 3º Não constitui delegação de competência o cometimento, a pessoas de direito privado, do encargo ou da função de arrecadar tributos.

Exemplo é o caso do Imposto Territorial Rural (ITR) cuja competência tributária, ou seja, a competência para criá-lo, instituí-lo ou majorá-lo é da União, conforme estabelece o art. 153, VI, da CF. No entanto, a União **poderá** delegar a função de **arrecadar e fiscalizar** (a capacidade ativa tributária) aos Municípios, nos termos do art. 153, § 4º, III, da CF.

Pela literalidade do art. 7º do CTN, a capacidade ativa tributária só pode ser delegada para uma pessoa jurídica de direito público.

(ii) Facultatividade: Os Entes Federativos **não estão obrigados** a instituir os tributos, cuja competência tributária lhe foi atribuída pela Constituição Federal.

O art. 145 da CF determina que União, Estados, Distrito Federal e Municípios "poderão", e não "deverão" instituir tributos.

Art. 145. A União, os Estados, o Distrito Federal e os Municípios poderão instituir os seguintes tributos:
I – impostos;
II – taxas, em razão do exercício do poder de polícia ou pela utilização, efetiva ou potencial, de serviços públicos específicos e divisíveis, prestados ao contribuinte ou postos a sua disposição;
III – contribuição de melhoria, decorrente de obras públicas.

Veja que os dispositivos constitucionais que conferem aos entes federativos competência tributária não os obrigam a exercitá-las, apenas possibilitam sua utilização. As pessoas políticas podem simplesmente não criar os tributos, ou ainda, exercitar sua competência tributária parcialmente, criando o tributo aquém dos limites constitucionais.

A União até hoje não criou o Imposto sobre Grandes Fortunas – IGF – e não há problema algum. A não utilização, porém, por parte de uma pessoa política, de sua competência tributária não autoriza qualquer outra a dela se valer.

(iii) Incaducabilidade: O direito do ente federativo de instituir o tributo pode ser exercido a qualquer tempo, não está submetido a prazo. O não exercício da competência tributária não impede que a pessoa política venha exercê-la posteriormente, pois esse direito não decai. O fato de a União não ter instituído o IGF, em 1988, quando da promulgação da Constituição Federal, não lhe retira o direito de instituí-lo neste momento, apesar de passados mais de 20 anos.

(iv) Inalterabilidade: A competência tributária não pode ser alterada por norma legal ou infralegal. A Constituição Federal traçou os limites para pessoa política criar os tributos, e tal situação não poderá ser modificada nem mesmo pelo Código Tributário Nacional.

A competência tributária poderá, no entanto, sofrer alterações por meio de Emenda Constitucional.

Como exemplo, tem-se a EC nº 19/02, que inseriu na Constituição o art. 149-A e criou a Contribuição para custeio do serviço de iluminação pública (COSIP).

(v) Irrenunciabilidade: A competência tributária é irrenunciável.

O Ente Federativo jamais pode renunciar sua competência tributária em favor de outro Ente, podendo apenas deixar de exercê-la. Trata-se de matéria de direito público constitucional, portanto, indisponível. A renúncia seria, na verdade, ato unilateral e definitiva abdicação ao direito de criar tributos, o que é juridicamente ineficaz. (CARRAZZA, Roque Antonio, op. cit., p. 677)

Para memorizar, a competência tributária é:

Caracteristicas da Competência Tributária
1) Indelegável
2) Facultativa
3) Incaducável
4) Inalterávrel
5) Irrenunciável

3.2. Classificação da competência tributária

A competência tributária pode ser classificada em: (i) privativa; (ii) comum; (iii) residual; (iv) cumulativa; (v) extraordinária.

A **competência privativa** é aquela que a Constituição atribui com exclusividade a este ou aquele ente político a instituição do tributo, habilitando somente aquele ente federativo eleito a criar um dado tributo e proibindo os demais de instituí-lo, como no caso dos impostos.

O art. 153 da CF enumera os impostos federais, de competência privativa da União; o art. 155 da CF enumera os impostos estaduais, de competência privativa dos Estados e do Distrito Federal, e os arts. 156 e 147, parte final, ambos da CF, enumeram os impostos municipais, de competência privativa dos Municípios e do Distrito Federal.

Além dos impostos, a União apresenta **competência privativa** para criar o Empréstimo Compulsório e as Contribuições do art. 149, *caput,* da CF.

Os Estados, Distrito Federal e Municípios apresentam competência privativa quanto às contribuições sociais para custeio do Sistema de Previdência e Assistência Social de seus próprios servidores (art. 149, § 1°, CF).

A contribuição para o Custeio do Serviço de Iluminação Pública (COSIP) é de competência privativa dos Municípios e do Distrito Federal.

A **competência comum** é aquela que todos os entes políticos podem instituir o tributo, como ocorre com as contribuições de melhoria e as taxas.

A **competência residual ou remanescente** encontra guarida nos arts. 154, I, e 195, § 4°, da CF, que possibilita à União criar impostos e contribuições sociais não previstos na Constituição Federal.

A **competência cumulativa** é a do art. 147 da CF, que estabelece à União a instituição de impostos, nos territórios federais e pelo Distrito Federal, em sua base territorial.

A União deve instituir os impostos federais e estaduais, nos territórios, em qualquer caso. Os impostos municipais, por sua vez, serão de competência da União, desde que não haja a existência de municípios no território. Por essa razão, tem-se aqui uma **competência cumulativa**.

A **competência extraordinária** tem previsão no art. 154, II, da CF, que possibilita à União instituir imposto extraordinário, compreendidos ou não em sua competência, na iminência ou no caso de guerra.

A competência tributária está disposta segundo a Constituição Federal da seguinte forma:

UNIÃO	ESTADOS	DISTRITO FEDERAL	MUNICÍPIOS
Impostos do art. 153 CF	Impostos do art. 155 CF	Impostos do art. 155 CF	Impostos do art. 156 CF
IPI	ICMS	ICMS	IPTU
IE	IPVA	IPVA	ITBI
IR	ITCMD (Imposto sobre Transmissão causa mortis ou doação)	ITCMD (Imposto sobre Transmissão causa mortis ou doação)	ISS
II		Impostos do art. 147 CF	
ITR		IPTU	
IOF		ITBI	
IGF		ISS	
Impostos do art. 154 CF			
IEG (Imposto Extraordinário Guerra)			
Imposto Residual			
TAXAS	TAXAS	TAXAS	TAXAS
Contribuições de Melhoria	Contribuições de Melhoria	Contribuições de Melhoria	Contribuições de Melhoria
Contribuições art. 149 CF	Contribuições art. 149, § 1º, CF	Contribuições art. 149, § 1º, CF	Contribuições art. 149, § 1º, CF
1) Contribuição Social	Contribuição Social Previdenciária do Servidor Público Estadual	Contribuição Social Previdenciária do Servidor Público	Contribuição Social Previdenciária do Servidor Público Municipal

2) Contribuição de intervenção no domínio econômico (CIDE)		Contribuição art. 149-A CF	Contribuição art. 149-A CF
3) Contribuição de Interesse de categoria Profissional ou Econômica		Contribuição para custeio do Serviço de Iluminação Pública (COSIP)	Contribuição para custeio do Serviço de Iluminação Pública (COSIP)
Empréstimo Compulsório Art. 148 CF	Não tem	Não tem	Não tem

Observação: O Distrito Federal apresenta competência tributária para instituir IPTU, ITBI e ISS, por força do disposto no art. 147 da CF, que estabelece que os impostos dos Municípios serão do Distrito Federal.

3.3. Repartição das receitas tributárias

A Constituição Federal prevê algumas hipóteses de transferência obrigatória da arrecadação dos impostos, conforme os arts. 153, § 5º, 157, 158 e 159.

O art. 153, § 5º, da CF estabelece que a União é obrigada a repassar 30% da arrecadação do **IOF** incidente sobre o ouro tido por lei como ativo financeiro para o Estado, conforme a origem, e 70% para o Município de origem.

De acordo com o art. 157 da CF, competem aos **Estados e Distrito Federal**:

a) 100% da arrecadação do **IR** incidente na fonte, sobre rendimentos pagos, a qualquer título, pelos Estados, suas autarquias e pelas fundações que instituírem e mantiverem;

b) 20% do produto da arrecadação do **imposto residual**.

Nos termos do art. 158 da CF, competem aos **Municípios:**

a) 100% da arrecadação do **IR** incidente na fonte, sobre rendimentos pagos, a qualquer título, pelos Municípios, suas autarquias e pelas fundações que instituírem e mantiverem;

b) 50% do **ITR,** como via de regra, e **100%** do **ITR** quando o Município detiver a capacidade ativa tributária, ou seja, a função de arrecadar, fiscalizar esse imposto;

c) 50% do IPVA;

d) 25% do ICMS.

O art. 159 da CF prevê que a União entregará 49% da arrecadação do Imposto sobre Renda e proventos de qualquer natureza (IR) e sobre produtos industrializados (IPI) da seguinte forma:

a) 21,5% ao Fundo de Participação dos Estados e do Distrito Federal;

b) 22,5% ao Fundo de Participação dos Municípios;

c) 3% para aplicação em programas de financiamento ao setor produtivo das Regiões Norte, Nordeste e Centro-Oeste, através de suas instituições financeiras de caráter regional, de acordo com os planos regionais de desenvolvimento, ficando assegurada ao semiárido do Nordeste a metade dos recursos destinados à Região, na forma que a lei estabelecer;

d) 1% ao Fundo de Participação dos Municípios, que será entregue no primeiro decêndio do mês de dezembro de cada ano.

e) 1% ao Fundo de Participação dos Municípios, que será entregue no primeiro decêndio do mês de julho de cada ano;

Os incisos II e III do art. 159 da CF, por sua vez, determinam que:

a) 10% da arrecadação do Imposto sobre Produtos Industrializados serão repassados aos Estados e ao Distrito Federal, proporcionalmente ao valor das respectivas exportações de produtos industrializados;

b) 29% do produto da arrecadação da Contribuição de Intervenção no Domínio Econômico, prevista no art. 177, § 4º, da CF, será repassada aos Estados e ao Distrito Federal, distribuídos na forma da lei, observada a destinação a que se refere o inciso II, *c*, do referido parágrafo.

As transferências de impostos que estão nos arts. 153, § 5º, 157, 158 e 159 da Constituição Federal só poderão deixar de ser repassadas no caso do art. 160 da CF, que serão quando o Ente Federativo não estiver aplicando o percentual exigido na área da saúde, e também, no caso de débitos de um Ente e suas Autarquias com o outro que irá fazer o repasse.

3.4. Exercício da Competência Tributária

Como acima mencionado, a competência tributária é a permissão concedida pela Constituição Federal aos entes federativos para criarem e majorarem tributos.

Os Entes Federativos irão criar e majorar os tributos apenas por meio de **lei** e, via de regra, por **lei ordinária**.

Existem 4 tributos, todavia, que só podem ser instituídos ou majorados por meio de **Lei Complementar,** que são: **a)** Contribuição Social Residual (art. 195, § 4º, da CF); **b)** Empréstimo Compulsório (art. 148 da CF); **c)** IGF (Imposto sobre Grandes Fortunas – art. 153, VII, da CF); **d)** Imposto Residual (art. 154, I da CF).

Segundo a literalidade do art. 62, § 2º, da CF a **Medida Provisória** (MP) é um instrumento normativo, com força de lei, que poderá **instituir e majorar impostos.**

Observação: ainda que o art. 62, § 2º, da CF estabeleça que a Medida Provisória possa instituir e majorar impostos, o STF[4] tem entendimento de que as Medidas Provisórias podem instituir ou majorar outras espécies tributárias, desde que essas não necessitem de Lei Complementar para sua instituição.

A Medida Provisória, no entanto, para instituir ou majorar impostos, deverá observar **dois requisitos**:

Primeiro: o Imposto deve ser instituído por meio de Lei Ordinária, pois o art. 62, § 1º, III da CF, veda a MP tratar sobre matérias reservadas à Lei Complementar.

Segundo: em se tratando de impostos, excepcionados o Imposto Extraordinário de Guerra (IEG), Imposto sobre a Importação (II), Imposto sobre a Exportação (IE), Imposto sobre Operações de crédito, câmbio e seguro, ou relativas a títulos ou valores mobiliários (IOF) e Imposto sobre Produtos Industrializados (IPI), é necessário que a medida provisória que os criar seja convertida em lei até o final do exercício financeiro, para que possa produzir efeitos no exercício subsequente.

---

[4] AI nº 236.976 AgR-MG, Rel. Min. Néri da Silveira, DJ 24/09/1999.

4. Princípios de Direito Tributário

JOSIANE MINARDI

4.1. Princípio da legalidade

Nos termos do art. 150, I, da CF, nenhum tributo será **instituído ou aumentado**, a não ser por intermédio de LEI!

> Art. 150. Sem prejuízo de outras garantias asseguradas ao contribuinte, é vedado à União, aos Estados, ao Distrito Federal e aos Municípios:
> I – exigir ou aumentar tributo sem lei que o estabeleça;

A lei deve conter todos os elementos e supostos da norma jurídica tributária (hipótese de incidência, sujeitos da relação jurídico-tributária, bases de cálculo e alíquotas), não cabendo qualquer complementação por ato de inferior hierarquia.

Como bem elucida Roque Antonio Carrazza:

> A lei deve indicar, de modo rigoroso, a realidade a tributar, fazendo, assim, uma precisa, taxativa e exaustiva tipificação dos fatos necessários e suficientes ao nascimento do tributo. Não lhe é dado apontar conceitos indeterminados, fórmulas abertas ou cláusulas gerais, que permitam, de acordo com o subjetivismo do aplicador, a identificação de múltiplas situações tributáveis. Pelo contrário, este deve encontrar na lei tributária (nunca em normas de menor hierarquia) o fundamento de sua conduta e o próprio critério da decisão a tomar, diante do caso concreto. Em suma, a lei tributária deve ser certa, detalhando as figuras exacionais e o modo de apurar eventuais infrações que, em torno delas, possam ocorrer. (op. cit., p. 273)

Ainda que o art. 150, I, da CF determine que somente uma lei poderá instituir ou majorar tributos, eles também só poderão ser extintos ou reduzidos do ordenamento jurídico por meio de lei.

Em atenção ao Princípio do Paralelismo das Formas, uma matéria que foi tratada por um ato normativo só poderá ser alterada por um ato normativo de igual hierarquia ou de hierarquia superior.

Essa previsão encontra-se também no art. 97 do CTN:

> Art. 97. Somente a lei pode estabelecer:

I – a instituição de tributos, ou a sua extinção;
II – a majoração de tributos, ou sua redução, ressalvado o disposto nos artigos 21, 26, 39, 57 e 65.
(...)

De acordo com o art. 97, § 1°, do CTN, considera-se majoração de tributo a modificação da base de cálculo de forma a torná-lo mais oneroso.

Ressalta-se, todavia, que a **mera atualização do valor monetário** da respectiva base de cálculo **NÃO** constitui majoração de tributo, nos termos do art. 97, § 2°, do CTN, podendo ser realizada por meio de simples Decreto.

No entanto, se a "atualização monetária" ocorrer com índices superiores ao oficial, não se tem uma mera atualização de valores, e sim, uma majoração da base de cálculo disfarçada, e por isso, nesse caso, o instrumento normativo necessário será a Lei.

Nesse sentido, tem-se a Súmula 160 do STJ: "É defeso, ao Município, atualizar o IPTU, mediante Decreto, em percentual superior ao índice oficial de correção monetária".

De acordo com o art. 97 do CTN, têm-se outras matérias que só podem ser tratadas por meio de lei, tais como: (i) a definição do **fato gerador** da obrigação tributária principal, ressalvado o disposto no inciso I do § 3° do art. 52, e do seu sujeito passivo; (ii) a fixação de **alíquota** do tributo e da sua **base de cálculo**, ressalvado o disposto nos arts. 21, 26, 39, 57 e 65; (iii) a **cominação de penalidades** para as ações ou omissões contrárias a seus dispositivos, ou para outras infrações nela definidas; (iv) as **hipóteses de exclusão, suspensão e extinção de créditos tributários,** ou de dispensa ou redução de penalidades.

4.2. Atenuação do princípio da legalidade

Todos os tributos estão sujeitos ao Princípio da Legalidade, ou seja, só podem ser instituídos ou majorados por intermédio de lei.

Conquanto a Constituição Federal, em seu art. 153, § 1°, prevê alguns impostos que podem ter **as alíquotas alteradas** (inclusive majoradas), desde que observados os limites e condições estabelecidos em lei, por meio de ato do Poder Executivo, o que se dá comumente por decreto presidencial ou por portaria do Ministro da Fazenda. São eles: (i) Imposto sobre a Importação **(II)**; (ii) Imposto sobre a Exportação **(IE)**; (iii) Imposto sobre Produtos Industrializados **(IPI)**; (iv) Imposto sobre Operações de Crédito, Câmbio e Seguros **(IOF)**.

Art. 153 (...)
§ 1º É facultado ao Poder Executivo, atendidas as condições e os limites estabelecidos em lei, alterar as alíquotas dos impostos enumerados nos incisos I, II, IV e V.

As alíquotas dos impostos aduaneiros, II e IE, podem ser alteradas, inclusive, por meio de Resolução da Câmara de Comércio Exterior – CAMEX.

O art. 177, § 4º, I, "b", da CF também possibilita ao Poder Executivo **reduzir e restabelecer as alíquotas** da Contribuição de Intervenção no Domínio Econômico Combustível – CIDE COMBUSTÍVEL –, por meio de ato próprio, no caso, o decreto presidencial.

O art. 155, § 4º, IV, "c", da CF possibilita ao Poder Executivo **reduzir e restabelecer as alíquotas** do ICMS, incidência monofásica, nas operações com combustíveis e lubrificantes previstos em lei complementar federal.

Para visualizar:

Alíquotas por meio de atos do Poder Executivo	Decreto	Convênio (CONFAZ)
Alterar (majorar, reduzir e restabelecer)	II, IE, IPI e IOF	
Apenas reduzir e restabelecer	CIDE Combustível	ICMS Combustível

4.3. Princípio da isonomia

O Princípio da Isonomia consiste naquele que atribui aos contribuintes a garantia de tratamento igualitário perante o ordenamento jurídico, de forma a conceder tratamentos paritários para os iguais e díspares para os desiguais, à luz de um critério jurídico legítimo, conforme respaldado no *caput* do art. 5º da CF, constituindo-se cláusula pétrea.

No mesmo sentido, o art. 150, II, da Carta Magna, prevê que as pessoas políticas dotadas de competência tributária estão expressamente vedadas de instituir tratamento desigual para contribuintes que possuam situação equivalente, sendo **proibida** qualquer distinção em razão de ocupação profissional ou função por eles exercida, independentemente da denominação jurídica dos rendimentos, títulos ou direitos.

Art. 150. Sem prejuízo de outras garantias asseguradas ao contribuinte, é vedado à União, aos Estados, ao Distrito Federal e aos Municípios:
(...)

II – instituir tratamento desigual entre contribuintes que se encontrem em situação equivalente, proibida qualquer distinção em razão de ocupação profissional ou função por eles exercida, independentemente da denominação jurídica dos rendimentos, títulos ou direitos;

Para falar-se de **igualdade** se faz necessário verificar os critérios de discriminação, tendo em vista a tributação que será igual para os iguais e diferente para os desiguais. Para tanto, constata-se que sem critérios para formulação de juízos de igualdade entre pessoas, fatos ou situações, torna-se improvável, senão impossível, traçar uma isonomia jurídica, visto que sempre haverá a configuração de desigualdades e igualdades.

Celso Antônio Bandeira de Mello afirma que o critério discriminatório para justificar o tratamento díspar deve ser munido de justificativa racional, sendo "[...] agredida a igualdade quando o fator diferencial adotado para qualificar os atingidos pela regra não guardar relação de pertinência lógica com a inclusão ou exclusão no benefício deferido ou com a inserção ou arrendamento do gravame imposto".[5]

4.4. Princípio da irretroatividade

O legislador constituinte, ao estabelecer o Princípio da **Irretroatividade,** nos termos do art. 150, III, *a*, da CF, invocou uma garantia maior ao contribuinte, que ultrapassa a proteção ao **direito adquirido** e ao **ato jurídico perfeito**, posto que proíbe a tributação sobre fatos geradores não introduzidos anteriormente em lei, o que permite ao contribuinte a faculdade de evitá-la, se assim desejar, pela privação, na prática, do ato ensejador da tributação.

Art. 150. Sem prejuízo de outras garantias asseguradas ao contribuinte, é vedado à União, aos Estados, ao Distrito Federal e aos Municípios:
(...)
III – cobrar tributos:
a) em relação a fatos geradores ocorridos antes do início da vigência da lei que os houver instituído ou aumentado;

O Princípio da Irretroatividade se revela como instrumento de otimização da **segurança jurídica**, pelo fato de conferir ao contribuinte uma maior certeza do que efetivamente será tributado. Tudo isso em virtude de **previamente** estabelecer em lei as situações relevantes na relação jurídico-tributária em que ensejarão a tributação, asse-

---
[5] *Conteúdo...*, op. cit., p. 38.

gurando-se, assim, a impossibilidade de o sujeito passivo se deparar com exações que considerem atos, fatos ou situações do passado.

O Código Tributário Nacional prevê três exceções ao princípio da irretroatividade, conforme se verifica dos arts. 106, I e II, e art. 144, § 1º.

O art. 106 do CTN prevê duas situações em que a lei tributária poderá retroagir:

Primeira possibilidade: quando se tratar de lei **expressamente interpretativa** e desde que **não comine penalidade;** e, **segunda:** de ato **NÃO** definitivamente julgado, quando verificadas as hipóteses do art. 106, II, do CTN:

> Art. 106. A lei aplica-se a ato ou fato pretérito:
> I – em qualquer caso, quando seja expressamente interpretativa, excluída a aplicação de penalidade à infração dos dispositivos interpretados;
> II – tratando-se de ato não definitivamente julgado:
> a) quando deixe de defini-lo como infração;
> b) quando deixe de tratá-lo como contrário a qualquer exigência de ação ou omissão, desde que não tenha sido fraudulento e não tenha implicado em falta de pagamento de tributo;
> c) quando lhe comine penalidade menos severa que a prevista na lei vigente ao tempo da sua prática.

Da leitura do art. 106, I, do CTN, constata-se que a lei expressamente **interpretativa**, desde que **não comine penalidade,** poderá retroceder.

Registre-se que uma lei interpretativa apenas esclarece o sentido de outra anterior, elidindo dúvidas a seu respeito, sem, contudo, inovar a ordem jurídica. Havendo qualquer agravação na situação do contribuinte, será considerada ofensiva ao Princípio da Irretroatividade das leis.

Na hipótese do art. 106, II, do CTN, a lei tributária somente poderá retroagir em se tratando de ato não definitivamente julgado e quando a lei deixar de tratar o ato como infração ou cominar **penalidade menos severa.**

Em direito tributário, considera-se penalidade como **MULTA**, qualquer que seja sua natureza, de mora ou de infração!

Não poderá retroagir, no entanto, a lei que reduzir o tributo, como no caso de redução de alíquotas, pois o que vale é a regra do *caput* do art. 144 do CTN, ou seja, a lei da época do fato gerador.

> Art. 144. O lançamento reporta-se à data da ocorrência do fato gerador da obrigação e rege-se pela lei então vigente, ainda que posteriormente modificada ou revogada.

Terceira Possibilidade: previsão no art. 144, § 1º, do CTN: em se tratando de lançamento tributário, lei que instituir novos critérios de apuração ou fiscalização, ampliando os poderes de investigação das autoridades administrativas, poderá retroagir.

Para fixar: a lei tributária **NÃO** pode retroagir, salvo em três situações:

EXCEÇÕES AO PRINCÍPIO DA IRRETROATIVIDADE
1) Em se tratando de lei expressamente interpretativa, desde que não comine penalidade (art. 106, I do CTN);
2) Em se tratando de ato não definitivamente julgado, quando uma nova lei exclui infrações ou reduza penalidades (art. 106, II do CTN).
3) Em se tratando de lançamento, quando vier uma lei que crie novos critérios de fiscalização ou apuração (art. 144, § 1º do CTN).

4.5. Princípio da anterioridade

O tributo que for instituído ou majorado em determinado exercício financeiro, (coincide com o ano civil, inicia no dia 1º de janeiro e se encerra no dia 31 de dezembro), somente poderá ser exigido no próximo exercício e desde que tenham transcorrido **90 dias da data da publicação** da lei que houver instituído ou majorado o tributo (art. 150, III, "b" e "c", da CF).

Assim, se o Imposto sobre Serviços de qualquer Natureza (ISS) for majorado em janeiro de 2016, somente poderá ser exigido em 1º de janeiro de 2017, próximo exercício financeiro.

Agora, se o ISS for majorado no dia 1º de dezembro de 2016, não poderá ser exigido no dia 1º de janeiro de 2017, ainda que seja o próximo exercício financeiro, pois ainda não transcorreram os 90 dias da data da publicação da lei que majorou o tributo. Esse tributo só poderá ser cobrado em março de 2017, quando transcorridos 90 dias da data da publicação.

Ocorre, no entanto, que nem todos os tributos precisam respeitar o princípio da anterioridade, existem várias exceções a esse princípio. As exceções encontram-se nos arts. 150, § 1º, 155, § 4º, IV, "c", e 177, § 4º, I, "b", e 195, § 6º, da CF.

a) Tributos que não precisam aguardar o próximo exercício **(NÃO RESPEITAM o Princípio da Anterioridade)** e nem 90 dias **(NÃO RESPEITAM o Princípio Nonagesimal)**, ou seja, o tributo pode ser cobrado IMEDIATAMENTE!!!! São eles:

(i) Imposto Extraordinário de Guerra (IEG);
(ii) Empréstimo Compulsório de Guerra ou Calamidade Pública;
(iii) Imposto sobre Importação (II);
(iv) Imposto sobre Exportação (IE);
(v) Imposto sobre Operações Financeiras (IOF).

Os tributos referentes à guerra, como o caso do Imposto Extraordinário de Guerra e o Empréstimo Compulsório de Guerra ou Calamidade Pública, não precisam respeitar nenhum princípio da anterioridade, devido ao fato da necessidade da sua cobrança. Caso haja uma guerra, o Brasil precisará urgentemente de dinheiro, não podendo aguardar o próximo exercício, bem como os noventa dias para poder cobrar o referido tributo. Por essa razão, esses tributos de guerra são cobrados imediatamente.

Com relação ao II, ao IE e ao IOF, por serem impostos regulatórios de mercado, apresentam o caráter de extrafiscalidade, não sendo razoável aguardar o próximo exercício para a efetiva cobrança. Por isso, também são exceções aos princípios da anterioridade do exercício e o nonagesimal. Caso ocorra uma majoração, a cobrança poderá ser imediata.

b) Existem tributos, no entanto, que não precisam aguardar o próximo exercício **(NÃO RESPEITAM o Princípio da Anterioridade), mas** precisam aguardar 90 dias, para serem exigidos (**RESPEITAM** o Princípio Nonagesimal), são eles:

(i) IPI;

(ii) Casos de **redução e restabelecimento** das alíquotas da CIDE Combustível e do ICMS Combustível (arts. 155, § 4º, IV, "c", e 177, § 4º, I, "b", da CF);

(iii) Contribuição Social (art. 195, § 6º, da CF).

Não respeitar a anterioridade do exercício, mas respeitar o princípio da anterioridade nonagesimal, 90 dias, significa que a cobrança do tributo não precisará aguardar o próximo exercício, no próximo ano, mas só pode ser cobrado após os 90 dias da publicação da lei.

c) Existem tributos que devem respeitar o Princípio da Anterioridade **(RESPEITAM o Princípio da Anterioridade do Exercício), mas** não precisam respeitar os 90 dias **(NÃO RESPEITAM o Princípio Nonagesimal)**, são:

(i) IR;

(ii) alteração de **Base de cálculo** do IPTU e do IPVA.

Dizer que esses tributos respeitam a anterioridade do exercício e não respeitam os 90 dias significa que se um tributo for instituído ou majorado no dia 20 de dezembro de 2014, não poderá ser exigido no dia 21 de dezembro de 2014, mas poderá ser cobrado no dia 1º de janeiro de 2015, pois respeitou a anterioridade do exercício, sem precisar respeitar os 90 dias.

Importante ressaltar que o art. 150, III, "b" e "c", no que se refere aos princípios da anterioridade do exercício e nonagesimal, só se aplica no caso de **instituição ou majoração de tributo**.

A mudança da data do prazo de pagamento do tributo não está sujeita aos princípios da anterioridade.

Nesse sentido, a Súmula Vinculante nº 50: "Norma legal que altera o prazo de recolhimento da obrigação tributária não se sujeita ao princípio da anterioridade".

4.6. Princípio do não confisco

O princípio da vedação ao confisco, disposto no art. 150, IV, da CF, decorre do direito de propriedade, que coíbe o confisco ao estabelecer prévia e justa indenização na desapropriação. O tributo não pode inviabilizar o direito de propriedade.

A doutrina encontra dificuldade em conceituar o que seria um tributo com efeito confiscatório, por conta do acentuado grau de generalidade e abstração do conceito.

Ricardo Mariz de Oliveira define o **confisco** como subtração patrimonial imotivada, ainda que prevista em lei. O autor diferencia o confisco da tributação, que também seria uma subtração patrimonial, porém motivada e com liberdade do sujeito passivo de praticar os atos ou omitir os atos configuratórios dos fatos descritivos nas hipóteses de incidência tributárias. Explica:

> (...) a lei não pode prever a hipótese de incidência tributária e obrigar o cidadão a adentrar nos contornos dessa hipótese, nem prevê-la em tese e declará-la ocorrida por ficção legal, caso o cidadão se negue a nela adentrar.
> A propriedade privada é intocável, sofrendo apenas as restrições que a própria Constituição lhe impõe. Daí dever ser justamente indenizada se o interesse público exigir sua desapropriação. Daí ser protegida contra a tributação que decorre de lei instituidora de compulsória incursão no campo de incidência.
> (...)

> Este é, portanto, um critério científico e objetivo para definir tributo com efeito confiscatório, isto é, aquele tributo que seja devido haja ou não o sujeito passivo querido incorrer na hipótese de incidência.[6]

Ainda que não haja um conceito objetivo sobre o efeito confiscatório, não há dúvidas de que o tributo terá esse efeito quando inviabilizar o direito de **propriedade** do contribuinte. Assim, a tributação não pode ser tão elevada de modo a impedir o sujeito passivo de manter sua propriedade sobre o bem.

Segundo entendimento do STF, a verificação do caráter confiscatório de um tributo deve ser realizada à luz de todo o Sistema Tributário, considerando o **total da carga tributária** exigida pelo mesmo Ente Federativo, e não de forma individual. Deve-se, ainda, aplicar os princípios da proporcionalidade e da razoabilidade. (ADI n. 2010 MC, rel. Min. Celso de Mello, Tribunal Pleno, julgado em 30/09/1999, DJ de 12/04/2002, p. 51, Ement. v. 2064-01, p. 86).

Segundo entendimento do STF,[7] as multas tributárias também devem respeitar o princípio do não confisco.

4.7. Princípio da liberdade de tráfego

O princípio da liberdade de tráfego está previsto no art. 150, V, da CF e veda os entes federativos instituírem tributos interestaduais ou intermunicipais que visem a estabelecer limitações ao tráfego de pessoas ou bens, ressalvada, contudo, a exigência do pagamento de pedágio pela utilização das vias conservadas pelo Poder Público.

> Art. 150. Sem prejuízo de outras garantias asseguradas ao contribuinte, é vedado à União, aos Estados, ao Distrito Federal e aos Municípios:
> (...)
> V – estabelecer limitações ao tráfego de pessoas ou bens, por meio de tributos interestaduais ou intermunicipais, ressalvada a cobrança de pedágio pela utilização de vias conservadas pelo Poder Público;

É importante ressaltar que o Princípio da Liberdade de Tráfego visa a garantir o próprio direito de ir e vir, não inviabilizando, entretanto, a possibilidade da cobrança do ICMS, posto que a hipótese de incidência desse tributo consiste na operação de circulação de mercadorias, e não o tráfego.

Com relação ao pedágio, de acordo com o art. 150, V, da CF, o legislador constituinte ressalvou expressamente pela possibilidade

---

[6] *Capacidade Contributiva*, p. 184.
[7] ADI 1.075 MC, Pleno, rel. Min. Celso de Mello, D.J. 17/06/1998.

de cobrança desse instituto, de modo a permitir a convivência com o Princípio da Liberdade de Tráfego.

Sobre a natureza do pedágio, havia muita discussão doutrinária e jurisprudencial sobre a sua natureza, e recentemente o STF, ao julgar a ADIN nº 800/RS, concluiu por não se tratar de tributo, e sim, de preço público. Verifica-se que o principal argumento do STF em não considerar o pedágio tributo está na ausência de compulsoriedade do pedágio, característica elementar da exação. Por esse motivo, essa espécie jurídica (pedágio) foi considerada **preço público**.

4.8. Princípio da uniformidade geográfica

O princípio da uniformidade geográfica veda à União "instituir tributo que não seja uniforme em todo o território nacional ou que implique distinção ou preferência em relação a Estado, ao Distrito Federal ou a Município, em detrimento de outro, admitida a **concessão de incentivos fiscais** destinados a promover o equilíbrio do desenvolvimento socioeconômico entre as diferentes regiões do País". (art. 151, I, da CF).

Não é possível à União, por exemplo, instituir IPI com alíquotas diferenciadas para certos Estados, salvo se for concessão de incentivo fiscal.

O legislador poderá conceder isenção, dispensa legal do pagamento do tributo, como forma de incentivo fiscal, para determinadas regiões, quando reputar justo e adequado o tratamento.

Nas palavras de Leandro Paulsen, sobre o Princípio da Uniformidade Geográfica:

Cuida-se de vedação que se apresenta como subprincípio tanto do princípio federativo como do princípio da isonomia, assegurando que a tributação federal não se preste a privilegiar determinados entes federados em detrimento dos demais, só admitindo diferenciações que, na forma de incentivos, visem a promover o equilíbrio do desenvolvimento socioeconômico entre as diferentes regiões. Assim, ao mesmo tempo em que concretiza o princípio da isonomia, permite diferenciação com a finalidade extrafiscal de reduzir as desigualdades regionais, o que configura objetivo fundamental da República Federativa do Brasil, nos termos do art. 3º, III, da CF.[8]

Entende-se, desse modo, que o Poder Constituinte permitiu apenas à União conceder diferenciações, desde que com caráter de incentivo. Isso quer dizer que não poderá o Poder Judiciário substituir

---

[8] PAULSEN, Leandro. *Curso de Direito Tributário*. 4. ed. Porto Alegre: Livraria do Advogado, 2012, p. 73-74.

a vontade do legislador federal e estender a isenção a contribuintes não contemplados pela lei: a uma, porque fere o pacto federativo da separação de Poderes e, a duas, porque vai de encontro com o estabelecido no art. 111 do CNT, pelo qual determina a interpretação literal, em casos de outorga de isenção, impossibilitando a interpretação extensiva.

4.9. Princípio da capacidade contributiva

O princípio da capacidade contributiva é princípio basilar do Direito Tributário e está preceituado no art. 145, § 1º, da Constituição Federal:

Art. 145. (...)
§ 1º Sempre que possível, os impostos terão caráter pessoal e serão graduados segundo a capacidade econômica do contribuinte, facultado à administração tributária, especialmente para conferir efetividade a esses objetivos, identificar, respeitados os direitos individuais e nos termos da lei, o patrimônio, os rendimentos e as atividades econômicas do contribuinte.

Segundo o princípio da capacidade contributiva, o cidadão tem o dever de contribuir na exata proporção da sua capacidade econômica, ou seja, a sua capacidade de suportar o encargo fiscal.

Por sua vez, a capacidade contributiva não se confunde com a econômica. Como dito alhures, a capacidade contributiva se define naquela que o contribuinte apresenta para contribuir com os gastos públicos conforme sua capacidade econômica. A capacidade econômica – mais abrangente – não coincide com a capacidade contributiva, pois muitas vezes a pessoa apresenta capacidade econômica, sem, contudo, apresentar a capacidade contributiva.

Para aclarar o entendimento, citam-se, como exemplo, os Entes Federativos, que apresentam capacidade econômica, pois dispõem de recursos financeiros próprios, todavia não manifestam capacidade contributiva. Em atenção ao Princípio Federativo, esses entes não irão cobrar tributos uns dos outros, para cobrir seus gastos públicos. Muitos doutrinadores nacionais afirmam que não haveria a necessidade de previsão da imunidade recíproca para os Entes Federativos, em nosso texto constitucional, justamente por lhes faltar a capacidade contributiva, o que, por si só, bastaria para impedir a tributação.

O primeiro obstáculo que se verifica na tributação é o não tributar o **mínimo vital** – valores imprescindíveis para sobrevivência do ser humano. Por isso, a capacidade contributiva coaduna-se com os valores fundamentais fixados pela Constituição, de modo a fazer a verificação do mínimo existencial, não podendo ocorrer a incidência de tributos sobre esses valores utilizados pelo contribuinte para sua manutenção básica.

Assim, pode-se afirmar que **a capacidade contributiva só é evidenciada após a mensuração do mínimo vital**; antes disso, não há que se falar em capacidade contributiva.

Em suma, a capacidade contributiva consiste no dever de contribuir para os gastos públicos, para suprir as necessidades públicas, que a pessoa apresenta, segundo os ditames constitucionais, e que deve estar intimamente relacionada à capacidade econômica do sujeito, de modo que ele contribua de acordo com o seu orçamento, sem violação ao mínimo vital e ao não confisco.

Da leitura do art. 145, § 1º, da CF, extrai-se, ainda, que os impostos serão graduados conforme a capacidade econômica, *"sempre que possível"*, uma vez que nem sempre é possível aferir de modo claro e preciso a capacidade econômica de cada contribuinte.

No caso dos tributos indiretos, fica prejudicada a apreciação da capacidade econômica do contribuinte, pois há a possibilidade de repassar para o consumidor final o encargo financeiro, como ocorre com o IPI e o ICMS.

A título de exemplo de tributo indireto, sabe-se que sobre a industrialização do cigarro incide atualmente uma alíquota de 330% de IPI, se considerar que o industrial irá repassar esse encargo financeiro para o consumidor final, seja esse pobre ou rico, irão ter a mesma carga tributária.

Para alguns doutrinadores, a capacidade contributiva será verificada no caso do IPI e do ICMS (tributos indiretos), por serem tributos **seletivos** que apresentam alíquotas maiores para produtos supérfluos e alíquotas menores para produtos essenciais, de acordo com consumo do bem.

Assim, verificar-se-á a capacidade contributiva não pelo fato de um sujeito ser igual a outro, mas pelo consumo do bem.

Logo, o fato do sujeito comprar um iate demonstra que terá capacidade econômica igual à de outro que também comprar esse bem, por exemplo.

Outra observação que se faz necessária com relação ao princípio da capacidade contributiva é que o art. 145, § 1º, da CF menciona que os **impostos** devem respeitar esse princípio. O STF já se manifestou por entender que esse princípio deve ser seguido por todas as espécies tributárias, e não apenas pelos impostos. (RE n. 177835, rel. Min. Carlos Velloso, **DJ** de 25/05/2001. Disponível em: <http://www.stf.jus.br/portal/inteiroTeor/pesquisarInteiroTeor.asp#resultado>. Acesso em: 16 jun. 2012).

4.10. Princípio da proibição das isenções heterônomas

A União não pode conceder isenção para tributos que não estejam em sua competência tributária, conforme estabelece o art. 151, III, da CF, sob pena de violar o princípio do pacto federativo.

> Art. 151. É vedado à União:
> I – instituir tributo que não seja uniforme em todo o território nacional ou que implique distinção ou preferência em relação a Estado, ao Distrito Federal ou a Município, em detrimento de outro, admitida a concessão de incentivos fiscais destinados a promover o equilíbrio do desenvolvimento socioeconômico entre as diferentes regiões do País;

Só pode conceder isenção de determinado tributo o ente federativo que tem competência para a sua instituição.

Quando um Ente Federativo diferente daquele que detém a competência para instituir o tributo concede a isenção, tem-se a isenção heterônoma.

Como dito anteriormente, a isenção heterônoma é vedada no Brasil, mas há **exceções**:

1) **ISS sobre serviços prestados no exterior:** o art. 156, § 3º, II, da CF prevê a possibilidade de a **União,** por lei complementar, conceder **isenção** do **ISS** nas exportações de serviços. O art. 2º, I, da LC nº 116/03 trata sobre a referida isenção;

2) **Tratados e Convenções Internacionais:** o Supremo Tribunal Federal[9] tem o entendimento pacífico de que Tratados e Convenções Internacionais **PODEM** conceder **isenções de tributos estaduais e municipais**, visto que a União, ao celebrar o tratado, não se mostra como pessoa política de Direito Público Interno, mas como pessoa política internacional.

4.11. Princípio da não discriminação quanto à procedência ou destino

O art. 152, *caput*, da Constituição Federal veda aos Estados, ao Distrito Federal e aos Municípios estabelecer diferença tributária entre

---

[9] RE 543943 AgR/PR, Rel. Min. Celso de Mello, D.J. 30/11/2010.

bens e serviços, de qualquer natureza, em razão da **procedência ou destino**.

> Art. 152. É vedado aos Estados, ao Distrito Federal e aos Municípios estabelecer diferença tributária entre bens e serviços, de qualquer natureza, em razão de sua procedência ou destino.

A procedência e o destino são índices inidôneos para efeito de manipulação das alíquotas e da base de cálculo pelos legisladores dos Estados, do Distrito Federal e dos Municípios.

O legislador não pode, portanto, alterar a tributação em virtude da procedência ou origem do bem.

5. Imunidades

JOSIANE MINARDI

Classe finita e imediatamente determinável de normas jurídicas, contida no texto da **Constituição Federal**, e que estabelece, de modo expresso, a incompetência das pessoas políticas de direito constitucional interno para expedir regras instituidoras de tributos que alcancem situações específicas e suficientemente caracterizadas.[10]

A imunidade tributária dá-se, em resumo, quando a Constituição **veda** a criação de tributos, por meio da **incompetência das pessoas políticas**, sobre determinadas situações ou sobre certos sujeitos, com a finalidade de preservar valores de grande interesse nacional, tais como: a manutenção das entidades federadas, o exercício das atividades religiosas, da democracia, das instituições educacionais, assistenciais e o acesso às informações.

Não se confunde imunidade com isenção ou não incidência.

A imunidade impede a incidência do tributo porque a **CONSTITUIÇÃO FEDERAL** assim determina.

Já a isenção consiste na **LEI** que determina que certas situações ou determinados sujeitos não serão tributados.

A não incidência abrange as situações não descritas na lei como sendo tributadas. Por exemplo: as bicicletas não são hipótese de incidência tributária do IPVA. O legislador estadual estabeleceu como fato gerador do IPVA os veículos automotores. Assim, as bicicletas não devem pagar IPVA, pois estão fora do campo de incidência tributária, sendo este um caso de não incidência.

As **imunidades tributárias,** por estarem na Constituição Federal e serem direitos fundamentais, são **irrevogáveis**, nos termos do art. 60, § 4º, IV, da CF.

---

[10] CARVALHO, Paulo de Barros. *Curso de Direito Tributário*, 21ª ed. São Paulo: Saraiva. 2009, p. 202.

As isenções podem ser revogadas a qualquer tempo, salvo nos casos de isenções onerosas, com prazo determinado e em função de determinadas condições (art. 178 do CTN), observado o disposto no inciso III do art. 104 do CTN.

Outra diferença importante entre imunidade e isenção é que esta só pode ser interpretada **literalmente** (art. 111 do CTN), enquanto a imunidade, a teor de precedentes do Supremo Tribunal Federal, admite interpretação ampla à luz dos princípios constitucionalmente consagrados. (RE 102.141-RJ)

As regras de imunidade têm foro exclusivo na Constituição, porque são regras (ainda que negativas) de competência tributária.

Principais diferenças entre imunidade e isenção:

Imunidades	Isenção
Previsão na **CF**	Previsão em **LEI**
Irrevogável	Pode ser revogada, salvo nas hipóteses do art. 178 do CTN
Interpretação à luz dos Princípios	Interpretação LITERAL

As imunidades tributárias alcançam várias espécies tributárias, como impostos, taxas, contribuição social, contribuição de intervenção no domínio econômico (CIDE). Inexistem, todavia, imunidades previstas para as contribuições de melhoria e empréstimos compulsórios.

Existem imunidades genéricas e específicas.

As imunidades específicas são relativas a um único tributo, diante de conveniências especiais, como, por exemplo, a imunidade do art. 149, § 2º, I, da CF, que trata sobre a não incidência da Contribuição Social e da Contribuição de Intervenção no Domínio Econômico (CIDE) sobre receitas decorrentes de exportação.

As imunidades genéricas estão previstas no art. 150, VI, da CF e referem-se **apenas aos Impostos.** As pessoas e situações previstas no art. 150, VI, da CF não devem pagar apenas os impostos, devendo pagar as demais espécies tributárias, como as taxas, contribuição de melhoria, contribuições e empréstimo compulsório.

5.1. Imunidade recíproca

A imunidade tributária recíproca, prevista no art. 150, VI, "a", da CF, veda a União, os Estados, o Distrito Federal e os Municípios de instituírem impostos sobre o patrimônio, renda e serviços um dos outros.

> Art. 150. Sem prejuízo de outras garantias asseguradas ao contribuinte, é vedado à União, aos Estados, ao Distrito Federal e aos Municípios:
> (...)
> VI – instituir impostos sobre:
> a) patrimônio, renda ou serviços, uns dos outros;

Outrossim, o Supremo Tribunal Federal tem mantido entendimento no sentido de afastar a incidência de **quaisquer impostos** que possam onerar economicamente as finanças do Ente Federativo, albergado pela regra imunizante, independentemente de incidirem sobre a renda, patrimônio ou serviços. Conquanto, ressalta-se que a imunidade alcança apenas os impostos, e não as demais espécies tributárias.

De acordo com os § 2º, § 3º, do art. 150 da CF, a imunidade recíproca é extensiva às **AUTARQUIAS E FUNDAÇÕES PÚBLICAS** desde que cumpram 4 requisitos:

(i) Cumpram suas finalidades essenciais ou qualquer uma delas decorrentes;

(ii) Sejam instituídas e mantidas pelo Poder Público;

(iii) Não cobrem preços e nem tarifas;

(iv) Não entrem na concorrência privada.

Urge destacar que a imunidade recíproca alcança somente as Autarquias e Fundações Públicas. As empresas públicas e sociedades de economia mista, por serem detentoras de personalidade jurídica de direito privado, não gozam de imunidade tributária, por essa razão, haverá normal incidência tributária sobre essas últimas.

No entanto, o Supremo Tribunal Federal tem entendido que algumas empresas públicas, bem como algumas sociedades de economia mista, são merecedoras da regra imunizante, quando prestam **serviço público de caráter obrigatório e de forma exclusiva**.

Cita-se como exemplo a ECT – Empresa de Correios e Telégrafos –, empresa pública que tem imunidade tributária.

Em fevereiro de 2007, o STF, na Ação Cautelar nº 1.550-2, reconheceu também a imunidade da sociedade de economia mista – CAERD –, Companhia de Águas e Esgotos de Rondônia.

É importante ressaltar que os Cartórios **NÃO** gozam de imunidade tributária, ainda que exerçam os serviços notariais e de registro em caráter privado, por delegação do Poder Público, conforme estabelece o art. 236 da CF.

Recentemente, o STF julgou a ADIN 3.089 e reconheceu a constitucionalidade da incidência do ISS sobre os serviços de registros públicos, por entender que os cartórios desenvolvem suas atividades com inequívoco intuito lucrativo, razão pela qual não merecem imunidade nos termos do art. 150, VI, "a", da CF.

A Constituição estabelece que a regra imunizante **NÃO** exonera o promitente comprador da obrigação de pagar imposto relativamente ao bem imóvel.

> CF – Art. 150 (...) § 3º As vedações do inciso VI, "a", e do parágrafo anterior não se aplicam ao patrimônio, à renda e aos serviços, relacionados com exploração de atividades econômicas regidas pelas normas aplicáveis a empreendimentos privados, ou em que haja contraprestação ou pagamento de preços ou tarifas pelo usuário, **nem exonera o promitente comprador da obrigação de pagar imposto relativamente ao bem imóvel.**

5.2. Imunidade recíproca e os impostos indiretos

Por impostos indiretos têm-se aqueles que admitem o repasse do encargo financeiro para o próximo da cadeia; por exemplo, IPI e ICMS.

Em uma relação jurídica tributária referente aos impostos indiretos existe o **contribuinte de direito**, que deve recolher o tributo, por ter praticado o fato gerador, ou pela lei ter-lhe atribuído essa condição, e o **contribuinte de fato**, que suportou o encargo financeiro, geralmente esse é o consumidor final.

Assim, o industrial que realiza a operação de industrialização do produto deve recolher o IPI por ter praticado o fato gerador, é o **contribuinte de direito** (*de jure*). No entanto, o industrial embute o IPI que teve que recolher no valor do preço do produto industrializado, repassando esse ônus para o consumidor final, que suporta o encargo financeiro do imposto e é denominado de **contribuinte de fato**.

Nesse sentido, o STF[11] tem entendido que o Ente Federativo somente terá direito à imunidade tributária se estiver na condição de contribuinte de direito; se for contribuinte de fato, não terá imunidade tributária.

Se o Ente Federativo industrializar o produto, terá imunidade, não precisará pagar o IPI, ainda que pudesse repassar o encargo financeiro para outra pessoa.

No entanto, quando o Ente Federativo é o consumidor final, não poderá alegar a sua imunidade para não pagar o preço do produto

---

[11] AI 805.295 AgR/MG, Rel. Min. Ricardo Lewandowski, D.J. 02/12/2010.

com o tributo embutido, pois nesse caso ele estará como contribuinte de fato.

5.3. Imunidade dos templos de qualquer culto

O art. 150, VI, "b", da CF veda aos Entes Federativos instituírem IMPOSTOS sobre os templos de qualquer culto.

A expressão *"templos de qualquer culto"* deve ser interpretada de forma ampla, abrangendo todas as formas de expressão de religiosidade. Só não irá abranger os templos de inspiração demoníaca, nem cultos satânicos, nem suas instituições, por contrariar a teleologia do texto constitucional. Portanto, deve haver valores morais e religiosos.

A imunidade dos templos de qualquer culto visa a tutelar a liberdade religiosa, e por essa razão tudo que estiver em nome da instituição religiosa e cumprir sua finalidade essencial terá imunidade, ou seja, não terá que pagar impostos.

> Art. 150. Sem prejuízo de outras garantias asseguradas ao contribuinte, é vedado à União, aos Estados, ao Distrito Federal e aos Municípios
> (...)
> VI – instituir impostos sobre:
> (...)
> b) templos de qualquer culto
> (...)
> § 4º As vedações expressas no inciso VI, alíneas "b" e "c", compreendem somente o patrimônio, a renda e os serviços, relacionados com as finalidades essenciais das entidades nelas mencionadas.

Nesse sentido, **NÃO** haverá incidência, por exemplo, do IPTU sobre o local onde é celebrado o culto, nem mesmo sobre a casa paroquial, ou estacionamentos em nome da instituição, ou sobre o convento; **NÃO** incidirá IPVA sobre o veículo do religioso utilizado no trabalho eclesiástico; **NÃO** incidirá ITBI sobre o imóvel adquirido pela entidade religiosa destinada às suas finalidades essenciais; **NÃO** incide IR sobre as doações, dízimos recebidos pela instituição e nem sobre as aplicações financeiras dos templos, desde que sejam destinadas para o cumprimento de suas finalidades. Ademais, **NÃO** incide ISS sobre os serviços religiosos.

Os imóveis de propriedade da Entidade religiosa que sejam locados para terceiros, e desde que os aluguéis sejam usados como fonte de custeio para cumprir as suas finalidades essenciais **NÃO** pagarão IPTU.

Recentemente, o STF, ao julgar o RE nº 562351, entendeu que maçonaria não é religião, trata-se apenas de um estilo de vida, em que as pessoas se ajudam mutuamente e por essa razão não tem direito à imunidade tributária.

5.4. Imunidade subjetiva

A imunidade do art. 150, VI, "c", da CF visa a tutelar a liberdade política, a liberdade sindical e estimular colaboradores do Estado na prestação de serviços de assistência social, desde que sem finalidade lucrativa. Tal imunidade refere-se a certas pessoas, razão por que é chamada de imunidade subjetiva.

São 4 pessoas que nos termos desse dispositivo constitucional não irão pagar impostos sobre suas rendas, patrimônio e serviços:

(i) Entidades de Assistência Social Sem Fins Lucrativos;

(ii) Entidade de Educação Sem fins Lucrativos;

(iii) Partidos Políticos e Suas Fundações;

(iv) Sindicato dos Trabalhadores.

Art. 150. Sem prejuízo de outras garantias asseguradas ao contribuinte, é vedado à União, aos Estados, ao Distrito Federal e aos Municípios
(...)
VI – instituir impostos sobre:
(...)
c) patrimônio, renda ou serviços dos partidos políticos, inclusive suas fundações, das entidades sindicais dos trabalhadores, das instituições de educação e de assistência social, sem fins lucrativos, atendidos os requisitos da lei;

A parte final do art. 150, VI, "c", da CF estabelece que essas pessoas somente terão direito à imunidade tributária se atenderem requisitos estabelecidos em lei.

Nesse sentido, o art. 14 do Código Tributário Nacional prevê três requisitos que devem ser cumpridos pelas 4 pessoas jurídicas acima para poderem gozar da imunidade aludida. São eles:

(i) Não distribuírem qualquer parcela de seu patrimônio ou de suas rendas, a qualquer título;

(ii) Aplicarem integralmente, no País, os seus recursos na manutenção dos seus objetivos institucionais;

(iii) Manterem escrituração de suas receitas e despesas em livros revestidos de formalidades capazes de assegurar sua exatidão.

Ressalta-se, ainda, que os Partidos Políticos, além de cumprirem os requisitos do art. 14 do CTN, devem cumprir mais dois: i) estarem devidamente registrados no Tribunal Superior Eleitoral (art. 17, § 2º, CF), e; ii) não atentarem contra os costumes e princípios do Estado brasileiro.

Nos termos da Súmula Vinculante nº 52, todas as pessoas do art. 150, VI, "c", da CF (entidade de assistência social sem fins lucrativos, entidades de educação sem fins lucrativos, partidos políticos e suas fundações e sindicato dos trabalhadores), ainda que tenham imóveis locados para terceiros, não irão pagar IPTU desses imóveis, desde que utilizem o valor dos aluguéis para cumprimento de suas finalidades essenciais.

> **STF – Súmula Vinculante nº 52** – Ainda quando alugado a terceiros, permanece imune ao IPTU o imóvel pertencente a qualquer das entidades referidas pelo art. 150, VI, "c", da Constituição Federal, desde que o valor dos aluguéis seja aplicado nas atividades para as quais tais entidades foram constituídas.

Quanto às Entidades de Assistência Social, é oportuno salientar que são aquelas que auxiliam o Estado no atendimento dos direitos sociais, tais como, saúde, segurança, maternidade, trabalho, etc. Por essa razão, afirma-se que cumprir assistência social é respeitar o art. 203 da CF. As entidades que cumprirem o art. 203 da CF e não visarem ao lucro, assim como as entidades beneficentes, as Organizações não Governamentais (ONGs), dentre outras, terão a imunidade tributária prevista no art. 150, VI, "c", da CF.

Recentemente, o STF reconheceu que as entidades fechadas de previdência privada que **NÃO** exigirem de seus associados contribuições para custeio do benefício também têm direito à imunidade a que se refere o art. 150, VI, "c", da CF. (Súmula nº 730 STF)

Ressalta-se, ainda, que as entidades de assistência social sem fins lucrativos, além de serem imunes ao pagamento de impostos, também gozam de imunidade das contribuições sociais, nos termos do art. 195, § 7º, da Constituição Federal.

5.5. Imunidade objetiva

O art. 150, VI, "d", da CF trata sobre a imunidade objetiva, que proíbe União, Estados, Distrito Federal e Municípios de instituírem impostos sobre alguns objetos, tais como **livros, jornais, periódicos e o papel destinado à sua impressão**. Sobre estes objetos não irão incidir o ICMS – quando saem do estabelecimento comercial, IPI – quando saem da indústria, e II – se houver a importação.

As pessoas jurídicas, como gráficas, editoras e livrarias, não gozam de imunidade, por isso terão que recolher os impostos incidentes sobre as suas atividades, como IR, pelos rendimentos auferidos pela venda dos livros, e o IPTU, relativo aos imóveis em que são impressos os livros e periódicos.

A imunidade acima referida visa a possibilitar o acesso à cultura e à informação, e sua finalidade é baratear o custo dos livros, jornais, periódicos e papéis destinados à impressão.

Terão imunidade os livros que transmitirem pensamentos e ideias formalmente orientadas, independentemente do conteúdo.

O Supremo Tribunal Federal já reconheceu a imunidade dos álbuns de figurinhas e das apostilas.

Com relação aos periódicos e jornais, somente perderão a imunidade se apresentarem cunho eminentemente publicitário, sem qualquer destinação à cultura e à educação, como os encartes e catálogos.

A lista telefônica tem imunidade tributária por ter utilidade pública.

De acordo com o entendimento do STF, a imunidade objetiva alcança também os filmes e papéis fotográficos necessários à publicação de jornais e periódicos (Súmula n° 657).

5.6. Imunidade dos CDs e DVDs

A EC n. 75 incluiu a alínea "e" no art. 150, VI, da CF, que estabelece imunidade para:

Fonogramas e videofonogramas musicais produzidos no Brasil contendo obras musicais ou literomusicais de autores brasileiros e/ou obras em geral interpretadas por artistas brasileiros, bem como os suportes materiais ou arquivos digitais que os contenham, salvo na etapa de replicação industrial de mídias ópticas de leitura a *laser*.

Assim, os CDs e DVDs produzidos no Brasil com obras musicais ou literomusicais de autores nacionais não irão pagar impostos.

Também há imunidade para as obras em geral interpretadas por artistas brasileiros e as mídias ou os arquivos digitais que as contenham. Logo, a imunidade alcança as músicas comercializadas pela internet, além dos *downloads* de *ringtones* de telefones celulares.

6. Legislação tributária

LEANDRO PAULSEN

6.1. Espécies normativas

O Código Tributário Nacional abre o livro sobre NORMAS GERAIS DE DIREITO TRIBUTÁRIO cuidando da legislação tributária, ou seja, das fontes do direito tributário.

Seu art. 96 define legislação tributária:

> Art. 96. A expressão "legislação tributária" compreende as leis, os tratados e as convenções internacionais, os decretos e as normas complementares que versem, no todo ou em parte, sobre tributos e relações jurídicas a eles pertinentes.

✓ IMPORTANTE: A compreensão do alcance dessa expressão é importante como elemento hermenêutico, pois o CTN a define e, posteriormente, se utiliza dela. Importa, por exemplo, saber a diferença da referência à lei, no art. 114, e da referência à legislação, no art. 115. O STJ interpreta que a referência à legislação tributária, nesse último artigo, implica autorização para que também atos infralegais disponham sobre obrigações acessórias.

A expressão "legislação tributária", efetivamente, não se restringe às leis tributárias em sentido estrito, abrangendo, também, as demais fontes normativas, inclusive infralegais.

Note-se, ademais, que o rol do art. 96 não é exaustivo. Vejamos a relação completa das fontes, combinando as previsões da CF com o que consta do CTN, e, em seguida, o papel de cada uma dessas fontes:

Previstas expressamente no CTN:

- Leis ordinárias (Legislador);
- Tratados internacionais (Estado brasileiro no plano infraconstitucional);
- Decretos (Chefes do Executivo);
- Normas complementares (Administração):
  - atos normativos
  - decisões normativas
  - práticas administrativas reiteradas
  - convênios

Outras extraídas diretamente da CF:
- Normas constitucionais;
- Leis complementares;
- Medidas provisórias;
- Resoluções do Senado;

Normas constitucionais. Estruturam todo o Sistema Tributário Nacional, discriminando exaustivamente as espécies tributárias (impostos, taxas, contribuições de melhoria, contribuições e empréstimos compulsórios) e a competência tributária de cada ente político (quais tributos cada ente político pode instituir), estabelecendo limitações ao exercício do poder de tributar (como a legalidade, a irretroatividade, a anterioridade e a vedação do confisco), definindo técnicas de tributação (como a não cumulatividade, a seletividade e a progressividade), indicando princípios expressos (como a capacidade contributiva, a isonomia e uniformidade geográfica) e implícitos (como a segurança jurídica) que regem a tributação e repartindo a receita tributária (como quando determina a entrega, pela União, de percentual da arrecadação de alguns impostos federais aos Estados e aos Municípios).

A análise do Texto Constitucional nos permite saber tudo o que pode ser feito em matéria tributária e quais as garantias fundamentais do contribuinte cuja inobservância vicia o exercício da tributação.

Leis complementares à Constituição. A Constituição elenca, expressamente,[1] as matérias cuja disciplina se dará em caráter complementar à Constituição através de veículo legislativo próprio que exige *quorum* qualificado (maioria absoluta): a lei complementar. Exemplos são os arts. 146, I a III, 154, I, 155, § 2º, XII, e 156, III.

O eventual tratamento de certa matéria por lei complementar não impõe, daí para diante, a utilização de tal veículo legislativo. Se a Constituição não exige lei complementar, a lei ordinária pode validamente dispor sobre a matéria. Mas, nas matérias reservadas à lei complementar, o uso da lei ordinária violará a Constituição. A invalidade da lei ordinária, nesse último caso, não decorrerá da superioridade hierárquica da lei complementar, que não existe, mas da previsão constitucional de disciplina da matéria por lei ordinária.

Merece especial destaque a reserva de lei complementar para "estabelecer normas gerais em matéria de legislação tributária". São "'normas gerais' aquelas que, simultaneamente, estabelecem os princípios, os fundamentos, as diretrizes, os critérios básicos, conforma-

---

[1] STF, Tribunal Pleno, Rel. Ministro MOREIRA ALVES, ADI 2028, 1999.

dores das leis que completarão a regência da matéria e que possam ser aplicadas uniformemente em todo o País, indiferentemente de regiões ou localidades".[2] Conforme o STF, "'gerais' não significa 'genéricas', mas sim 'aptas a vincular todos os entes federados e os administrados'".[3]

Resoluções do Senado. As Resoluções do Senado são particularmente importantes em matéria de impostos estaduais. Cabe ao Senado fixar as alíquotas máximas do ITCMD, nos termos do art. 155, § 1º, IV, da Constituição, o que é feito pela Resolução SF nº 9/1992, que estabelece a alíquota máxima de 8%. Em matéria de ICMS, o Senado estabelece as alíquotas aplicáveis às operações e prestações interestaduais e de exportação, nos termos do art. 155, § 2º, IV, da CF. Nesse sentido, a Resolução SF 22/1989 institui a alíquota interestadual de 12% como regra e de 7% para as "operações e prestações realizadas nas Regiões Sul e Sudeste, destinadas às Regiões Norte, Nordeste e Centro-Oeste e ao Estado do Espírito Santo". Já a Resolução SF 13/2012, com vista a minimizar a chamada guerra dos portos, estabelece a alíquota de 4% para as operações interestaduais com bens e mercadorias importados do exterior e para operações interestaduais com mercadorias cuja industrialização apresente conteúdo de importação superior a 40%. É facultado ao Senado, também, estabelecer alíquotas mínimas e máximas de ICMS nas operações internas, conforme o art. 155, § 2º, V, *a* e *b*, da Constituição. Também cabe ao Senado, mediante resolução, fixar as alíquotas mínimas do IPVA, nos termos do art. 155, § 6º, I, da Constituição.

Convênios de subordinação. Há convênios de *cooperação* entre os entes políticos, como os relacionados à permuta de informações e à assistência mútua para fiscalização. Esses assumem caráter de normas complementares das leis, como se verá adiante. Outros, todavia, são convênios de *subordinação*. Dizem respeito a matérias reservadas constitucionalmente para deliberação entre os Estados, hipótese em que, inclusive, condicionam a validade das leis estaduais, do que é exemplo a autorização de benefícios fiscais em matéria de ICMS (art. 155, § 2º, XII, *g*). Nesse caso, não podem ser considerados propriamente normas complementares das leis, porquanto têm, inclusive, ascendência sobre elas.

A deliberação sobre a concessão de isenções, incentivos e benefícios fiscais de ICMS é realizada mediante convênios entre as Fazendas de tais entes políticos, firmados no âmbito do Conselho Nacional de

---

[2] TRF4, Corte Especial, Rel. Desa. MARIA LÚCIA LUZ LEIRIA, AIAC 1998.04.01.020236-8, 2001.

[3] STF, Segunda Turma, Rel. Ministro JOAQUIM BARBOSA, RE 433352 AgR, 2010.

Política Fazendária (CONFAZ). LUÍS EDUARDO SCHOUERI diz que esses equivalem a "tratados entre os integrantes da Federação".[4] Esses convênios têm papel particularmente relevante no que diz respeito a benefícios que possam afetar as operações interestaduais, em que é exigida a alíquota interestadual pelo Estado de origem e a diferença de alíquota pelo Estado de destino. Conforme acórdão do STJ: "Os convênios do ICMS têm a função de uniformizar, em âmbito nacional, a concessão de isenções, incentivos e benefícios fiscais pelos Estados (art. 155, § 2°, XII, *g*, da CF/88)". Há vários acórdãos do STF dizendo da invalidade de benefícios fiscais concedidos sem prévia autorização em convênio.[5]

Também podem os Estados e o Distrito Federal, mediante Convênio, autorizar alíquotas internas de ICMS inferiores às das operações interestaduais, conforme prevê o art. 155, § 2°, VI, da CF.

Aos Convênios é deixada, ainda, a definição das alíquotas de ICMS sobre combustíveis e lubrificantes com incidência única, nos termos do art. 155, § 4°, IV, da Constituição.

Tratados internacionais. Os tratados ou convenções internacionais[6] só produzem efeitos internamente[7] após se completar um complexo *iter* que vai da negociação dos seus termos à publicação do Decreto do Presidente. Seu ciclo envolve:

- Assinatura do Tratado pelo Presidente da República;
- Aprovação pelo Congresso revelada por Decreto Legislativo,
- Ratificação pelo Presidente mediante depósito do respectivo instrumento,
- Promulgação por Decreto do Presidente e
- Publicação oficial do texto do Tratado.[8]

Uma vez internalizados, passam a integrar a legislação tributária (art. 96 do CTN), normalmente com nível de lei ordinária. Caso venham a dispor sobre garantias fundamentais dos contribuintes, serão

---

[4] SCHOUERI, Luís Eduardo. *Direito Tributário*. 2ª ed. São Paulo: Saraiva, 2012, p. 111.

[5] STJ, RMS 39554, STF, ADI 2.458, ADI 1.179, ADI 930.

[6] "As palavras tratado e convenção são sinônimas. Ambas representam acordo bilateral ou multilateral de vontades para produzir um efeito jurídico. Criam direitos e obrigações. Tratado (ou convenção) internacional vem a ser o ato jurídico firmado entre dois ou mais Estados, mediante seus respectivos órgãos competentes, com o objetivo de estabelecer normas comuns de direito internacional." (RIBEIRO DE MORAES, Bernardo. *Compêndio de Direito Tributário*. 2° vol. 3ª ed. 1995, p. 26).

[7] Mesmo quando fundados em tratados de integração como o MERCOSUL.

[8] Supremo Tribunal Federal, Tribunal Pleno, Rel. Ministro CELSO DE MELLO, CR (AgRg) 8.279-ARGENTINA, 1998.

equivalentes às normas constitucionais, nos termos do art. 5º, §§ 2º e 3º, da CF.[9]

Os tratados, via de regra, visam a estabelecer mercados comuns, desonerar operações bilaterais, evitar a bitributação etc. Com o Tratado de Assunção, por exemplo, foi deliberada a criação do MERCOSUL, acordando-se que: "Em matéria de impostos, taxas e outros gravames internos, os produtos originários do território de um Estado Parte gozarão, nos outros Estados Partes, do mesmo tratamento que se aplique ao produto nacional" e que "Os Estados Partes... Estenderão automaticamente aos demais Estados Partes qualquer vantagem, favor, franquia, imunidade ou privilégio que conceda a um produto originário de ou destinado a terceiros países não membros da Associação Latino-Americana de Integração". Outro exemplo é o Acordo sobre Subsídios e Medidas Compensatórias que compõe o Anexo I do Acordo Constitutivo da Organização Mundial do Comércio (OMC) e implementa o Acordo Geral sobre Tarifas Aduaneiras e Comércio 1994 (GATT). Dentre outras normas, proíbe subsídios vinculados ao desempenho do exportador, dentre os quais a isenção de impostos diretos ou "impostos sociais" a empresas industriais e comerciais. Refira-se, também, o *General Agreement on Trade in Services* (Acordo Geral sobre o Comércio de Serviços), que estabelece normas para a liberalização e transparência do comércio internacional de serviços, incluindo transporte aéreo, serviços financeiros, transporte marítimo e telecomunicações, dentre outros. Há, ainda, inúmeras Convenções para evitar a bitributação da renda e evitar a evasão, em que é acordado critério uniforme para que a tributação se dê apenas em um dos países, ou seja, só no de residência ou só no de percepção da renda. Para tanto é que foi firmada a Convenção Brasil-Chile para evitar a dupla tributação, promulgada pelo Decreto 4.852/03, e a Convenção Brasil-África do Sul, promulgada através do Decreto 5.922/06, dentre muitas outras.

Cuida da matéria o art. 98 do CTN, que estabelece:

Art. 98. Os tratados e as convenções internacionais revogam ou modificam a legislação tributária interna, e serão observados pela que lhes sobrevenha.

Desse dispositivo, tiramos que os tratados, mesmo quando disponham de modo distinto do que estabelecem as leis internas, deverão ser observados. Mas a referência feita pelo art. 98 à revogação da

---

[9] CF: art. 5º... § 2º Os direitos e garantias expressos nesta Constituição não excluem outros decorrentes do regime e dos princípios por ela adotados, ou dos tratados internacionais em que a República Federativa do Brasil seja parte. § 3º Os tratados e convenções internacionais sobre direitos humanos que forem aprovados, em cada Casa do Congresso Nacional, em dois turnos, por três quintos dos votos dos respectivos membros, serão equivalentes às emendas constitucionais. (Incluído pela EC 45/2004).

legislação tributária interna é imprópria. Quando o tratado estabeleça tratamento específico para determinados produtos, países ou blocos, a lei interna geral continua aplicável aos demais casos. Com razão REGINA HELENA COSTA, ao afirmar que "os tratados e convenções internacionais não 'revogam' a legislação interna. (...) o que de fato ocorre é que as normas contidas em tais atos, por serem especiais, prevalecem sobre a legislação interna, afastando sua eficácia no que com esta forem conflitantes (critério da especialidade para a solução de conflitos normativos). Tal eficácia, portanto, resta preservada, para todas as demais situações não contempladas nos atos internacionais".[10] O art. 85-A da Lei 8.212/91, acrescido pela Lei 9.876/99, dispõe no sentido de que: "Os tratados, convenções e outros acordos internacionais de que Estado estrangeiro ou organismo internacional e o Brasil sejam partes, e que versem sobre matéria previdenciária, serão interpretados como lei especial".

Leis ordinárias. Exige-se lei ordinária tanto para a instituição de tributo (art. 151, I) como para qualquer modalidade de exoneração da obrigação de pagar tributo instituído por lei (art. 150, § 6º). Do mesmo modo, só lei ordinária poderá estabelecer penalidades pelo descumprimento de obrigações tributárias (art. 97, V, do CTN).[11] Veja-se o detalhamento da matéria no CTN:

Art. 97. Somente a lei pode estabelecer:
I – a instituição de tributos, ou a sua extinção;
II – a majoração de tributos, ou sua redução, ressalvado o disposto nos artigos 21, 26, 39, 57 e 65;
III – a definição do fato gerador da obrigação tributária principal, ressalvado o disposto no inciso I do § 3º do artigo 52, e do seu sujeito passivo;
IV – a fixação de alíquota do tributo e da sua base de cálculo, ressalvado o disposto nos artigos 21, 26, 39, 57 e 65;
V – a cominação de penalidades para as ações ou omissões contrárias a seus dispositivos, ou para outras infrações nela definidas;
VI – as hipóteses de exclusão, suspensão e extinção de créditos tributários, ou de dispensa ou redução de penalidades.
§ 1º Equipara-se à majoração do tributo a modificação da sua base de cálculo, que importe em torná-lo mais oneroso.
§ 2º Não constitui majoração de tributo, para os fins do disposto no inciso II deste artigo, a atualização do valor monetário da respectiva base de cálculo.

O que se extrai do art. 97 é que as matérias nele arroladas não podem ser tratadas, em caráter inaugural, por atos infralegais. Mas

---

[10] COSTA, Regina Helena. *Curso de Direito Tributário*. São Paulo: Saraiva, 2009, p. 152. Assim também: AMARAL, Antonio Carlos Rodrigues do. *Comentários ao Código Tributário Nacional*, vol. 2, coord. Ives Gandra da Silva Martins. São Paulo: Saraiva, 1998, p. 34.

[11] STF, Tribunal Pleno, Rel. Ministro ILMAR GALVÃO, ADI 1823 MC, 1998.

tenha-se em conta que a lei ordinária não tem seu âmbito material limitado. Pode dispor sobre qualquer matéria, desde que respeitado o Texto Constitucional e não invadidas as matérias que requerem lei complementar. Assim é que, mesmo questões de ordem meramente regulamentar ou operacional, que não estejam sob reserva sequer relativa de lei, como o prazo de vencimento dos tributos, podem ser validamente disciplinadas por lei ordinária.[12]

Medidas provisórias. As medidas provisórias têm força de lei ordinária (art. 62), de modo que podem dispor sobre todas as matérias sob reserva legal. Mas, assim como as leis ordinárias, não podem dispor sobre matérias para as quais se exija lei complementar (art. 62, § 1º, III, da CF). Ademais, a "Medida provisória que implique instituição ou majoração de impostos, exceto os previstos nos arts. 153, I, II, IV e V, e 154, II, só produzirá efeitos no exercício financeiro seguinte se houver sido convertida em lei até o último dia daquele em que foi editada" (art. 62, § 2º, da CF).

Decretos. Os Decretos, como atos infralegais editados pelos Chefes do Poder Executivo para a "fiel execução" das leis (art. 84, IV, da CF), normalmente trazem os chamados regulamentos de cada tributo, do que são exemplos: o Regulamento do Imposto de Renda (Decreto 3.000/99) e o Regulamento do IPI (Decreto 7.212/10).

Dispõe o CTN:

> Art. 99. O conteúdo e o alcance dos decretos restringem-se aos das leis em função das quais sejam expedidos, determinados com observância das regras de interpretação estabelecidas nesta Lei.

Assim, o papel dos decretos é dar maior concretização às normas jurídicas já estabelecidas por lei, sem, contudo, inovar, sem criar novas obrigações.

Mas há matérias que não estão sequer sob reserva de lei ordinária e que podem ser disciplinadas pelo Executivo, como graduar a alíquota de alguns tributos marcadamente extrafiscais (e.g. IPI, IOF), desde que observadas as condições e os limites estabelecidos por lei (art. 153, § 1º, da CF). Assim, também, disciplinar obrigações acessórias, dispor sobre o prazo de vencimento dos tributos[13] e definir o indexador que servirá à atualização monetária dos tributos[14] e

---

[12] STF, Tribunal Pleno, Rel. Ministro ILMAR GALVÃO, RE 140.669, 1998.
[13] STF, Primeira Turma, Rel. Ministro ILMAR GALVÃO, RE 195.218, 2002.
[14] STF, RE 188.391; **Súmula 160** do STJ.

especificar procedimentos de fiscalização tributária.[15] Essas matérias podem ser disciplinadas por Decretos ou normas complementares.

Normas complementares. Não se confundem, de modo algum, com as leis complementares, que provêm do Legislativo. A expressão "normas complementares", no CTN, é utilizada para referir normas criadas pela Administração. Vejamos:

> Art. 100. São normas complementares das leis, dos tratados e das convenções internacionais e dos decretos:
> I – os atos normativos expedidos pelas autoridades administrativas;
> II – as decisões dos órgãos singulares ou coletivos de jurisdição administrativa, a que a lei atribua eficácia normativa;
> III – as práticas reiteradamente observadas pelas autoridades administrativas;
> IV – os convênios que entre si celebrem a União, os Estados, o Distrito Federal e os Municípios.
> Parágrafo único. A observância das normas referidas neste artigo exclui a imposição de penalidades, a cobrança de juros de mora e a atualização do valor monetário da base de cálculo do tributo.

Os atos normativos a que se refere o inciso I são, principalmente, as Instruções Normativas e as Portarias. O Cadastro de Pessoas Físicas (CPF), por exemplo, é objeto da IN RFB 1.042/10; o Cadastro Nacional da Pessoa Jurídica (CNPJ), da IN RFB 1.183/11;[16] a prática de atos por via eletrônica no âmbito do processo administrativo fiscal, da Portaria SRF 259/06.[17] O parágrafo único do art. 100 do CTN consagra a proteção da confiança dos contribuintes, dispondo no sentido de que a observância das normas complementares exclui a imposição de penalidades, a cobrança de juros moratórios e, até mesmo, a atualização monetária da base de cálculo. Com isso, o cuidado do contribuinte de agir conforme a própria Administração tributária estabelece como correto através das fontes normativas que produz, é valorizado.

6.2. Vigência da legislação tributária

Importante iniciar fixando os conceitos:
- **Existência**: a legislação existe a contar da sua publicação.[18]
- **Vigência**: a legislação vige quando começa a produzir efeitos.

---

[15] E.g.: Portaria SRF 6.087/05.
[16] Instrução Normativa da Receita Federal do Brasil.
[17] Portaria da Secretaria da Receita Federal.
[18] STF, RE 222.241/CE.

- **Eficácia**: a legislação é eficaz quando já é aplicável, seja por prescindir de regulamentação, seja por já contar com a regulamentação necessária.

Outro conceito correlato, essencial para o trato da matéria é o que segue:

- ***Vacatio legis***: é o período entre a publicação da lei e a sua vigência.

As leis tributárias seguem, quanto à *vacatio legis* ou vacância das leis, as regras gerais estabelecidas na LICC. Aliás, o CTN é expresso nesse sentido: "Art. 101. A vigência, no espaço e no tempo, da legislação tributária rege-se pelas disposições legais aplicáveis às normas jurídicas em geral, ressalvado o previsto neste Capítulo.". Já para os atos administrativos, há normas específicas no CTN. Vejamos:

Lei de Introdução às normas do Direito Brasileiro (DL 4.657/42):
Art. 1º Salvo disposição contrária, a lei começa a vigorar em todo o país quarenta e cinco dias depois de oficialmente publicada.
Código Tributário Nacional:
Art. 103. Salvo disposição em contrário, entram em vigor:
I – os atos administrativos a que se refere o inciso I do artigo 100, na data da sua publicação;
II – as decisões a que se refere o inciso II do artigo 100, quanto a seus efeitos normativos, 30 (trinta) dias após a data da sua publicação;
III – os convênios a que se refere o inciso IV do artigo 100, na data neles prevista.

Assim, salvo se trouxerem cláusula de vigência diversa, a vigência da legislação tributária se dá:

- **Leis**: 45 dias após a publicação (mas é comum clausula de vigência imediata)
- **Atos normativos**: imediatamente
- **Decisões normativas**: 30 dias após a publicação
- **Convênios**: na data que indicarem.

Mas é fundamental, para a verificação da vigência das leis, ter em conta não só as normas legais de vacância, mas também as **garantias constitucionais de anterioridade** de exercício (art. 150, III, *a*) e nonagesimal (arts. 150, III, *b*, e 195, § 6º), aplicáveis à instituição e à majoração dos tributos. Ressalvadas as exceções constitucionais, tratadas quando da análise do Direito Constitucional Tributário, as leis que instituem ou que aumentam tributos só entram em vigor no exercício financeiro seguinte ao da sua publicação e desde que decorridos pelo menos noventa dias da data da publicação. Dispõe a CF:

Art. 150. Sem prejuízo de outras garantias asseguradas ao contribuinte, é vedado à União, aos Estados, ao Distrito Federal e aos Municípios:
III – cobrar tributos:

b) no mesmo exercício financeiro em que haja sido publicada a lei que os instituiu ou aumentou;

c) antes de decorridos noventa dias da data em que haja sido publicada a lei que os instituiu ou aumentou, observado o disposto na alínea b;

A anterioridade de exercício encontra reprodução no art. 104 do CTN, que determina expressamente sua aplicação quanto aos dispositivos que definem novas hipóteses de incidência (o que equivale à instituição do tributo) e que a estende aos dispositivos que extinguem ou reduzem isenções, respeitado o direito adquirido gerado pelas isenções onerosas quando cumpridas as respectivas condições:

> Art. 104. Entram em vigor no primeiro dia do exercício seguinte àquele em que ocorra a sua publicação os dispositivos de lei, referentes a impostos sobre o patrimônio ou a renda:
> I – que instituem ou majoram tais impostos;
> II – que definem novas hipóteses de incidência;
> III – que extinguem ou reduzem isenções, salvo se a lei dispuser de maneira mais favorável ao contribuinte, e observado o disposto no artigo 178.

✓ IMPORTANTE: Embora o art. 104 refira "impostos sobre o patrimônio ou a renda", a norma aplica-se a quaisquer tributos, porquanto a Constituição Federal estabelece tal garantia em caráter geral, ressalvadas apenas as exceções expressas, como as constantes do art. 150, § 1º, da CF.

✓ ATENÇÃO: A aplicação das regras constitucionais de anterioridade à revogação de benefícios tributários, como isenções, era controversa no STF. Mas, no RE 564.225 AgR, em 2014, o STF decidiu: "Promovido aumento indireto do Imposto sobre Circulação de Mercadorias e Serviços – ICMS – por meio da revogação de benefício fiscal, surge o dever de observância ao princípio da anterioridade, geral e nonagesimal, constante das alíneas b e c do inciso III do art. 150, da Carta".

6.3. Aplicação da legislação tributária

Quanto à aplicação da legislação tributária, há apenas dois artigos no CTN: 105 e 106. Vejamos:

> Art. 105. A legislação tributária aplica-se imediatamente aos fatos geradores futuros e aos pendentes, assim entendidos aqueles cuja ocorrência tenha tido início mas não esteja completa nos termos do artigo 116.

Esse artigo destaca o **caráter prospectivo** (para o futuro) da legislação tributária, o que **é a regra**, aliás, em qualquer ramo do Direito. Sua referência à aplicação aos fatos pendentes não tem aplicação, porquanto a doutrina destaca, com propriedade, que, no Direito Tributário, não existem fatos geradores pendentes (ou já ocorreu, ou ainda não ocorreu)[19] e que, se assim considerássemos os fatos geradores complexos ou de período, a norma seria inconstitucional, violando a garantia do art. 150, III, a, da CF.[20]

Já o art. 106 do CTN determina a **excepcional aplicação retroativa** em dois caos:

- **Lei interpretativa**;
- **Lei punitiva** por infrações à legislação tributária.

Vejamos seu texto, *verbis*:

Art. 106. A lei aplica-se a ato ou fato pretérito:
I – em qualquer caso, quando seja expressamente interpretativa, excluída a aplicação de penalidade à infração dos dispositivos interpretados;
II – tratando-se de ato não definitivamente julgado:
a) quando deixe de defini-lo como infração;
b) quando deixe de tratá-lo como contrário a qualquer exigência de ação ou omissão, desde que não tenha sido fraudulento e não tenha implicado em falta de pagamento de tributo;
c) quando lhe comine penalidade menos severa que a prevista na lei vigente ao tempo da sua prática.

A **lei expressamente interpretativa**, a rigor, é um **dispositivo sem norma**. Isso porque não inova no mundo jurídico, criando ou extinguindo obrigações. Apenas torna claras e inequívocas as normas já aplicáveis constantes de legislação em vigor. Assim, não há, propriamente, retroatividade do ponto de vista normativo.

✓ CUIDADO: quando a lei nova se diz interpretativa, mas, "em verdade, inova no mundo jurídico, deve ser considerada como lei nova".[21]

O inciso II do art. 106 do CTN traz para o Direito Tributário a **aplicação da lei posterior mais benéfica em matéria de infrações**, seguindo a orientação traçada pelo Direito Penal. Assim é que, e.g., as leis que reduzem percentuais de multa são aplicáveis de pronto, inclusive às infrações ocorridas anteriormente ao seu advento. A referência a "ato não definitivamente julgado", como condição temporal para a aplicação retroativa, deve ser entendida como estabelecendo que se aplicará a lei mais benéfica enquanto a penalidade (multa) não tiver sido satisfeita, inclusive no curso da Execução e no âmbito dos

---

[19] COELHO, Sacha Calmon Navarro. Periodicidade do Impoto de Renda II: In: Mesa de Debates. *RDT* nº 63. São Paulo, Malheiros, p. 51. Vide também: CARVALHO, Paulo de Barros. *Curso de Direito Tributário*. 21ª ed. São Paulo: Saraiva, 2009, p. 92-93.

[20] DERZI, Misabel Abreu Machado. *Nota de atualização à obra de Aliomar Baleeiro, Limitações Constitucionais ao Poder de Tributar*, 7ª ed. Rio de Janeiro: Forense, 1997, p. 193. Vide também: MACHADO, Hugo de Brito. *Curso de Direito Tributário*. 33ª ed. São Paulo: Malheiros, 2012, p. 100.

[21] STF, Tribunal Pleno, Rel. Ministra ELLEN GRACIE, RE 566.621, 2011.

Embargos à Execução.[22] Mediante aplicação desse dispositivo, já foram reduzidos percentuais de multa moratória de 30% para 20%[23] e de multa de ofício de 100% para 75%.[24]

6.4. Integração da legislação tributária

O art. 108 do CTN dispõe sobre a integração da legislação tributária, ou seja, sobre o que fazer no caso de ausência de disposição expressa acerca de determinada questão. Arrola **quatro métodos de integração**: a analogia, os princípios gerais de direito tributário, os princípios gerais de direito público e a equidade. Ao fazê-lo, determina a aplicação sucessiva de tais mecanismos, de modo que a analogia teria preferência. Vejamos:

> Art. 108. Na ausência de disposição expressa, a autoridade competente para aplicar a legislação tributária utilizará sucessivamente, na ordem indicada:
> I – a analogia;
> II – os princípios gerais de direito tributário;
> III – os princípios gerais de direito público;
> IV – a eqüidade.
> § 1º O emprego da analogia não poderá resultar na exigência de tributo não previsto em lei.
> § 2º O emprego da eqüidade não poderá resultar na dispensa do pagamento de tributo devido.

O CTN, como se vê, estabelece uma sequência a ser seguida. Mas a utilização de cada método de integração dependerá da sua pertinência e adequação ao caso.

A analogia se dá quando, não havendo previsão normativa específica para o caso concreto, recorre-se a um dispositivo que rege situação semelhante, aplicando-o ao caso. No AI 835.442, o Min. do STF Luiz Fux, reconhecendo que a determinado caso submetido ao tribunal seria aplicável, por analogia, o mesmo entendimento que o tribunal daria a outra matéria semelhante sujeita à repercussão geral, invocou os brocardos latinos: "*Ubi eadem ratio ibi idem jus* (onde houver o mesmo fundamento, haverá o mesmo direito) e *Ubi eadem legis ratio ibi eadem dispositio* (onde há a mesma razão de ser, deve prevalecer a mesma razão de decidir)". Efetivamente, a **analogia** constitui método de integração da legislação tributária mediante aplicação da lei à situação de fato nela não prevista, mas cuja análise revele a identidade

---

[22] STJ, REsp 191.530.
[23] Art. 84, III, *c*, da Lei 8.981/95 em cotejo com o art. 61 da Lei 9.430/96.
[24] Art. 4º, I, da Lei 8.218/91 em cotejo com o art. 44, I, da Lei 9.430/96.

dos elementos essenciais e a adequação da norma para também em tal situação alcançar o fim pretendido pelo legislador.[25]

A aplicação da analogia, portanto, pressupõe:

a) lacuna legislativa quanto ao caso concreto;

b) dispositivo legal que rege situação assemelhada;

c) identidade dos elementos essenciais;

d) possibilidade de se alcançar os mesmos fins.

Note-se que o § 1º veda a aplicação da analogia para fundamentar a exigência de tributo não previsto em lei. Ou seja, em matéria de instituição e de majoração de tributos, o uso da analogia está vedado.

✓ NÃO CONFUNDA:

✓ 1) **Lacuna legislativa com silencio eloquente**: nesse, o legislador deliberadamente resolve não atribuir a determinada situação a mesma solução que dá a outra assemelhada. Verificada a intenção do legislador de não dar o mesmo tratamento, não se pode fazê-lo por analogia.

✓ 2) **Analogia com interpretação extensiva**: na interpretação extensiva, o que se faz é identificar que a situação concreta é alcançada por dispositivo legal que arrola exemplificativamente seus pressupostos de fato, tendo em conta o seu enquadramento na mesma categoria.

O segundo modo de integração da legislação tributária é a aplicação de princípios gerais de Direito Tributário, dentre os quais:

a) capacidade contributiva;

b) capacidade colaborativa;

c) isonomia tributária;

d) segurança jurídica tributária;

e) legalidade tributária;

f) irretroatividade tributária;

g) anterioridade tributária;

h) praticabilidade da tributação.

O terceiro modo de integração é a aplicação de princípios gerais de Direito Público. Servem à integração da legislação tributária, por exemplo, os princípios:

---

[25] "El procedimiento analógico consiste en la extensión de un precepto legal a supuestos no comprendidos en el mismo, pero que revisten, con las hipótesis previstas por la norma, un grado de afinidad tal que puede afirmarse que se encuentra en la misma ratio jurídica que inspira la norma formulada. [...] no es preciso que exista una absoluta identidad... es necesario que sean comunes los elementos jurídicos que se toman en consideración. En otras palabras, es preciso que la hipótesis, a la que se quiere extender la norma, presente unos caracteres jurídicos análogos a aquellos en virtud de los cuales la hipótesis expresamente regulada se convirtió en objeto de una norma jurídica." (VANONI, E. *Natura ed Interpretazione delle leggi tributarie*. 1932. A transcrição é da edição espanhola de 1961 publicada pelos Instituto de Estudios Fiscales, Madrid, p. 338).

a) republicano;
b) federativo;
c) moralidade;
d) eficiência;
e) impessoalidade.

Por fim, o CTN arrola, como critério de integração da legislação tributária, a equidade. Essa consiste na não aplicação de determinada regra a um caso concreto, embora se enquadre no antecedente normativo, porque o efeito jurídico seria demasiadamente gravoso, a ponto de se entender que, tivesse o legislador vislumbrado tal situação, a teria excepcionado. A equidade diz respeito à **consideração das circunstâncias peculiares ao caso concreto, que demonstrem o descabimento da norma geral** que não as tenha considerado e cuja incidência pura e simples levaria a uma solução que não se pode entender que tenha sido pretendida pelo legislador por implicar um resultado irrazoável, desproporcional ou de qualquer outro modo ofensivo dos direitos e garantias do sujeito passivo da obrigação tributária.[26]

ALIOMAR BALEEIRO já ensinava que a autoridade fiscal e o juiz "encontram na equidade... meios de suprir a falta de norma adequada ao caso singular, ou mesmo para amortecer essa norma, se nas circunstâncias específicas ou inéditas, ela conduzir ao iníquo ou ao absurdo, um e outro inadmissíveis... Dará uma solução de justiça".[27]

Exemplificativamente, quando o legislador comine multa percentual diária para o caso de mora no cumprimento de obrigação acessória, sem estabelecer limite, pode-se estabelecê-lo, por equidade, de modo a impedir que a sua aplicação, a longo prazo, possa implicar ônus excessivo.[28] Mas não se pode fazer isso no que diz respeito ao tributo devido, nos termos do § 2º do art. 108, a menos que implique confisco, nos termos do art. 150, IV, da CF.

---

[26] "A autoridade fiscal e o juiz, à falta de elementos no art. 108, I, II, e III, encontram na eqüidade, se lhe é concedida expressamente – condição exigida pelo art. 127 do CPC-73 – meios de suprir a falta de norma adequada ao caso singular, ou mesmo para amortecer essa norma, se nas circunstâncias específicas ou inéditas, ela conduzir ao iníquo ou ao absurdo, um e outro inadmissíveis dentro do sistema geral do Direito e da consciência jurídica contemporânea em nosso país ou em nosso tipo de estrutura econômica, política, social e institucional. Dará uma solução de justiça. É certo que a justiça, em relação a determinada situação, varia no tempo e no espaço. A legislação tributária, no sentido do art. 96 do CTN, é femininamente 'mobile qual piuma al vento'. Mas a justiça, já se disse, é uma idéia-força, do conceito de FOUILLÉ. Todos os povos querem que a justiça presida as relações humanas, inclusive aquelas entre o Fisco e o contribuinte." (BALEEIRO, Aliomar. *Direito Tributário Brasileiro*. 10ª ed. Rio de Janeiro: Forense, 1991, p. 441).

[27] BALEEIRO, Aliomar. *Direito Tributário Brasileiro*. 10ª ed. Rio de Janeiro: Forense, 1991, p. 441.

[28] TRF4, AC 200404010006399.

6.5. Interpretação da legislação tributária

O CTN estabelece normas para a integração e para a interpretação da legislação tributária nos arts. 107 e 109 a 112. O art. 107 limita-se a dizer da aplicação das normas seguintes: "Art. 107. A legislação tributária será interpretada conforme o disposto neste Capítulo".

Vejamos o art. 109 do CTN:

> Art. 109. Os princípios gerais de direito privado utilizam-se para pesquisa da definição, do conteúdo e do alcance de seus institutos, conceitos e formas, mas não para definição dos respectivos efeitos tributários.

Como se vê, a referência a institutos, conceitos e formas de direito privado implica considerá-los sob a perspectiva dos princípios gerais de direito privado para fins de enquadramento no pressuposto de fato da norma, mas não para definir seus efeitos jurídico-tributários. Esses, o legislador estabelece livremente. RICARDO MARIZ DE OLIVEIRA é muito preciso a respeito: "os institutos, conceitos e formas do direito privado são o que são segundo esse próprio ramo do direito, e conservam a sua identidade também quando tomados como elementos das normas sobre tributos, as quais devem apenas fixar-lhes os respectivos efeitos tributários, vale dizer, dar este ou aquele trato para fins de tributação sem lhes alterar a substância ou natureza jurídica".[29]

Outro dispositivo a respeito da matéria é o art. 110, muito aplicado pelos tribunais. Vejamos:

> Art. 110. A lei tributária não pode alterar a definição, o conteúdo e o alcance de institutos, conceitos e formas de direito privado, utilizados, expressa ou implicitamente, pela Constituição Federal, pelas Constituições dos Estados, ou pelas Leis Orgânicas do Distrito Federal ou dos Municípios, para definir ou limitar competências tributárias.

Segundo o art. 110 do CTN, quando a Constituição outorga competência para a tributação, por exemplo, da transmissão de bens imóveis ou da propriedade, importa buscar no Direito Privado o seu alcance, não sendo dado o legislador ordinário manipular os conceitos e institutos de modo a ampliar a sua competência. O STF tem precedente importante em que aplicou o art. 110 do CTN: o RE nº 166.772-9/RS. Na oportunidade, assim decidiu:

> (...) CONSTITUIÇÃO – ALCANCE POLÍTICO – SENTIDO DOS VOCÁBULOS – INTERPRETAÇÃO. O conteúdo político de uma Constituição não é conducente ao desprezo do sentido vernacular das palavras, muito menos ao do técnico, considerados institutos consagrados pelo Direito. Toda ciência pressupõe a adoção de escorreita

---

[29] OLIVEIRA, Ricardo Mariz de. *Fundamentos do Imposto de Renda*. Quarter Latin, 2008, p. 50.

linguagem, possuindo os institutos, as expressões e os vocábulos que a revelam conceito estabelecido com a passagem do tempo, quer por força de estudos acadêmicos quer, no caso do Direito, pela atuação dos Pretórios (...).

O art. 111 do CTN, por sua vez, precisa ser analisado com cuidado, ainda que seja bastante simples. Dispõe:

Art. 111. Interpreta-se literalmente a legislação tributária que disponha sobre:
I – suspensão ou exclusão do crédito tributário;
II – outorga de isenção;
III – dispensa do cumprimento de obrigações tributárias acessórias.

Sendo a interpretação uma atividade complexa, tal dispositivo não pode ser visto como impeditivo para a utilização dos diversos instrumentos que nos levam à compreensão e à aplicação adequada de qualquer dispositivo legal, quais sejam, as interpretações histórica, teleológica, sistemática, a consideração dos princípios etc. Traz, isto sim, uma advertência no sentido de que as regras atinentes às matérias arroladas devem ser consideradas como regras de exceção, aplicáveis nos limites daquilo que foi pretendido pelo legislador, considerando-se as omissões como "silêncio eloquente", não se devendo integrá-las pelo recurso à analogia.[30]

De outro lado, também se pode extrair, do art. 111 do CTN, a impossibilidade de a autoridade administrativa exigir, como condição para o reconhecimento de isenção, suspensão ou exclusão do crédito tributário ou para dispensa do cumprimento de obrigações acessórias, senão os requisitos expressamente definidos por lei.

O capítulo é finalizado com o art. 112, *verbis*:

Art. 112. A lei tributária que define infrações, ou lhe comina penalidades, interpreta-se da maneira mais favorável ao acusado, em caso de dúvida quanto:
I – à capitulação legal do fato;
II – à natureza ou às circunstâncias materiais do fato, ou à natureza ou extensão dos seus efeitos;
III – à autoria, imputabilidade, ou punibilidade;
IV – à natureza da penalidade aplicável, ou à sua graduação.

Embora cuide da interpretação da lei punitiva, refere-se, verdadeiramente, à sua aplicação aos casos concretos, conforme se vê do rol de hipóteses constante dos seus incisos. Temos, no art. 112 do CTN, a determinação de aplicação do princípio *in dubio pro reo* às penalidades estabelecidas pela legislação tributária.

---

[30] STJ, Primeira Turma, Rel. Ministro MILTON PEREIRA, RE 36.366-7, 1993.

7. Capacidade, cadastro e domicílio

LEANDRO PAULSEN

7.1. Capacidade tributária

A capacidade tributária passiva é a **possibilidade de alguém figurar como sujeito passivo de uma obrigação tributária**, seja principal ou acessória, ficando obrigado a cumpri-la e a responder por eventual inadimplemento.

A matéria é regulada, em nível de normas gerais de Direito Tributário, pelo art. 126 do CTN.

> Art. 126. A capacidade tributária passiva independe:
> I – da capacidade civil das pessoas naturais;
> II – de achar-se a pessoa natural sujeita a medidas que importem privação ou limitação do exercício de atividades civis, comerciais ou profissionais, ou da administração direta de seus bens ou negócios;
> III – de estar a pessoa jurídica regularmente constituída, bastando que configure uma unidade econômica ou profissional.

Conclui-se que quem realiza o fato gerador está obrigado ao pagamento do tributo, **ainda que não tenha ou não esteja no gozo de capacidade civil plena** ou mesmo que esteja atuando mediante **sociedade irregular ou de fato**.

7.2. Cadastros de contribuintes

O art. 146, parágrafo único, inciso IV, da CF, acrescido pela EC 42/03, autoriza o estabelecimento, por lei complementar, de **cadastro nacional único de contribuintes**.

A LC 123/06, que cuida do Estatuto Nacional da Microempresa e da Empresa de Pequeno Porte, prevê, em seu art. 4º, que os três âmbitos de governo deveriam considerar a unicidade do processo de registro e de legalização de empresários na elaboração das normas de sua competência. A LC 139/11 dispõe no sentido de que os cadastros fiscais estaduais e municipais poderão ser simplificados ou terem sua exigência postergada para o Microempreendedor Individual, sem prejuízo da emissão de documentos fiscais de compra, venda ou prestação de serviços.

Ainda não sobreveio o pretendido cadastro nacional único. As pessoas físicas possuem um número de inscrição junto à Secretaria da Receita Federal (CPF) e outros perante as Secretarias da Fazenda dos Estados e dos Municípios.

A inscrição no **Cadastro de Pessoas Físicas** é obrigatória, dentre outros, para todas as pessoas físicas sujeitas à apresentação de declaração de rendimentos, às pessoas com rendimentos retidos pela fonte pagadora ou obrigadas ao pagamento pelo carnê-leão, aos profissionais liberais, aos titulares de conta bancária ou de aplicações e aos contribuintes individuais ou requerentes de benefícios do INSS. As pessoas jurídicas e entidades equiparadas têm, como primeira das suas obrigações acessórias, condição ao próprio funcionamento regular, a inscrição no **Cadastro Nacional da Pessoa Jurídica** (CNPJ).

7.3. Domicílio tributário

O domicílio tributário é o local em que o contribuinte recebe notificações e intimações oriundas do Fisco, com efeito legal. É extremamente relevante, pois o art. 23, inciso II, do Dec. 70.235/72, por exemplo, considera realizada a intimação "por via postal, telegráfica ou por qualquer outro meio ou via, com prova de recebimento no domicílio tributário eleito pelo sujeito passivo".

A matéria é regulada pelo art. 127 do CTN:

> Art. 127. Na falta de eleição, pelo contribuinte ou responsável, de domicílio tributário, na forma da legislação aplicável, considera-se como tal:
> I – quanto às pessoas naturais, a sua residência habitual, ou, sendo esta incerta ou desconhecida, o centro habitual de sua atividade;
> II – quanto às pessoas jurídicas de direito privado ou às firmas individuais, o lugar da sua sede, ou, em relação aos atos ou fatos que derem origem à obrigação, o de cada estabelecimento;
> III – quanto às pessoas jurídicas de direito público, qualquer de suas repartições no território da entidade tributante.
> § 1º Quando não couber a aplicação das regras fixadas em qualquer dos incisos deste artigo, considerar-se-á como domicílio tributário do contribuinte ou responsável o lugar da situação dos bens ou da ocorrência dos atos ou fatos que deram origem à obrigação.
> § 2º A autoridade administrativa pode recusar o domicílio eleito, quando impossibilite ou dificulte a arrecadação ou a fiscalização do tributo, aplicando-se então a regra do parágrafo anterior.

Conforme o art. 127 do CTN, pode o contribuinte eleger seu domicílio, desde que não impossibilite ou dificulte a fiscalização e a arrecadação, hipótese em que a autoridade administrativa poderá recusá-lo com a devida motivação. Efetivamente, a **eleição de domicílio** tributário situado em município em que não resida o contribuinte, em que não tenha a sede das suas atividades e em que não se situe o seu patrimônio pode criar embaraço à fiscalização, justificando que o fisco fixe o domicílio de ofício.[31]

Na **falta de eleição**, o domicílio será:

a) **pessoa física:** sua residência habitual ou, se incerta ou desconhecida, o centro habitual das suas atividades;

b) **pessoa jurídica de direito privado** ou firma individual: lugar da sua sede ou o de cada estabelecimento para os atos ou fatos que derem origem à obrigação, o que se costuma referir como adoção do princípio da autonomia do estabelecimento;

c) **pessoas jurídicas de direito público**: qualquer das suas repartições.

Na impossibilidade de fixação do domicílio com base em tais critérios, será considerado domicílio o lugar da situação dos bens ou da ocorrência dos atos ou fatos geradores, tudo conforme os incisos do art. 127 do CTN.

Há, ainda, o **domicílio eletrônico**, já tendo decidido o Conselho Administrativo de Recursos Fiscais (CARF): "Quando o contribuinte adere à Caixa Postal, pelo Módulo e-CAC do *site* da Receita Federal, seu domicílio tributário passa a ser o endereço eletrônico".[32] As intimações eletrônicas no âmbito do processo administrativo-fiscal federal estão autorizadas expressamente desde o advento da Lei nº 11.196/05, que alterou o art. 23, III, do Decreto nº 70.235/72, com regulamentação pela Portaria SRF nº 259/06. Atualmente, vige a redação atribuída a tal dispositivo pela Lei 12.844/13:

> Art. 23. Far-se-á a intimação:... III – se por meio eletrônico: a) 15 (quinze) dias contados da data registrada no comprovante de entrega no domicílio tributário do sujeito passivo; b) na data em que o sujeito passivo efetuar consulta no endereço eletrônico a ele atribuído pela administração tributária, se ocorrida antes do prazo previsto na alínea a; ou c) na data registrada no meio magnético ou equivalente utilizado pelo sujeito passivo".

Visto o domicílio tributário e o modo de comunicação entre o Fisco e os sujeitos passivos de obrigações tributária, passaremos a analisar as obrigações em si.

---

[31] STJ, RE 437.383.
[32] CARF – 3ªT. 4ªC. 3ªS. – Ac. 3.403.002.490 – Rel. Ivan Allegretti – j. 25/09/2013.

8. Obrigações tributárias

LEANDRO PAULSEN

8.1. Relações contributivas, colaborativas e punitivas

É verdade que a tributação tem como foco a arrecadação de tributos. Os contribuintes assim se caracterizam por serem obrigados ao pagamento de tributos em nome próprio, em face da prática de fatos geradores.

Mas, para viabilizar a arrecadação tributária, muitas relações jurídicas de naturezas distintas são estabelecidas, envolvendo tanto contribuintes como não contribuintes, obrigados a colaborar com a Administração Tributária, tomando medidas que facilitem a fiscalização, minimizem a sonegação ou garantam o pagamento.

Ademais, é preciso assegurar que tais obrigações contributivas e colaborativas sejam cumpridas. Por isso, todos estão sujeitos, ainda, à punição no caso de descumprimento das suas obrigações, desde que assim disponha a lei.

Pagar tributo enquanto contribuinte é **obrigação com natureza contributiva**. A lei instituidora do tributo encontra suporte não apenas na respectiva norma de competência, mas fundamentalmente no **dever fundamental de pagar tributos**. O critério para tanto é a revelação de **capacidade contributiva**. Relações contributivas envolvem, necessária e exclusivamente, Fisco e contribuinte. Seu objeto é o pagamento de tributo.

Obrigações de caráter formal ou instrumental, como as obrigações tributárias acessórias, não impõem o pagamento de tributos. Pode-se dizer, por isso, que são **obrigações com natureza de colaboração**. Estão fundadas no **dever de colaboração** de qualquer pessoa com a Administração Tributária. A lei instituidora de tais obrigações será válida na medida em que as instituir, atentando para a **capacidade colaborativa** de tais pessoas, observando a razoabilidade e a proporcionalidade. Envolvem o Fisco e qualquer pessoa, contribuinte ou não. Seu objeto é o cumprimento de obrigações acessórias: prestar declarações, emitir documentos, proceder a retenções etc.

As relações de **natureza punitiva (ou sancionadora)** têm como pressuposto de fato o **cometimento de infrações** à legislação tributária. Essas infrações consistem no descumprimento de obrigações contributivas (pagar tributo) ou de colaboração com a administração tributária (e.g., descumprimento de obrigações acessórias). A aplicação de penalidades está fundada, mediatamente, no **dever de cumprir as leis** e, diretamente, na lei que impõe a penalidade associada à que impõe a obrigação contributiva ou de colaboração descumprida. Deve observar princípios como a **pessoalidade**, a **culpabilidade** e a **proporcionalidade**. Seu objeto é, via de regra, o pagamento de multa.

Note-se que tais relações têm natureza, fundamento e pressupostos próprios, inconfundíveis, podendo assim ser sintetizadas:

	Relações contributivas	Relações colaborativas	Relações de punição
Fundamento	dever de pagar tributos	dever de colaboração	dever de cumprir as obrigações tributárias
Princípio	capacidade contributiva	capacidade colaborativa	pessoalidade, culpabilidade, proporcionalidade
Veículo	lei em sentido estrito	legislação	lei em sentido estrito
Objeto	pagamento de tributo	as obrigações acessórias	Penalidades (multas)

Esse quadro é importante para a compreensão das diversas normas trazidas pela legislação tributária. Mas nos cabe ter em conta, ainda, a classificação das obrigações feita pelo legislador, conforme veremos.

8.2. Obrigações principais e acessórias

O art. 113 do CTN classifica as obrigações tributárias em apenas duas categorias: uma, abrangendo as que têm como objeto o pagamento de tributo ou de multa; outra, as obrigações de fazer. Veja-se:

TÍTULO II – Obrigação Tributária
CAPÍTULO I – Disposições Gerais
Art. 113. A obrigação tributária é principal ou acessória.
§ 1º A obrigação principal surge com a ocorrência do fato gerador, tem por objeto o pagamento de tributo ou penalidade pecuniária e extingue-se juntamente com o crédito dela decorrente.

§ 2º A obrigação acessória decorre da legislação tributária e tem por objeto as prestações, positivas ou negativas, nela previstas no interesse da arrecadação ou da fiscalização dos tributos.
§ 3º A obrigação acessória, pelo simples fato da sua inobservância, converte-se em obrigação principal relativamente à penalidade pecuniária.

Note-se que denominam **obrigações tributárias principais** (§ 1º) as obrigações de **prestar dinheiro**, seja a título de **tributo** ou de **multa**. As **obrigações principais** (de pagar) estão sob reserva legal absoluta (arts. 150, I, da CF, e 97, V, do CTN), dependendo de lei que defina seus diversos aspectos. Assim é que tanto a instituição de tributo, como o estabelecimento da obrigação de terceiro de pagar tributo devido por outrem na condição de substituto ou de responsável e, ainda, a cominação de penalidades dependerão de tratamento legal exaustivo, não admitindo delegação ao Executivo.

O Código reserva a expressão **obrigações tributárias acessórias** (§ 2º) para as obrigações de **fazer, deixar de fazer ou tolerar**: os deveres formais ou instrumentais. Têm como conteúdo, por exemplo, a emissão de documentos fiscais, a elaboração e guarda de livros fiscais e a apresentação de declarações ao Fisco. Podem obrigar, ainda, a simples abstenções, como quando a legislação veda ao transportador carregar mercadoria sem nota. O art. 115 do CT refere a "legislação tributária" como fonte das obrigações acessórias, o que, forte no art. 96 do CTN, abrange os decretos e normas complementares, principalmente as instruções normativas e portarias. Daí por que o STJ vem entendendo que obrigações acessórias podem ser instituídas, por exemplo, por instruções normativas e portarias. Outrossim, a Lei 9.779/99, em seu art. 16, traz autorização genérica para que a Secretaria da Receita Federal disponha sobre as obrigações acessórias relativas a impostos e contribuições que administra. Embora denominadas de acessórias, essas obrigações têm **autonomia** relativamente às obrigações principais. Nesse sentido, vale destacar os arts. 175, parágrafo único, e 194, parágrafo único, do CTN, expressos a respeito da necessidade de cumprimento das obrigações acessórias e de submissão à fiscalização também por parte das empresas que eventualmente não estejam sujeitas ao pagamento de determinado tributo. Há precedente do STJ afirmando: "os deveres instrumentais, previstos na legislação tributária, ostentam caráter autônomo em relação à regra matriz de incidência do tributo, uma vez que vinculam, inclusive, as pessoas físicas ou jurídicas que gozem de imunidade ou outro benefício fiscal".[33] Por sua

---

[33] STJ, Primeira Seção, Rel. Ministro NAPOLEÃO NUNES MAIA FILHO, EDcl nos EDcl no REsp 1.116.792/PB, ago/2012.

vez, o STF: "O fato de a pessoa jurídica gozar da imunidade tributária não afasta a exigibilidade de manutenção dos livros fiscais".[34]

O art. 113, § 3º, do CTN, ao referir que a "obrigação acessória, pelo simples fato da sua inobservância, converte-se em obrigação principal relativamente à penalidade pecuniária" destaca que o descumprimento do dever formal implica infração autônoma, que independe de ter ou não havido o inadimplemento de tributo. Mas a aplicação de multa pelo descumprimento de obrigação acessória depende de **previsão legal específica**, exigida expressamente pelo art. 97, V, do CTN.

8.3. Aspectos da norma tributária impositiva

É importante ter bem claro que é a lei instituidora do tributo, normalmente lei ordinária, que define sua incidência, e não a norma de competência. A Constituição não institui tributos. O que faz é atribuir competência aos entes políticos (União, Estados e Municípios) para que esses, mediante lei, os instituam, definindo em seus artigos os aspectos necessários para que se saiba qual o fato gerador da obrigação, quem é obrigado e qual o montante a ser prestado.

O surgimento de uma obrigação pressupõe não apenas a definição do fato gerador, mas também de outros elementos necessários, relativos às suas circunstâncias espaciais, temporais, pessoais e quantitativas. É importante ter clareza quanto a esses aspectos. Sozinhos, nada significam, mas, em conjunto, compõem o mandamento que impõe o pagamento de tributo, também chamado de norma tributária impositiva:

NORMA TRIBUTÁRIA IMPOSITIVA
- Antecedente normativo:
    1. aspecto material (**o que** – fato gerador)
    2. aspecto espacial (**onde** – território em que a ocorrência do fato implica o surgimento da obrigação tributária)
    3. aspecto temporal (**quando** – momento em que se deve considerar ocorrido o fato gerador)
- Consequente normativo:
    4. aspecto pessoal (**quem** – sujeitos ativo e passivo da relação jurídica tributária)
    5. aspecto quantitativo (**quanto** – critérios estabelecidos para cálculo do montante devido, por exemplo, base de cálculo e alíquota)

---

[34] STF, Primeira Turma, rel. Ministro MARCO AURÉLIO, RE 250.844, mai/2012.

A lei nem sempre é didática. Cabe ao intérprete e aplicador analisar a lei e identificar os diversos aspectos, utilizando-se de todos os dados, referências ou elementos normativos de que disponha para tanto.

Normalmente, o **aspecto espacial** é identificado com o território do ente tributante, o que se impõe, inclusive, para evitar invasão de competência tributária entre Estados-Membros ou entre Municípios. O STJ entende, por exemplo, que o Município competente para cobrar o ISS é aquele em cujo território foi efetivamente prestado o serviço, independentemente de onde seja a sede do estabelecimento prestador.[35] Diz-se, pois, que se segue o **princípio da territorialidade**. Mas nos tributos federais, pode haver dispositivo expresso em sentido contrário, sem vício de inconstitucionalidade. No IR, por exemplo, a extraterritorialidade está prevista no art. 43, § 2º, do CTN, embora reste amenizada por tratados internacionais que procuram evitar a bitributação.

É importante ter em consideração, ainda, que **não se confunde**, de modo algum, **o aspecto temporal** da hipótese de incidência **com o prazo de recolhimento do tributo**. O aspecto temporal é a circunstância de tempo do aspecto material ou o momento em que, por ficção legal, visando à operacionalidade (ou "praticabilidade") da tributação, é determinado que se considere ocorrido o fato gerador. O prazo de recolhimento, por sua vez, sequer integra a norma tributária impositiva: simplesmente explicita o momento em que deve ser cumprida a obrigação pecuniária surgida com a ocorrência do fato gerador.

Na definição do **aspecto quantitativo**, por sua vez, a lei pode, simplesmente, estabelecer um valor fixo, determinar a aplicação de uma alíquota sobre determinada base de cálculo ou utilizar-se do enquadramento em tabelas, mas sempre tendo em conta a dimensão do fato gerador.[36]

8.4. Fato gerador das obrigações tributárias

A lei, ao instituir determinado tributo, prevê a situação que, ocorrendo no plano fático, implicará o surgimento da obrigação tributária. Essa situação é denominada de **hipótese de incidência** ou de **fato gerador** do tributo, conforme a perspectiva.

---

[35] STJ, AgRgAg 763.269 e AgRgAg 747.266.

[36] Não é de se admitir, como destaca JARACH, "um hiato artificioso entre el hecho imponible y la unidad de medida, o base imponible." (JARACH, D. *El Hecho Imponible:* Teoría General del Derecho Tributario Sustantivo. 2ª ed. Buenos Aires: Abeledo-Perrot, 1971, p. 113).

A **incidência** é o fenômeno jurídico de adequação da situação de fato verificada (fato gerador) à previsão normativa (hipótese de incidência).

A **não incidência** é definida por exclusão. É errado, portanto, falar-se em "hipótese de não incidência". Tecnicamente, só há hipóteses de incidência; a não incidência é mera consequência, dizendo respeito ao que se situa fora dos limites da norma.

Os arts. 114 e 115 do CTN cuidam dos fatos geradores das obrigações principais e acessórias, respectivamente. Vejamos:

CAPÍTULO II – Fato Gerador
Art. 114. Fato gerador da obrigação principal é a situação definida em lei como necessária e suficiente à sua ocorrência.

Fato gerador da obrigação principal "é a situação definida em lei como necessária e suficiente à sua ocorrência", conforme a redação do art. 114 do CTN. Isso porque não se pode deixar de exigir o tributo quando o fato corresponda à hipótese de incidência, tampouco entender que seja devido relativamente à situação não abarcada por ela. Para que incida a norma, é imprescindível (é necessário) – e basta (é suficiente) – que ocorra o que ela prevê como situação geradora da obrigação tributária; nada mais, nada menos.

Quanto à obrigação acessória, dispõe o CTN:

Art. 115. Fato gerador da obrigação acessória é qualquer situação que, na forma da legislação aplicável, impõe a prática ou a abstenção de ato que não configure obrigação principal.

Fato gerador da obrigação acessória "é qualquer situação que, na forma da legislação aplicável, impõe a prática ou a abstenção de ato que não configure obrigação principal", conforme dispõe o art. 115 do CTN. É, portanto, o pressuposto de fato (situação, operação, negócio) que implique obrigação de fazer ou não fazer alguma coisa ou de tolerar algo.

8.5. Classificação dos fatos geradores

Os fatos geradores são classificados **quanto ao momento da sua ocorrência** em instantâneos, continuados ou de período, como segue:

- **fato gerador instantâneo**: é o fato isolado que ocorre num determinado momento plenamente identificável, como a saída do produto industrializado do estabelecimento industrial (art. 2º, II, da Lei 4.502/64: IPI) ou o lançamento a débito em conta corrente de depósito (art. 2º, I, da Lei 9.311/96: CPMF, extinta no final de 2007);

- **fato gerador continuado**: é a situação jurídica que se perpetua no tempo, verdadeiro *status* jurídico, como a propriedade de imóvel rural (art. 1º da Lei 9.393/96: ITR);
- **fato gerador de período (ou complexo):** é a situação composta por diversos fatos considerados em conjunto, como os rendimentos anuais da pessoa física ou o lucro real trimestral ou anual da pessoa jurídica apurado tendo em conta suas receitas e despesas operacionais, com as adições, exclusões e compensações determinadas pela legislação (arts. 1º e 2º da Lei 9.430/96: IRPJ). Entendemos que a denominação fato gerador "de período" é preferível à denominação fato gerador "complexo" porque esta pode levar à ideia de atos jurídicos complexos,[37][38] quando, em verdade, o fato gerador de período pode não envolver atos complexos, mas um conjunto de atos simples considerados como uma unidade por questões de política tributária.

Também são classificados, conforme configurem atividade do estado ou situação relativa ao próprio contribuinte, em vinculados e não vinculados:

- **fato gerador vinculado**: é aquele realizado pela própria Administração, como a prestação de serviço de recolhimento de lixo (taxa de lixo) ou a realização de fiscalização para renovação de licença de funcionamento (taxa de renovação de alvará);
- **fato gerador não vinculado**: é aquele que não diz respeito à atividade da Administração, mas ao próprio contribuinte, como ser proprietário de imóvel rural (ITR), adquirir a disponibilidade econômica ou jurídica de renda (IR), promover a saída de mercadoria do estabelecimento (ICMS), importar produto estrangeiro (II).

Não se deve confundir o fato gerador vinculado (aspecto material da hipótese de incidência) com a vinculação do produto da arrecadação (destinação do tributo).

8.6. Ocorrência dos fatos geradores

O Código ocupa-se de definir quando se consideram ocorridos os fatos geradores tendo em conta tratar-se de situação de fato ou jurí-

---

[37] "Simples se consideram os atos produzidos pela declaração de vontade de um só agente, ou de dois ou mais agentes constituídos em partes reciprocamente contrapostas. Dizem-se complexos, em sentido amplo, os atos resultantes do concurso de várias vontades paralelas." (RAO, Vicente. *Ato Jurídico*. 4ª ed. São Paulo: RT, 1999, p. 57).

[38] "A doutrina do direito público, mais notadamente direito administrativo, costuma referir-se (a) a atos complexos e (b) a atos compostos, assim considerados aqueles atos jurídicos de direito público para cuja realização se exige a prática de vários atos e deliberações que lhes são condicionantes. A diferença entre eles residiria na circunstância de que, no primeiro (a), o conjunto de atos e deliberações que o integram seriam praticados por órgãos integrantes de um mesmo Poder do Estado ou entidade administrativa autônoma, enquanto o segundo (b) se comporia de atos e deliberações praticados por órgãos de Poderes ou entidades diversos." (MELLO, Marcos Bernardes de. *Teoria do Fato Jurídico*: Plano da Existência. 13ª ed. São Paulo: Saraiva, 2007, p. 159/160).

dica, de atos ou negócio sujeitos a condição suspensiva ou resolutória, *verbis*:

> Art. 116. Salvo disposição de lei em contrário, considera-se ocorrido o fato gerador e existentes os seus efeitos:
> I – tratando-se de situação de fato, desde o momento em que o se verifiquem as circunstâncias materiais necessárias a que produza os efeitos que normalmente lhe são próprios;
> II – tratando-se de situação jurídica, desde o momento em que esteja definitivamente constituída, nos termos de direito aplicável.
> Parágrafo único...
> Art. 117. Para os efeitos do inciso II do artigo anterior e salvo disposição de lei em contrário, os atos ou negócios jurídicos condicionais reputam-se perfeitos e acabados:
> I – sendo suspensiva a condição, desde o momento de seu implemento;
> II – sendo resolutória a condição, desde o momento da prática do ato ou da celebração do negócio.

O art. 118, por sua vez, cuida da interpretação do fato gerador, destacando que independe da validade dos atos ou dos seus efeitos:

> Art. 118. A definição legal do fato gerador é interpretada abstraindo-se:
> I – da validade jurídica dos atos efetivamente praticados pelos contribuintes, responsáveis, ou terceiros, bem como da natureza do seu objeto ou dos seus efeitos;
> II – dos efeitos dos fatos efetivamente ocorridos.

Forte nesse dispositivo, tem-se entendido, por exemplo, que, prestado serviço de telefonia, incide o ICMS, ainda que o consumidor deixe de pagar a conta telefônica, porquanto "Não compete ao Estado zelar pelo cumprimento da obrigação dos consumidores; cabe, no caso, à prestadora dos serviços buscar, pela via própria, o recebimento de seus créditos".[39] Têm entendido o STF e o STJ, também, que o PIS e a COFINS – contribuições sobre a receita cobradas pelo regime de competência – são devidos ainda que posteriormente se verifique inadimplência dos adquirentes dos produtos.[40] Outra discussão que se estabelece com suporte no art. 118 do CTN diz respeito à **tributação dos ilícitos**.[41] Se, por um lado, tributo não é sanção de ato ilícito e, portanto, jamais um ato ilícito estará descrito na hipótese de incidência de um imposto ou contribuição, de outro, quando da ocorrência de fatos geradores que se presumem lícitos, como a propriedade, a aquisição de renda, a percepção de receita ou a circulação de mercadorias, não se admitirá indagar se decorrem ou não de atos ilícitos, porquanto o eventual ilícito subjacente é irrelevante (ex: propriedade de bens furtados, a

---

[39] STJ, Segunda Turma, Rel. Ministro HUMBERTO MARTINS, REsp 1.189.924/MG, mai/2010.

[40] STF, Tribunal Pleno, Rel. Ministro DIAS TOFFOLI, RE 586.482, nov/2011; STJ, Segunda Turma, Rel. Ministro CESAR ASFOR ROCHA, AgRg no AREsp 138.672/MG, jun/2012.

[41] Sobre a (in)tributabilidade dos atos ilícitos, vide: BECHO, Renato Lopes. *Lições de Direito Tributário*. São Paulo: Saraiva, 2011, p. 68 a 93.

aquisição de renda proveniente de estelionato, a percepção de receita oriunda da exploração de jogos e a circulação de medicamentos sem autorização do órgão competente).

8.7. Planejamento tributário e norma tributária antielisiva

O planejamento tributário é o estabelecimento de estratégias para a realização de atos e negócios ou mesmo de toda uma atividade profissional ou empresarial com vista ao menor pagamento de tributos. Opta-se por negócios ou estruturas que impliquem menos carga tributária.

Há empresas que optam por contratar a maior parte dos serviços de que necessitam sempre com pessoas jurídicas, escapando, com isso, do ônus decorrente da contribuição previdenciária que incide sobre o pagamento de remuneração às pessoas físicas (profissionais autônomos e mesmo empregados) e que não incide sobre o pagamento de serviços a pessoas jurídicas. Alguns contribuintes pessoas físicas constituem pessoas jurídicas com o único e exclusivo intuito de submeterem suas atividades profissionais a carga tributária inferior à suportada pelas pessoas físicas. Muitas vezes, isso é facultado e até induzido pela legislação, que criou, inclusive, a figura da empresa individual de responsabilidade limitada (Lei n. 12.441/11). Noutras, há a formação de sociedade para efetiva atuação conjunta de profissionais, de modo que se une a utilidade da sociedade com a conveniência da menor carga tributária. Em outros casos, todavia, há sociedades meramente de fachada, sem qualquer intuito associativo, em que um dos sócios presta pessoal e diretamente serviços personalíssimos, restando os demais meramente figurativos e sem qualquer participação, com o que se revela uma sociedade aparente ou fictícia, o que é questionado pelo fisco. Algumas empresas, buscando reduzir sua carga tributária, fragmentam suas atividades, distribuindo-as entre diversas empresas com faturamento menor, passíveis de se enquadrarem no Simples.

Como se vê, dentre as medidas de planejamento tributário, algumas podem desbordar para a sonegação. Por vezes, a título de planejamento, há opções por práticas ilícitas ou abusivas, cabendo ao Fisco analisá-las para identificar eventuais irregularidades que tenham implicado o não pagamento de tributos devidos.

O art. 149, inciso VII, do CTN autoriza o **lançamento de ofício** "quando se comprove que o sujeito passivo, ou terceiro em benefício daquele, agiu com **dolo, fraude ou simulação**". Aqui, estamos em face da deliberada intenção do contribuinte de enganar o Fisco.

A fraude, normalmente, envolve falsificação material ou ideológica de documentos. Na simulação, o contribuinte representa a ocorrência de situação em verdade inexistente, visando a determinado ganho fiscal consubstanciado na redução dos tributos a pagar ou na apropriação de créditos a receber.

Já o art. 116, parágrafo único, do CTN cuida da possibilidade de desconsideração de atos ou negócios praticados para dissimular a ocorrência de fatos geradores:

Art. 116. Salvo disposição de lei em contrário, considera-se ocorrido o fato gerador e existentes os seus efeitos:
(...)
Parágrafo único. A autoridade administrativa poderá desconsiderar atos ou negócios jurídicos praticados com a finalidade de dissimular a ocorrência do fato gerador do tributo ou a natureza dos elementos constitutivos da obrigação tributária, observados os procedimentos a serem estabelecidos em lei ordinária. (Incluído pela Lcp nº 104, de 2001)

Dissimular é ocultar, esconder, encobrir. Resta o Fisco, assim, autorizado a desconsiderar atos ou negócios jurídicos cujo conteúdo não corresponda à sua aparência e à real intenção do contribuinte.

A norma do art. 116, parágrafo único, do CTN remete à observância dos procedimentos "a serem estabelecidos em lei ordinária". Mas o legislador ainda não se desincumbiu de tal mister.

8.8. Sujeito ativo das obrigações tributárias

O Código Tributário assim disciplina o sujeito ativo da obrigação tributária:

Sujeito Ativo
Art. 119. Sujeito ativo da obrigação é a pessoa jurídica de direito público, titular da competência para exigir o seu cumprimento.
Art. 120. Salvo disposição de lei em contrário, a pessoa jurídica de direito público, que se constituir pelo desmembramento territorial de outra, subroga-se nos direitos desta, cuja legislação tributária aplicará até que entre em vigor a sua própria.

O art. 120 é de pouca aplicabilidade. Concentremo-nos no art. 119.

O **sujeito ativo** da relação tributária **é o credor** da obrigação, aquele que pode exigir o seu cumprimento. Da análise da legislação tributária como um todo, pode-se verificar que tem **amplas prerrogativas**, maiores que as dos credores privados, envolvendo:

- editar normas complementares necessárias à fiscalização e à cobrança;
- exercer a fiscalização e constituir o crédito tributário mediante lançamento;

- processar e julgar as as impugnações e recursos no âmbito do processo administrativo fiscal;
- inscrever o crédito em dívida ativa;
- protestar a certidão de dívida ativa em cartório;
- exigir o pagamento mediante o ajuizamento de execução fiscal.

Importa observar que o art. 119 do CTN exige que a lei coloque na condição de sujeito ativo uma **pessoa jurídica de direito público**.

Mas, afinal, quem são as pessoas jurídicas de direito público? Apenas três:

- o próprio ente político;
- autarquia;
- fundação pública.

O art. 7º do CTN diz da possibilidade de uma pessoa jurídica de direito público conferir a outra as funções de arrecadar ou fiscalizar tributos e de executar leis, serviços, atos ou decisões administrativas em matéria tributária. Assim, **as prerrogativas de sujeito ativo podem ser delegadas**,[42] por lei, para outra pessoa jurídica de direito público, inclusive para outro ente federado. A própria Constituição Federal traz exemplo disso no art. 153, § 4º, que cuida do imposto da União sobre a propriedade territorial rural (ITR) e dispõe: "III – será fiscalizado e cobrado pelos Municípios que assim optarem, na forma da lei, desde que não implique redução do imposto ou qualquer outra forma de renúncia fiscal".

✓ CUIDADO! Embora o CTN diga que só possam ser sujeitos ativos as pessoas jurídicas de direito público e só refira a delegação das suas prerrogativas a outra pessoa jurídica de direito público, o STJ editou a Súmula 396, entendendo válida a cobrança de contribuição por uma confederação que é pessoa jurídica de direito privado.

STJ – Súmula 396 – A Confederação Nacional da Agricultura tem legitimidade ativa para a cobrança da contribuição sindical rural.

✓ NÃO CONFUNDA! Não se pode confundir quem tem a competência tributária para instituir o tributo, com quem é colocado por lei na posição de sujeito ativo da relação jurídico-tributária e com o destinatário do produto da arrecadação.

---

[42] Diferentemente da competência tributária que é indelegável.

	Onde é definido	Quem pode ser	O que faz
Titular da competência tributária:	Constituição	Só os entes políticos: União, Estados, DF, Municípios	Institui, por lei, os tributos
Sujeito ativo da relação tributária:	Lei ordinária	Pessoas jurídicas de direito público: Entes políticos, autarquias e fundações públicas	Fiscaliza e cobra os tributos (com a exceção da Súmula 396)
Destinatário do produto da arrecadação:	Lei ordinária	Pessoas jurídicas de direito público ou de direito privado sem fins lucrativos	Recebe e utiliza o produto da arrecadação como sindicados (art. 8º, IV, da CF) e serviços sociais autônomos (art. 240 da CF)

8.9. Sujeito passivo das obrigações tributárias

Os arts. 121 e 122 do CTN cuidam dos sujeitos passivos das obrigações tributárias principal (pagar tributo ou penalidade) e acessória (obrigações de fazer). Eis os dispositivos:

Art. 121. Sujeito passivo da obrigação principal é a pessoa obrigada ao pagamento de tributo ou penalidade pecuniária.
Parágrafo único. O sujeito passivo da obrigação principal diz-se:
I – contribuinte, quando tenha relação pessoal e direta com a situação que constitua o respectivo fato gerador;
II – responsável, quando, sem revestir a condição de contribuinte, sua obrigação decorra de disposição expressa de lei.
Art. 122. Sujeito passivo da obrigação acessória é a pessoa obrigada às prestações que constituam o seu objeto.

O art. 121 nos leva a uma visão demasiadamente simplificadora dos sujeitos passivos. Isso porque refere tão somente duas categorias: contribuinte e responsável.

Contribuinte é aquele que realiza ou a quem diz respeito o fato gerador. Nos tributos com fato gerador não vinculado, contribuinte é a pessoa cuja **capacidade contributiva** é objeto de tributação, ou seja, uma das pessoas que pratica o ato ou negócio jurídico ou que está na situação indicada por lei como geradora da obrigação tributária, por exemplo, o titular da receita, do lucro, da propriedade, o que vende ou adquire mercadorias, o que importa produto estrangeiro. Nos tributos com fato gerador vinculado à atividade estatal, será aquele que demanda o serviço público, que sofre o exercício do poder de polícia ou que tem o seu imóvel valorizado pela obra pública.

Na categoria de responsável, o CTN insere qualquer terceiro não contribuinte, seja o que a lei determine que substitua o contribuinte na obrigação de pagar o tributo (responsável por substituição), seja aquele de quem possa vir a ser exigido o tributo inadimplido (responsável por transferência).

Considera-se **substituto tributário** o terceiro obrigado diretamente ao pagamento do tributo em lugar do contribuinte e com recursos que possa exigir ou reter deste. Considera-se **responsável tributário em sentido estrito** o terceiro obrigado subsidiariamente ao pagamento do tributo forte no inadimplemento por parte do contribuinte e do descumprimento, pelo responsável, de um dever seu de colaboração para com a Administração que tenha favorecido aquele inadimplemento.

Não constitui sujeito passivo o **mero pagador** que, por liberalidade, paga tributo em nome de outrem. Também não é sujeito passivo o chamado **contribuinte de fato**, a quem é diretamente transferido o ônus econômico do tributo mediante destaque expresso do valor devido na operação, mas que não está obrigado ao pagamento e não pode ser demandado pelo Fisco. Por fim, tampouco poder ser considerado sujeito passivo o **contribuinte econômico**, ou seja, aquele que suporta mediatamente o ônus da tributação.

Quanto ao **sujeito passivo de obrigação tributária acessória**, não entra em questão se a pessoa a ela obrigada é contribuinte, substituto ou responsável tributário, se goza ou não de imunidade ou de algum benefício fiscal como a isenção. Todos, contribuintes ou não, seja em que situação estiverem, podem ser obrigados por lei ao cumprimento de deveres formais, forte no dever fundamental de colaboração com a fiscalização tributária.

A sujeição passiva de qualquer relação obrigacional tributária é matéria estritamente legal forte na garantia da legalidade tributária (art. 150, I, da CF) ou mesmo da legalidade geral (art. 5º, II, da CF). O art. 123 do CTN constitui simples desdobramento disso ao dispor:

> Art. 123. Salvo disposições de lei em contrário, as convenções particulares, relativas à responsabilidade pelo pagamento de tributos, não podem ser opostas à Fazenda Pública, para modificar a definição legal do sujeito passivo das obrigações tributárias correspondentes.

Eventuais convenções particulares, como contratos de aluguel e acordos coletivos de trabalho, na parte em que distribuam ônus tributários para uma ou outra parte, terão efeitos entre os contratantes, mas não podem ser opostas ao Fisco, que identificará os sujeitos passivos tendo como referência exclusiva a lei ordinária. Assim, se num contrato de aluguel ficar definido que cabe ao locatário o pagamento do IPTU, tal será irrelevante para o Fisco. Havendo inadimplemento, o Município cobrará daquele que a lei diz ser o contribuinte, normalmente o proprietário. E como o pagamento, para extinguir o crédito tributário, é sempre em nome do contribuinte, ainda que realizado por outra pessoa, certo é que na eventualidade de ocorrer um pagamento indevido, só o proprietário poderá repeti-lo.[43] Do mesmo modo, se em acordo coletivo de trabalho ficar definido que o empregador suportará o imposto de renda sobre determinado abono salarial, isso não terá qualquer relevância perante o Fisco, sendo incapaz de afastar as normas que determinam que contribuinte é quem percebe a renda, e que o empregador deve fazer a retenção e recolhimento do imposto devido, este em nome do empregado.

8.10. Solidariedade

A solidariedade é um instituto jurídico que define o grau das relações entre os devedores e entre estes e o credor, indicando que cada um responde pela dívida toda, sem benefício de ordem. O Código Civil dispõe sobre a solidariedade em seus arts. 275 a 285.

Importa saber quem são os devedores solidários e quais os efeitos jurídicos decorrentes da solidariedade. Cuidam da matéria os arts. 124 e 125 do CTN:

> Art. 124. São solidariamente obrigadas:
> I – as pessoas que tenham interesse comum na situação que constitua o fato gerador da obrigação principal;
> II – as pessoas expressamente designadas por lei.
> Parágrafo único. A solidariedade referida neste artigo não comporta benefício de ordem.
> Art. 125. Salvo disposição de lei em contrário, são os seguintes os efeitos da solidariedade:
> I – o pagamento efetuado por um dos obrigados aproveita aos demais;
> II – a isenção ou remissão de crédito exonera todos os obrigados, salvo se outorgada pessoalmente a um deles, subsistindo, nesse caso, a solidariedade quanto aos demais pelo saldo;
> III – a interrupção da prescrição, em favor ou contra um dos obrigados, favorece ou prejudica aos demais.

O art. 124 do CTN diz que são solidariamente obrigadas "as pessoas que tenham interesse comum na situação que constitua o fato gerador da obrigação principal" (art. 124, I) e deixa ao legislador ordinário estabelecer outros casos de solidariedade (art. 124, II).

---

[43] STJ, Primeira Turma, Rel. Ministro BENEDITO GONÇALVES, AgRg no AgRg no AREsp 143631/RJ, out/2012.

Têm interesse comum aqueles que figuram conjuntamente como contribuintes. É o caso, por exemplo, dos coproprietários de um imóvel relativamente ao IPTU ou à taxa de recolhimento de lixo.

A solidariedade que venha a ser estabelecida pelo legislador ordinário pressupõe que a própria condição de devedor tenha suporte legal suficiente. O art. 124, II, do CTN não autoriza o legislador a criar, a título de solidariedade, novos casos de responsabilidade tributária sem a observância dos requisitos exigidos pelo art. 128 do CTN.[44] Conforme ensina Misabel Derzi, a solidariedade não é "forma de inclusão de um terceiro no pólo passivo da obrigação tributária, apenas forma de graduar a responsabilidade daqueles sujeitos que já compõem o pólo passivo".[45] O legislador ordinário também não pode determinar a solidariedade entre devedores que, por força de dispositivo constante do próprio CTN, devam responder subsidiariamente.

Quanto aos efeitos da solidariedade, o CTN torna inequívoca a ausência de benefício de ordem para os devedores solidários (art. 124, I e parágrafo único) e que, quando há solidariedade, "o pagamento efetuado por um dos obrigados aproveita aos demais", "a isenção ou remissão de crédito exonera todos os obrigados, salvo se outorgada pessoalmente a um deles, subsistindo, nesse caso, a solidariedade quanto aos demais pelo saldo" e "a interrupção da prescrição, em favor ou contra um dos obrigados, favorece ou prejudica aos demais" (art. 125, I, II e III, do CTN).

8.11. Responsabilidade tributária

A **atribuição da responsabilidade** a terceiro jamais será presumida ou implícita; decorrerá, necessariamente, de dispositivo do CTN ou da legislação ordinária que assim determine. A par da norma tributária que estabelece a obrigação do contribuinte, teremos, ainda,

---

[44] STF, Tribunal Pleno, Rel. Ministra ELLEN GRACIE, RE 562276, 2011.

[45] Veja-se o ensinamento de MISABEL ABREU MACHADO DERZI em nota de atualização à obra do Ministro ALIOMAR BALEEIRO. In: *Direito Tributário Brasileiro*, 11ª ed. Rio de Janeiro: Forense, p. 729: "4. A solidariedade não é forma de eleição de responsável tributário. A solidariedade não é espécie de sujeição passiva por responsabilidade indireta, como querem alguns. O Código Tributário Nacional, corretamente, disciplina a matéria em seção própria, estranha ao Capítulo V, referente à responsabilidade. É que a solidariedade é simples forma de garantia, a mais ampla das fidejussórias. Quando houver mais de um obrigado no pólo passivo da obrigação tributária (mais de um contribuinte, ou contribuinte e responsável, ou apenas uma pluralidade de responsáveis) o legislador terá de definir as relações entre os coobrigados. Se são eles solidariamente obrigados, ou subsidiariamente, com benefício de ordem ou não etc. A solidariedade não é, assim, forma de inclusão de um terceiro no pólo passivo da obrigação tributária, apenas forma de graduar a responsabilidade daqueles sujeitos que já compõem o pólo passivo".

uma norma específica impondo a responsabilidade tributária a outra pessoa: "A responsabilidade tributária pressupõe **duas normas** autônomas: **a regra matriz de incidência tributária** e a **regra matriz de responsabilidade tributária**, cada uma com seu pressuposto de fato e seus sujeitos próprios".[46]

O CTN estabelece alguns casos de responsabilidade tributária e deixa ao legislador ordinário a possibilidade de estabelecer outras hipóteses específicas. Seu art. 128 dispõe:

> Art. 128. Sem prejuízo do disposto neste capítulo, a lei pode atribuir de modo expresso a responsabilidade pelo crédito tributário a terceira pessoa, vinculada ao fato gerador da respectiva obrigação, excluindo a responsabilidade do contribuinte ou atribuindo-a a este em caráter supletivo do cumprimento total ou parcial da referida obrigação.

Note-se que o art. 128 do CTN só permite ao legislador atribuir responsabilidade tributária a **terceiro vinculado ao fato gerador da respectiva obrigação**. Isso porque a responsabilidade não pode ser transferida aleatoriamente a qualquer pessoa. Depende da relação que essa pessoa tenha com o contribuinte e com o fato gerador. É imprescindível que, por estar próximo, por participar, esteja em situação tal que a legislação possa lhe exigir a prática de atos para facilitar ou assegurar a tributação. Isso porque o responsável tributário não integra a relação contributiva. É sujeito passivo de obrigação própria de colaboração com o Fisco, cumprindo deveres que facilitam a fiscalização ou que impedem o inadimplemento. Só no caso de descumprimento da sua obrigação de colaboração é que passa à posição de responsável pela satisfação do crédito tributário. O diretor de uma pessoa jurídica, por exemplo, deve ter zelo quanto ao cumprimento das obrigações fiscais da empresa. Somente na hipótese de descumprir tal dever, incorrendo em infração à lei, é que poderá ser responsabilizado. O empregador, por pagar o salário, tem a obrigação de colaborar com o fisco calculando, retendo e repassando a contribuição previdenciária devida pelo empregado. Apenas na hipótese de não fazer isso é que poderá ter de responder pelo crédito perante o Fisco.

8.12. Responsabilidade dos sucessores

A responsabilidade dos sucessores é disciplinada pelos arts. 129 a 133 do CTN.

---

[46] STF, Tribunal Pleno, Rel. Ministra ELLEN GRACIE, RE 562276, 2011.

Inicia o art. 129 dizendo que se aplica a todos os créditos relativos a obrigações surgidas até a sucessão, ainda que constituídos posteriormente:

> Art. 129. O disposto nesta Seção aplica-se por igual aos créditos tributários definitivamente constituídos ou em curso de constituição à data dos atos nela referidos, e aos constituídos posteriormente aos mesmos atos, desde que relativos a obrigações tributárias surgidas até a referida data.

O art. 130 trata da responsabilidade dos **adquirentes de imóveis**, que alcança os créditos relativos a impostos que tenham como fato gerador a propriedade, o domínio útil ou a posse, bem como os relativos a taxas pela prestação de serviços referentes ao imóvel, ou ainda os relativos a contribuições de melhoria. Vejamos:

> Art. 130. Os créditos tributários relativos a impostos cujo fato gerador seja a propriedade, o domínio útil ou a posse de bens imóveis, e bem assim os relativos a taxas pela prestação de serviços referentes a tais bens, ou a contribuições de melhoria, subrogam-se na pessoa dos respectivos adquirentes, salvo quando conste do título a prova de sua quitação.
> Parágrafo único. No caso de arrematação em hasta pública, a sub-rogação ocorre sobre o respectivo preço.

A responsabilidade do adquirente alcança, assim, o IPTU ou o ITR, que têm como fato gerador a propriedade, mas não o ISS relativo à construção de prédio, porque este tem como fato gerador a prestação de serviços. Dentre as taxas, alcança, por exemplo, a taxa de recolhimento de lixo. Dentre as contribuições, só a de melhoria é assumida pelo adquirente, não as contribuições previdenciárias relativas ao pagamento da mão de obra para construção do imóvel. Os créditos sub-rogam-se na pessoa do adquirente, "salvo quando conste do título a prova de sua quitação". Conforme o parágrafo único do mesmo artigo, no caso de arrematação em hasta pública, "a sub-rogação ocorre sobre o respectivo preço". Aliás, conforme já decidiu o STJ: "O crédito fiscal perquirido pelo fisco deve ser abatido do pagamento, quando do leilão, por isso que, finda a arrematação, não se pode imputar ao adquirente qualquer encargo ou responsabilidade tributária".[47] O arrematante tem direito à certidão negativa.[48]

O art. 131 estabelece a responsabilidade pessoal do **adquirente ou remitente** (quem realiza o resgate de dívida), do **sucessor a qualquer título e do cônjuge meeiro**, e do **espólio**:

> Art. 131. São pessoalmente responsáveis:

---

[47] STJ, Primeira Turma, Rel. p/Acórdão Ministro LUIZ FUX, REsp 819.808, 2006.
[48] STJ, Segunda Turma, Rel. Ministro MAURO CAMPBELL MARQUES, REsp 909.254, 2008.

I – o adquirente ou remitente, pelos tributos relativos aos bens adquiridos ou remidos; (Redação dada pelo Decreto Lei nº 28, de 1966)
II – o sucessor a qualquer título e o cônjuge meeiro, pelos tributos devidos pelo *de cujus* até a data da partilha ou adjudicação, limitada esta responsabilidade ao montante do quinhão do legado ou da meação;
III – o espólio, pelos tributos devidos pelo de cujus até a data da abertura da sucessão.

O art. 132, por sua vez, define a responsabilidade da pessoa jurídica de direito privado que resultar de **fusão, transformação ou incorporação** de outra ou em outra, pelos tributos devidos. Eis o dispositivo:

Art. 132. A pessoa jurídica de direito privado que resultar de fusão, transformação ou incorporação de outra ou em outra é responsável pelos tributos devidos até à data do ato pelas pessoas jurídicas de direito privado fusionadas, transformadas ou incorporadas.
Parágrafo único. O disposto neste artigo aplica-se aos casos de extinção de pessoas jurídicas de direito privado, quando a exploração da respectiva atividade seja continuada por qualquer sócio remanescente, ou seu espólio, sob a mesma ou outra razão social, ou sob firma individual.

A **cisão**, embora não referida expressamente, "é modalidade de mutação empresarial sujeita, para efeito de responsabilidade tributária, ao mesmo tratamento jurídico conferido às demais espécies de sucessão".[49] Também é responsável o sócio, ou seu espólio, que continue a exploração da atividade relativa pessoa jurídica extinta, ou seja, no caso de **sucessão empresarial de fato**.

A responsabilidade por sucessão também ocorre nos caos de aquisição de fundo de comércio ou de estabelecimento comercial, industrial ou profissional, conforme o art. 133. Veja-se:

Art. 133. A pessoa natural ou jurídica de direito privado que adquirir de outra, por qualquer título, fundo de comércio ou estabelecimento comercial, industrial ou profissional, e continuar a respectiva exploração, sob a mesma ou outra razão social ou sob firma ou nome individual, responde pelos tributos, relativos ao fundo ou estabelecimento adquirido, devidos até à data do ato:
I – integralmente, se o alienante cessar a exploração do comércio, indústria ou atividade;
II – subsidiariamente com o alienante, se este prosseguir na exploração ou iniciar dentro de seis meses a contar da data da alienação, nova atividade no mesmo ou em outro ramo de comércio, indústria ou profissão.
§ 1º O disposto no *caput* deste artigo não se aplica na hipótese de alienação judicial: (Incluído pela Lcp nº 118, de 2005)
I – em processo de falência; (Incluído pela Lcp nº 118, de 2005)
II – de filial ou unidade produtiva isolada, em processo de recuperação judicial. (Incluído pela Lcp nº 118, de 2005)

---

[49] STJ, Primeira turma, Rel. Ministro TEORI ALBINO ZAVASCKI, REsp 852.972, 2010.

§ 2º Não se aplica o disposto no § 1º deste artigo quando o adquirente for: (Incluído pela Lcp nº 118, de 2005)
I – sócio da sociedade falida ou em recuperação judicial, ou sociedade controlada pelo devedor falido ou em recuperação judicial;(Incluído pela Lcp nº 118, de 2005)
II – parente, em linha reta ou colateral até o 4º (quarto) grau, consangüíneo ou afim, do devedor falido ou em recuperação judicial ou de qualquer de seus sócios; ou (Incluído pela Lcp nº 118, de 2005)
III – identificado como agente do falido ou do devedor em recuperação judicial com o objetivo de fraudar a sucessão tributária.(Incluído pela Lcp nº 118, de 2005)
§ 3º Em processo da falência, o produto da alienação judicial de empresa, filial ou unidade produtiva isolada permanecerá em conta de depósito à disposição do juízo de falência pelo prazo de 1 (um) ano, contado da data de alienação, somente podendo ser utilizado para o pagamento de créditos extraconcursais ou de créditos que preferem ao tributário.(Incluído pela Lcp nº 118, de 2005)

Com isso, o adquirente que continuar a respectiva exploração responde, integralmente ou subsidiariamente, conforme o caso, exceto no caso de alienação em processo de falência ou de recuperação judicial.

A responsabilidade alcança inclusive as multas. Veja-se a Súmula 554 do STJ: "Na hipótese de sucessão empresarial, a responsabilidade da sucessora abrange não apenas os tributos devidos pela sucedida, mas também as multas moratórias ou punitivas referentes a fatos geradores ocorridos até a data da sucessão".

8.13. Responsabilidade de terceiros

Os arts. 134 e 135 estabelecem a responsabilidade de terceiros, o que, no sistema do código, diz respeito a pessoas que não são nem os próprios contribuintes, nem seus sucessores. "Terceiros" são os **pais, os tutores e curadores, os administradores de bens de terceiros, o inventariante, o síndico e o comissário, os tabeliães, escrivães e demais serventuários de ofício e os sócios de sociedades de pessoas.**

Esses terceiros têm **deveres próprios** de boa administração ou de fiscalização cujo cumprimento é capaz de assegurar o pagamento dos tributos devidos por seus representados ou pelas pessoas que praticaram atos perante eles. Respondem eles "nos atos em que intervierem ou pelas omissões de que forem responsáveis", conforme os diversos incisos do art. 134.

Caso descumpram seus deveres, passam a garantir o crédito tributário com seus próprios bens. Assim, por exemplo, o tabelião e o registrador que, por ocasião da lavratura de uma escritura de compra e venda ou do seu registro, deixem de exigir as guias comprobatórias do pagamento dos tributos inerentes à operação ou certidão negativa, passam a ser responsáveis pelos respectivos créditos tributários.[50]

A responsabilidade dos terceiros, nas hipóteses do art. 134, tem **caráter subsidiário**, ocorrendo "nos casos de impossibilidade do cumprimento da obrigação principal pelo contribuinte".[51] Alcança os **tributos e as multas moratórias**, conforme o parágrafo único do art. 134.

> Art. 134. Nos casos de impossibilidade de exigência do cumprimento da obrigação principal pelo contribuinte, respondem solidariamente com este nos atos em que intervierem ou pelas omissões de que forem responsáveis:
> I – os pais, pelos tributos devidos por seus filhos menores;
> II – os tutores e curadores, pelos tributos devidos por seus tutelados ou curatelados;
> III – os administradores de bens de terceiros, pelos tributos devidos por estes;
> IV – o inventariante, pelos tributos devidos pelo espólio;
> V – o síndico e o comissário, pelos tributos devidos pela massa falida ou pelo concordatário;
> VI – os tabeliães, escrivães e demais serventuários de ofício, pelos tributos devidos sobre os atos praticados por eles, ou perante eles, em razão do seu ofício;
> VII – os sócios, no caso de liquidação de sociedade de pessoas.
> Parágrafo único. O disposto neste artigo só se aplica, em matéria de penalidades, às de caráter moratório.

Na hipótese de os terceiros referidos no art. 134 darem ensejo ao surgimento de créditos tributários ao praticarem **atos "com excesso de poderes ou infração de lei, contrato social ou estatutos"**, sua **responsabilidade será pessoal,** ou seja, exclusiva (art. 135, I). A mesma responsabilidade é atribuída, nesses casos, aos **mandatários, prepostos e empregados** (inciso II), bem como aos **"diretores, gerentes ou representantes** de pessoas jurídicas de direito privado" (inciso III). Este último caso, aliás, é a hipótese de responsabilidade tributária mais aplicada e discutida no direito brasileiro. Veja-se:

> Art. 135. São pessoalmente responsáveis pelos créditos correspondentes a obrigações tributárias resultantes de atos praticados com excesso de poderes ou infração de lei, contrato social ou estatutos:
> I – as pessoas referidas no artigo anterior;
> II – os mandatários, prepostos e empregados;
> III – os diretores, gerentes ou representantes de pessoas jurídicas de direito privado.

---

[50] Vejam-se, a respeito, também os arts. 48 e 49 da Lei 8.212/91.

[51] "10. Flagrante ausência de tecnicidade legislativa se verifica no artigo 134, do CTN, em que se indica hipótese de responsabilidade solidária 'nos casos de impossibilidade de exigência do cumprimento da obrigação principal pelo contribuinte', uma vez cediço que o instituto da solidariedade não se coaduna com o benefício de ordem ou de excussão. Em verdade, o aludido preceito normativo cuida de responsabilidade subsidiária." (STJ, Primeira Seção, Rel. Ministro LUIZ FUX, EREsp 446.955, 2008).

A **responsabilidade de que cuida o art. 135, III, do CTN** pressupõe uma situação grave de descumprimento da lei, do contrato social ou dos estatutos em ato que sequer se poderia tomar como constituindo ato regular da sociedade e do qual decorra a obrigação tributária objeto da responsabilidade, daí por que é pessoal do sócio-gerente.

Tendo em conta que se trata de **responsabilidade pessoal** decorrente da prática de ilícito, impende que seja apurada, já na esfera administrativa, não apenas a ocorrência do fato gerador, mas o próprio ilícito que faz com que o débito possa ser exigido do terceiro, oportunizando-se aos responsáveis o exercício do direito de defesa. Assim, verificada a responsabilidade dos diretores nos autos do processo administrativo instaurado contra a empresa, deve ser lavrado termo apontando que foi constatada a prática de ilícitos que tem por consequência a sua responsabilização pessoal pelos tributos devidos pela empresa, dando-se aos supostos responsáveis a possibilidade de oferecerem defesa em nome próprio. Aliás, conforme afirmado pelo STF: "Os princípios do contraditório e da ampla defesa aplicam-se plenamente à constituição do crédito tributário em desfavor de qualquer espécie de sujeito passivo, irrelevante sua nomenclatura legal (contribuintes, responsáveis, substitutos, devedores solidários etc.)".[52] A Portaria RFB 2.284/10 dispõe sobre os procedimentos a serem adotados nesses casos, valendo ressaltar que deve ser oportunizado aos responsáveis contestarem tanto o débito como o vínculo e responsabilidade. É-lhes assegurada, ainda, a possibilidade de pagamento voluntário antes da inscrição em dívida ativa.[53]

Somente os "**diretores, gerentes ou representantes** de pessoas jurídicas de direito privado" podem ser responsabilizados, e não todo e qualquer sócio. Faz-se necessário, pois, que o sócio tenha exercido a direção ou a gerência da sociedade, com **poder de gestão**. Efetivamente, a responsabilização exige que as pessoas indicadas tenham praticado diretamente, ou tolerado, a prática do ato abusivo e ilegal quando em posição de influir para a sua não ocorrência. Constitui prova para a configuração da responsabilidade o fato de o agente encontrar-se na direção da empresa na data do cumprimento da obrigação, devendo ter poderes de decisão quanto ao recolhimento do tributo.[54]

A **mera condição de sócio é insuficiente**, pois a condução da sociedade é que é relevante. Daí por que o art. 13 da Lei 8.620/93,

---

[52] STF, Segunda Turma, Rel. Ministro JOAQUIM BARBOSA, RE 608426 AgR, 2011.

[53] Também dispõe sobre a matéria a Portaria PGFN 180/2010.

[54] Conclusão tomada por maioria no Iº Encontro Nacional de Juízes Federais sobre Processo de Execução Fiscal, promovido pela AJUFE em 1999.

no que estabelece a solidariedade dos sócios de empresas por cotas de responsabilidade limitada, sem qualquer condicionamento, extrapola o comando do art. 135, III, do CTN, contrariando a norma geral de direito tributário e, portanto, incorrendo em invasão à reserva de lei complementar, com ofensa ao art. 146, III, *b*, da CF.[55] Efetivamente, a responsabilidade pessoal dos sócios das sociedades por quotas de responsabilidade limitada, prevista no art. 13 da Lei 8.620/93, só existe quando presentes as condições estabelecidas no art. 135, III, do CTN.[56]

Sendo a responsabilidade, assim, do diretor, gerente ou representante, e não do simples sócio sem poderes de gestão, também não é possível responsabilizar pessoalmente o diretor ou o gerente por atos praticados em **período anterior ou posterior a sua gestão**. Assim, sócios que não tenham tido qualquer ingerência sobre os fatos não podem ser pessoalmente responsabilizados pelos créditos tributários decorrentes.

Situação típica de incidência do art. 135, III, do CTN é, sim, a **apropriação indébita** de contribuições e de impostos, quando a empresa retém os tributos devidos, mas os seus sócios-gerentes não cumprem a obrigação de repassar os respectivos valores aos cofres públicos.

O mero inadimplemento de obrigação tributária é insuficiente para configurar a responsabilidade do art. 135 do CTN na medida em que diz respeito à atuação normal da empresa, inerente ao risco do negócio, à existência ou não de disponibilidade financeira no vencimento, gerando, exclusivamente, multa moratória a cargo da própria pessoa jurídica. Veja-se a **Súmula 430** do STJ: "O inadimplemento da

---

[55] "5. O art. 135, III, do CTN responsabiliza apenas aqueles que estejam na direção, gerência ou representação da pessoa jurídica e tão-somente quando pratiquem atos com excesso de poder ou infração à lei, contrato social ou estatutos. Desse modo, apenas o sócio com poderes de gestão ou representação da sociedade é que pode ser responsabilizado, o que resguarda a pessoalidade entre o ilícito (mal gestão ou representação) e a conseqüência de ter de responder pelo tributo devido pela sociedade. 6. O art. 13 da Lei 8.620/93 não se limitou a repetir ou detalhar a regra de responsabilidade constante do art. 135 do CTN, tampouco cuidou de uma nova hipótese específica e distinta. Ao vincular à simples condição de sócio a obrigação de responder solidariamente pelos débitos da sociedade limitada perante a Seguridade Social, tratou a mesma situação genérica regulada pelo art. 135, III, do CTN, mas de modo diverso, incorrendo em inconstitucionalidade por violação ao art. 146, III, da CF. 7. O art. 13 da Lei 8.620/93 também se reveste de inconstitucionalidade material, porquanto não é dado ao legislador estabelecer confusão entre os patrimônios das pessoas física e jurídica, o que, além de impor desconsideração ex lege e objetiva da personalidade jurídica, descaracterizando as sociedades limitadas, implica irrazoabilidade e inibe a iniciativa privada, afrontando os arts. 5º, XIII, e 170, parágrafo único, da Constituição. 8. Reconhecida a inconstitucionalidade do art. 13 da Lei 8.620/93 na parte em que determinou que os sócios das empresas por cotas de responsabilidade limitada responderiam solidariamente, com seus bens pessoais, pelos débitos junto à Seguridade Social." (STF, Tribunal Pleno, Rel. Ministra ELLEN GRACIE, RE 562.276, 2011).

[56] STJ, REsp 796.613/RS.

obrigação tributária pela sociedade não gera, por si só, a responsabilidade solidária do sócio-gerente".[57]

A **falência** não constitui ato ilícito, não podendo, de modo algum, ser invocada pelo Fisco para justificar a incidência do art. 135, III, do CTN.

A **dissolução irregular** tem sido considerada causa para o redirecionamento da execução contra o sócio-gerente. Neste sentido, consolidou-se a jurisprudência, conforme se vê da **Súmula 435 do STJ**: "Presume-se dissolvida irregularmente a empresa que deixar de funcionar no seu domicílio fiscal, sem comunicação aos órgãos competentes, legitimando o redirecionamento da execução fiscal para o sócio-gerente". Importa ter em conta: "A certidão emitida por oficial de justiça, atestando que a empresa devedora não funciona mais no endereço constante dos seus assentamentos na junta comercial, constitui indício suficiente de dissolução irregular e autoriza o redirecionamento da execução fiscal contra os sócios-gerentes".[58] Vale destacar, ainda, que a o art. 9º, § 3º, da LC 123/06, com a redação da LC 139/11, permite a baixa da empresa de pequeno porte que se encontre sem movimento há mais de doze meses nos registros dos órgãos públicos federais, estaduais e municipais independentemente do pagamento de débitos tributários, taxas ou multas. A baixa não impede posterior cobrança dos créditos tributários.

---

[57] No mesmo sentido: STJ, Primeira Turma, Rel. Ministro NAPOLEÃO NUNES MAIA FILHO, AgRg no REsp 1.295.391/PA, set/2013.

[58] STJ, Primeira Turma, Rel. Ministro SÉRGIO KUKINA, AgRg no REsp 1.339.991/BA, ago/2013.

9. Ilícito tributário

LEANDRO PAULSEN

9.1. Infrações à legislação tributária e multas

As infrações à legislação tributária consistem no descumprimento de obrigações contributivas (pagar tributo) ou de colaboração com a administração tributária (descumprimento de obrigações acessórias, não realização de retenções e de repasses etc.). O cometimento da infração enseja a aplicação de penalidades quando haja lei que as comine (art. 97, V, do CTN).

A penalidade mais comum em matéria tributária é a pecuniária, ou seja, a **multa** imposta nos casos de mora ou de infrações mais graves que impliquem sonegação ou, ainda, de simples descumprimento de obrigações acessórias.

Todas as multas constituem respostas a um ilícito tributário, revestindo-se, portanto, de caráter sancionatório, punitivo. Configurando obrigação tributária principal, ao lado dos tributos, nos termos do art. 113, § 1º, do CTN, as multas também são objeto de lançamento e, até mesmo, de cobrança executiva, muitas vezes em conjunto com os tributos a que dizem respeito.

Há diversas classificações possíveis para as multas tributárias. A mais tradicional, inclusive adotada pela legislação, é a que destaca três classes de multa:

a) moratória;

b) de ofício;

c) isolada.

As multas moratórias constituem penalidades aplicadas em razão do simples atraso no pagamento de tributo. As multas de ofício são aplicadas pela própria autoridade através de auto de infração quando verifica que o contribuinte deixou de pagar tributo, mediante omissão ou fraude. As multas isoladas, por sua vez, são aplicadas pelo descumprimento de obrigações acessórias ou por outras infrações que independem de ser ou não devido determinado tributo.

Multas excessivamente elevadas, desproporcionais à infração cometida, não são admitidas. O STF permite, inclusive, a invocação da vedação de confisco nesses casos. Assim é que considera descabida a multa superior a 100% do tributo devido.[59]

9.2. Responsabilidade por infrações à legislação tributária

A responsabilidade por infrações à legislação tributária é disciplinada pelos arts. 136 a 138 do CTN. O primeiro desses dispositivos dispõe:

> Art. 136. Salvo disposição de lei em contrário, a responsabilidade por infrações da legislação tributária independe da intenção do agente ou do responsável e da efetividade, natureza e extensão dos efeitos do ato.

Na sua primeira parte, o art. 136 estabelece que a responsabilidade por infrações independe da intenção do agente ou do responsável. Com isso, dispensa o dolo como elemento dos tipos que definem as infrações tributárias. A regra geral em matéria de infrações tributárias, assim, é que a culpa é suficiente para a responsabilização do agente. A necessidade do dolo é que deve ser expressamente exigida, quando assim entender o legislador. Trata-se de regra inversa a que se tem no Direito Penal, porquanto o art. 18 do Código Penal dispõe: "Salvo os casos expressos em lei, ninguém pode ser punido por fato previsto como crime, senão quando o pratica dolosamente". Nessa mesma linha, RUY BARBOSA NOGUEIRA[60] e LUCIANO AMARO.[61] Mas há quem vislumbre no art. 136 uma opção pela responsabilidade objetiva.[62]

---

[59] "MULTA CONFISCATÓRIA. REDUÇÃO... 1. É admissível a redução da multa tributária para mantê-la abaixo do valor do tributo, à luz do princípio do não confisco." (STF, Primeira Turma, ARE 776273 AgR, Rel. Min. EDSON FACHIN, set/2015); "CARÁTER CONFISCATÓRIO DA MULTA FISCAL... O valor da obrigação principal deve funcionar como limitador da norma sancionatória, de modo que a abusividade se revela nas multas arbitradas acima do montante de 100%." (STF, Primeira Turma, AI 838302 AgR, Rel. Min. ROBERTO BARROSO, fev/2014); "MULTA FISCAL. PERCENTUAL SUPERIOR A 100%. CARÁTER CONFISCATÓRIO... I – Esta Corte firmou entendimento no sentido de que são confiscatórias as multas fixadas em 100% ou mais do valor do tributo devido." (STF, Segunda Turma, RE 748257 AgR, Rel. Min. RICARDO LEWANDOWSKI, ago/13)

[60] NOGUEIRA, Ruy Barbosa. *Curso de Direito Tributário*. 14ª ed. São Paulo: Saraiva: 1995, p. 106-107.

[61] AMARO, Luciano da Silva. Infrações Tributárias. *RDT* nº 67, São Paulo: Malheiros, p. 32/33.

[62] MELLO, Elizabete Rosa de. *Direito fundamental a uma tributação justa*. São Paulo: Atlas, 2013, p. 93.

Em matéria de infrações à legislação tributária, não se requer, como regra, que o agente tenha a intenção de praticar a infração, bastando que haja com culpa. E a culpa é presumida, porquanto cabe aos contribuintes agir com diligência no cumprimento das suas obrigações fiscais. Essa presunção relativa pode ser afastada pelo contribuinte que demonstre que agiu diligentemente. Aliás, o próprio Código afasta expressamente a imposição de penalidades, por exemplo, quando o contribuinte tenha incorrido em ilegalidade induzido por normas complementares, como regulamentos e instruções normativas (art. 100, parágrafo único, do CTN). O STJ já decidiu: "tendo o contribuinte sido induzido a erro, ante o não lançamento correto pela fonte pagadora do tributo devido, fica descaracterizada sua intenção de omitir certos valores da declaração do imposto de renda, afastando-se a imposição de juros e multa ao sujeito passivo da obrigação tributária".[63] Em outro precedente lavrado no mesmo sentido, destacou que, em tais casos, a responsabilidade deve recair sobre a fonte pagadora, e não sobre o contribuinte induzido em erro.[64] Há precedente, também, dando relevância à boa-fé do contribuinte e concluindo: "I – Presume-se a boa-fé do contribuinte quando este reiteradamente recolhe o ISS sobre sua atividade, baseado na interpretação dada ao Decreto-Lei nº 406/68 pelo Município, passando a se caracterizar como costume, complementar à referida legislação. II – A falta de pagamento do ICMS, pelo fato de se presumir ser contribuinte do ISS, não impõe a condenação em multa, devendo-se incidir os juros e a correção monetária a partir do momento em que a empresa foi notificada do tributo estadual".[65]

Na sua segunda parte, o art. 136 estabelece que a responsabilidade por infrações independe da efetividade, natureza e extensão dos efeitos do ato. FÁBIO FANUCCHI, há muito, já ensinava: "Isso significa que a violação da lei tributária pode até não determinar prejuízo para a Fazenda e, ainda assim, ser possível se afirmar a responsabilidade pela infração".[66]

---

[63] STJ, Segunda Turma, Rel. Ministro HERMAN BENJAMIN, AgRg no REsp 1.384.020/SP, set/2013.

[64] "É indevida a imposição de multa ao contribuinte quando, induzido a erro pela fonte pagadora, inclui em sua declaração de ajuste os rendimentos como isentos e não tributáveis. Situação em que a responsabilidade pelo recolhimento da penalidade (multa) e juros de mora deve ser atribuída à fonte pagadora" (STF, 2ª T., REsp 1.218.222/RS, Rel. Ministro MAURO CAMPBELL MARQUES, set/2014).

[65] STJ, Primeira Turma, Rel. Ministro FRANCISCO FALCÃO, REsp 215.655/PR, set/2003.

[66] FANUCCHI, Fábio. *Curso de Direito Tributário*. Vol. I. São Paulo: Resenha Tributária, 1971, p. 131.

De qualquer modo, vale destacar que as normas que estabelecem penalidades podem ter como pressuposto de fato uma infração material ou formal. Para a configuração das infrações materiais, a lei exige dano efetivo, como no caso da "falta de pagamento ou recolhimento" (art. 44, I, da Lei 9.430/96), só verificada quando ocorrido o inadimplemento que implica prejuízo concreto à Fazenda Pública. Para a configuração das infrações formais, basta o comportamento puro e simples, sendo o dano meramente potencial, cuja verificação é desnecessária para a configuração da infração, como no caso da "falta da apresentação da declaração de rendimentos ou a sua apresentação fora de prazo" (art. 88 da Lei 8.981/95), em que ocorrerá a infração ainda que a declaração a ser apresentada não apontasse a existência de débito. Quando a lei que impõe a penalidade não se refere aos efeitos, será desimportante perquiri-los.

O art. 137 do CTN, por sua vez, estabelece o **caráter pessoal da responsabilidade pelas infrações** que configuram também crimes ou contravenções, definidas por dolo específico ou **que envolvam dolo específico** dos representantes contra os representados (art. 137, incisos I, II e III):

> Art. 137. A responsabilidade é pessoal ao agente:
> I – quanto às infrações conceituadas por lei como crimes ou contravenções, salvo quando praticadas no exercício regular de administração, mandato, função, cargo ou emprego, ou no cumprimento de ordem expressa emitida por quem de direito;
> II – quanto às infrações em cuja definição o dolo específico do agente seja elementar;
> III – quanto às infrações que decorram direta e exclusivamente de dolo específico:
> a) das pessoas referidas no artigo 134, contra aquelas por quem respondem;
> b) dos mandatários, prepostos ou empregados, contra seus mandantes, preponentes ou empregadores;
> c) dos diretores, gerentes ou representantes de pessoas jurídicas de direito privado, contra estas.

9.3. Denúncia espontânea

A **denúncia espontânea** é um instituto jurídico tributário que tem por objetivo estimular o contribuinte infrator a tomar a iniciativa de se colocar em situação de regularidade, pagando os tributos que omitira, com juros, mas sem multa. Incentiva, portanto, o "arrependimento fiscal": "o agente desiste do proveito pecuniário que a infração poderia trazer" e cumpre sua obrigação.[67]

---

[67] MELLO, Elizabete Rosa de. Op. cit., p. 108.

Restringe-se a créditos cuja existência seja desconhecida pelo Fisco e que sequer estejam sendo objeto de fiscalização, de modo que, não fosse a iniciativa do contribuinte, talvez jamais viessem a ser satisfeitos. Na medida em que a responsabilidade por infrações resta afastada apenas com o cumprimento da obrigação e que o contribuinte infrator, não o fazendo, resta sempre ameaçado de ser autuado com pesadas multas, preserva-se a higidez do sistema, não se podendo ver na denúncia espontânea nenhum estímulo à inadimplência; pelo contrário.

Dispõe o CTN:

> Art. 138. A responsabilidade é excluída pela denúncia espontânea da infração, acompanhada, se for o caso, do pagamento do tributo devido e dos juros de mora, ou do depósito da importância arbitrada pela autoridade administrativa, quando o montante do tributo dependa de apuração.
> Parágrafo único. Não se considera espontânea a denúncia apresentada após o início de qualquer procedimento administrativo ou medida de fiscalização, relacionados com a infração.

O parágrafo único do art. 138 do CTN deixa claro que, juridicamente, para os fins do art. 138, é considerado espontâneo o pagamento realizado pelo contribuinte antes de sofrer fiscalização tendente à constituição do crédito tributário. O art. 196 do CTN, positivando o princípio documental, exige que a autoridade fiscal lavre termo de início do procedimento. Esse termo é o marco a partir do qual não se pode mais falar em denúncia espontânea. Aliás, o § 2º do art. 7º do PAF dispõe no sentido de que o ato de início da fiscalização afasta a espontaneidade por 60 dias.

Mas há casos em que não há que se falar em início de fiscalização, pois o próprio lançamento resta desnecessário em face da formalização do crédito tributário por outro meio: a **declaração de dívida pelo contribuinte**. Com a declaração, já se tem crédito tributário formalizado e do conhecimento do fisco, estando este habilitado para a sua inscrição em dívida ativa e cobrança, de modo que o pagamento após a declaração não tem caráter espontâneo. Neste sentido, a **Súmula 360** do STJ: "O benefício da denúncia espontânea não se aplica aos tributos sujeitos a lançamento por homologação regularmente declarados, mas pagos a destempo".

Conforme entendimento do STJ, o instituto da denúncia aplica-se somente a infrações que tenham implicado o **não pagamento de tributo** devido. Diz respeito, assim, à **obrigação principal**, sendo inaplicável às infrações relativas ao descumprimento de **obrigações acessórias**.[68]

---

[68] "Multa moratória. Art. 138 do CTN. Entrega em atraso da declaração de rendimentos. 1. A denúncia espontânea não tem o condão de afastar a multa decorrente do atraso na entrega da declaração de rendimentos, uma vez que os efeitos do artigo 138 do CTN não se estendem às

É **requisito** indispensável à incidência do art. 138 que o contribuinte se coloque em situação regular, cumprindo suas obrigações. Para que ocorra a denúncia espontânea, com o efeito de elisão das penalidades, exige-se o **pagamento do tributo e dos juros** moratórios. Considera-se que a **correção monetária** integra o valor do tributo devido. O pagamento dos **juros** moratórios, por sua vez, está previsto no próprio *caput* do art. 138 como requisito para a exclusão da responsabilidade pelas infrações.

O **pedido de parcelamento**, normalmente acompanhado do pagamento da 1ª parcela, não é considerado suficiente para ensejar a incidência do art. 138 do CTN, que pressupõe o pagamento integral do tributo e dos juros devidos. A **Súmula 208** do extinto TFR já dispunha: "A simples confissão da dívida, acompanhada do seu pedido de parcelamento, não configura denúncia espontânea".

A denúncia espontânea exclui a responsabilidade tanto pela multa moratória como pela multa de ofício. Efetivamente, o STJ firmou posição, em sede de recurso repetitivo, no sentido de que "a sanção premial contida no instituto da denúncia espontânea exclui as penalidades pecuniárias, ou seja, as multas de caráter eminentemente punitivo, nas quais se incluem as multas moratórias, decorrentes da impontualidade do contribuinte".[69]

---

obrigações acessórias autônomas." (STJ, Segunda Turma, Rel. Ministro CASTRO MEIRA, AgRg no AREsp 11.340/SC, 2011).

[69] STJ, Primeira Seção, Rel. Ministro LUIZ FUX, REsp 1.149.022/SP, jun/2010.

10. Constituição do crédito tributário

LEANDRO PAULSEN

10.1. Natureza do crédito tributário

A relação obrigacional tributária, de pagar tributo ou penalidade, tem duas faces: obrigação e crédito. Não se pode falar de uma obrigação de prestar dinheiro, senão vinculando um devedor a um credor. Quem deve pagar, deve pagar a alguém e, portanto, se há obrigação, há também o respectivo crédito.

Obrigação e crédito, como as duas faces de uma mesma moeda, têm a mesma natureza, o que resta explicitado pelo art. 139 do CTN:

> Art. 139. O crédito tributário decorre da obrigação principal e tem a mesma natureza desta.

Mas, desta correspondência, não se pode tirar efeitos absolutos. O CTN, em seu **art. 142**, dá à expressão "crédito tributário" sentido muito específico, pressupondo **certeza e liquidez** decorrentes da formalização do crédito tributário mediante a verificação de que o fato gerador ocorreu, a identificação do sujeito passivo e a apuração do montante devido.

Nesta acepção, pode-se dizer que, enquanto a obrigação tributária surge com o fato gerador (art. 113, § 1º), o crédito tributário só se considera constituído com a produção do ato que formaliza a sua existência e lhe dá exigibilidade.

Aliás, a referência à constituição do crédito tributário pelo lançamento, no art. 142 do CTN, bem revela a intenção do legislador de que não se possa opor o crédito tributário ao contribuinte sem que esteja representado documentalmente.

No art. 140, ademais, o CTN marca essa autonomia da obrigação, que surge com o fato gerador, frente ao crédito:

> Art. 140. As circunstâncias que modificam o crédito tributário, sua extensão ou seus efeitos, ou as garantias ou os privilégios a ele atribuídos, ou que excluem sua exigibilidade não afetam a obrigação tributária que lhe deu origem.

Isso porque pode ser anulado, por razões formais, o crédito documentalmente constituído e, ainda assim, a obrigação permanecer hígida, passível de embasar novo lançamento, desta feita formalmente adequado.

Importa ter em conta, ainda, que, sendo o tributo cobrado mediante atividade administrativa plenamente vinculada, como já disposto pelo art. 3º do CTN, cabe às autoridades lançarem os tributos devidos e promoverem a sua cobrança compulsória, se necessário. Só a lei é que pode suspender ou excluir a sua exigibilidade, nos termos do art. 141 do CTN:

> Art. 141. O crédito tributário regularmente constituído somente se modifica ou extingue, ou tem sua exigibilidade suspensa ou excluída, nos casos previstos nesta Lei, fora dos quais não podem ser dispensadas, sob pena de responsabilidade funcional na forma da lei, a sua efetivação ou as respectivas garantias.

10.2. Existência, exigibilidade e exequibilidade

Com o surgimento da relação jurídico-tributária, decorrente da incidência da norma tributária impositiva sobre o fato gerador, surgem **o débito e o crédito** tributários.

Apenas quando formalizada (documentada) a sua existência e liquidez, porém, é que o CTN considera constituído o crédito e que o Fisco pode opor ao contribuinte a sua existência e dele exigir seu cumprimento. Diz-se, então, que **o crédito ganha exigibilidade**, no sentido de o Fisco poder agir perante o contribuinte exigindo-lhe o pagamento.

Na hipótese de inadimplemento por parte do contribuinte, o Fisco pode encaminhar o seu crédito devidamente formalizado e, portanto, exigível, para inscrição em dívida ativa e extrair a respectiva Certidão de Dívida Ativa, produzindo, assim, o título executivo extrajudicial que lhe dará **exequibilidade**.

10.3. Constituição do crédito tributário

A constituição ou formalização do crédito tributário, ou seja, a **representação documental** de que o crédito existe em determinado montante perante um certo contribuinte ciente da sua obrigação pode-se dar de várias maneiras. O Código limita-se a regular a constituição do crédito tributário pelo Fisco, através do lançamento do tributo. Mas pode ocorrer, também, mediante declarações ou confissões de débito realizadas pelo próprio contribuinte.

A jurisprudência é pacífica no sentido de que as declarações pelas quais o contribuinte reconhece a existência de débitos tributários cumprem o papel de formalização da existência do respectivo crédito,[70] com todos os efeitos daí decorrentes. A **Súmula 436** do STJ é inequívoca: "A entrega de declaração pelo contribuinte reconhecendo débito fiscal constitui o crédito tributário, dispensada qualquer outra providência por parte do fisco".

Esse entendimento vem sendo aplicado reiteradamente: "a declaração do contribuinte elide a necessidade da constituição formal do crédito, podendo ser realizada a inscrição em dívida ativa independe de procedimento administrativo".[71] O STF está alinhado a essa posição: "Em se tratando de débito declarado pelo próprio contribuinte, não se faz necessária sua homologação formal, motivo por que o crédito tributário se torna imediatamente exigível, independentemente de qualquer procedimento administrativo ou de notificação do sujeito".[72]

Declarado o débito e vencido, o contribuinte não mais ostenta situação de regularidade, não tendo direito à **certidão negativa de débito**. Declarado o débito, pode o Fisco inscrever o crédito em dívida ativa com suporte direto na declaração, independentemente de lançamento.[73] Não há que se falar, no caso, na necessidade de notificação ou de oportunidade de defesa, porquanto a formalização se deu pelo próprio contribuinte.[74] Declarado o débito e verificado o inadimplemento, inicia-se de pronto o **prazo prescricional** para a cobrança do valor respectivo.[75]

10.4. Lançamento

Veja-se a redação do art. 142 do CTN:

Art. 142. Compete privativamente à autoridade administrativa constituir o crédito tributário pelo lançamento, assim entendido o procedimento administrativo tendente a veri-

---

[70] STJ, REsp 542.975/SC.

[71] STJ, Segunda Turma, Rel. Ministra ELIANA CALMON, REsp 1.195.286/SP, set/2013.

[72] STF, Primeira Turma, AI 838.302 AgR, Rel. Min. ROBERTO BARROSO, fev/2014.

[73] STF, AgRegAg 144.609; STJ, AgREsp 433.971; STJ, REsp 223.849.

[74] STJ, REsp 236.054/SP.

[75] STJ, EDREsp 720.612.

ficar a ocorrência do fato gerador da obrigação correspondente, determinar a matéria tributável, calcular o montante do tributo devido, identificar o sujeito passivo e, sendo caso, propor a aplicação da penalidade cabível.
Parágrafo único. A atividade administrativa de lançamento é vinculada e obrigatória, sob pena de responsabilidade funcional.

O lançamento é, como diz o art. 142 do CTN, ato privativo da autoridade fiscal. Isso porque é o modo de formalização do crédito tributário que é feito independentemente do reconhecimento do débito pelo contribuinte e mesmo contra a sua vontade. Através do lançamento, é formalizada a existência do crédito tributário. A autoridade reúne e documenta todos os elementos necessários à afirmação de que o contribuinte é devedor. Para tanto, forte na lei aplicável, verifica a ocorrência do fato gerador, identifica o contribuinte e calcula o montante por ele devido, notificando-o para pagar. Na hipótese de restar verificada alguma infração, ainda formaliza a exigência da multa respectiva.

Dispõe o CTN, no seu art. 143: "quando o valor tributário esteja expresso em moeda estrangeira, no lançamento far-se-á sua conversão em moeda nacional ao câmbio do dia da ocorrência do fato gerador da obrigação".

E mais:

Art. 144. O lançamento reporta-se à data da ocorrência do fato gerador da obrigação e rege-se pela lei então vigente, ainda que posteriormente modificada ou revogada.
§ 1º Aplica-se ao lançamento a legislação que, posteriormente à ocorrência do fato gerador da obrigação, tenha instituído novos critérios de apuração ou processos de fiscalização, ampliado os poderes de investigação das autoridades administrativas, ou outorgado ao crédito maiores garantias ou privilégios, exceto, neste último caso, para o efeito de atribuir responsabilidade tributária a terceiros.
§ 2º O disposto neste artigo não se aplica aos impostos lançados por períodos certos de tempo, desde que a respectiva lei fixe expressamente a data em que o fato gerador se considera ocorrido.

O art. 144 revela que, embora constitutivo do crédito tributário, o lançamento reflete a obrigação tributária surgida com a ocorrência do fato gerador à luz da lei vigente quando da sua ocorrência.

Mas, embora sejam aplicadas as normas materiais vigentes por ocasião da ocorrência do fato gerador, as normas procedimentais a serem seguidas são aquelas vigentes por ocasião da prática dos atos administrativos que implicam lançamento. Isso porque as normas processuais e as relativas a prerrogativas da administração, ou a garantias ou privilégios do crédito tributário, têm aplicação imediata e irrestrita.

Outra é a situação no que diz respeito à modificação nos critérios jurídicos adotados pela autoridade administrativa. Nesse caso, estabelece o Código que eventual modificação deva ser aplicada a fatos geradores futuros, de modo a preservar a confiança do contribuinte. Vejamos:

> Art. 146. A modificação introduzida, de ofício ou em conseqüência de decisão administrativa ou judicial, nos critérios jurídicos adotados pela autoridade administrativa no exercício do lançamento somente pode ser efetivada, em relação a um mesmo sujeito passivo, quanto a fato gerador ocorrido posteriormente à sua introdução.

Importa ter em conta, ainda, o art. 145:

> Art. 145. O lançamento regularmente notificado ao sujeito passivo só pode ser alterado em virtude de:
> I – impugnação do sujeito passivo;
> II – recurso de ofício;
> III – iniciativa de ofício da autoridade administrativa, nos casos previstos no art.149.

Em primeiro lugar, vale destacar a importância da notificação. Através dela é que se aperfeiçoa o lançamento e que se pode considerá-lo realizado, pronto e acabado para surtir os efeitos que lhe são próprios, inclusive o de afastar a decadência.

Em segundo lugar, o art. 145 deixa claro que o lançamento surge para ser definitivo. Não se trata de um ato provisório. Pode ser alterado, sim, mas apenas por força de impugnações ou recursos ou nos casos excepcionais previstos no art. 149 do CTN, como "quando deva ser apreciado fato não conhecido ou não provado por ocasião do lançamento anterior" (inciso VIII) ou "quando se comprove que, no lançamento anterior, ocorreu fraude ou falta funcional da autoridade que o efetuou, ou omissão, pela mesma autoridade, de ato ou formalidade especial" (inciso IX).

Note-se que o lançamento segue o **princípio documental**. Sua forma dependerá do regime de lançamento do tributo e das circunstâncias nas quais é apurado. Certo é que estará documentado e que seu instrumento terá de conter os elementos indispensáveis à identificação inequívoca da obrigação surgida. Os atos de lançamento costumam ser designados por Auto de Lançamento, quando relacionados a tributos sujeitos a lançamento de ofício, ou por Auto de Infração (AI), quando relacionados a tributos sujeitos a lançamento por homologação em que o contribuinte descumpriu suas obrigações.

O art. 10 do Decreto 70.235/72 (Lei do Processo Administrativo Fiscal) especifica o conteúdo do auto de infração: qualificação do autuado, local, data e hora da lavratura, descrição do fato, disposição legal infringida e a penalidade aplicável, determinação da exigência e a intimação para cumpri-la ou impugná-la no prazo de trinta dias, assinatura do autuante e a indicação de seu cargo ou função e o número de matrícula.

Muitas vezes, o documento de lançamento (Auto de Lançamento, Auto de Infração etc.) não é detalhado, mas se faz acompanhar de um relatório fiscal de lançamento que o integra, contendo todos os dados necessários à perfeita compreensão das causas de fato e de direito, do período e da dimensão da obrigação imputada ao contribuinte, sendo que inexistirá vício de forma.

A **notificação** ao sujeito passivo é condição para que o lançamento tenha eficácia.[76] Trata-se de providência que aperfeiçoa o lançamento, demarcando, pois, a constituição do crédito que, assim, passa a ser exigível do contribuinte – que é instado a pagar e, se não o fizer nem apresentar impugnação, poderá sujeitar-se à execução compulsória através de Execução Fiscal – e oponível a ele – que não mais terá direito a certidão negativa de débitos em sentido estrito. A notificação está para o lançamento como a publicação está para a lei, sendo que para esta o Min. Ilmar Galvão, no RE 222.241/CE, ressalta que: "Com a publicação fixa-se a existência da lei e identifica-se a sua vigência [...]".

A notificação, conforme previsão do art. 23 do Dec. 70.235/72 (Lei do Processo Administrativo Fiscal), pode ser efetuada pessoalmente, por via postal ou por meio eletrônico, indistintamente.[77] A notificação postal considera-se realizada mediante a prova do recebimento no domicílio do contribuinte (AR), ainda que a assinatura não seja do próprio sujeito passivo.[78] Tratando-se de IPTU, contudo, foi editada a **Súmula 397**: "O contribuinte do IPTU é notificado do lançamento pelo envio do carnê ao seu endereço". Quando resultarem improfícuos os meios anteriores, caberá a notificação por edital. O § 1º do art. 23 do Dec. 70.235/72 também admite a notificação por edital quando o sujeito passivo tiver sua inscrição declarada inapta perante o cadastro fiscal.

Para que a notificação seja válida, é imprescindível que indique o prazo para defesa, ou seja, o prazo de que dispõe o contribuinte para apresentar impugnação ao lançamento.[79]

---

[76] STJ, REsp 738.205/PR; REsp 594395/MT.
[77] STJ, REsp 380.368/RS
[78] STJ, REsp 754.210.
[79] STJ, Primeira Turma, Rel. Ministro ARNALDO ESTEVES LIMA, AgRg no REsp 1.327.177/RS, set/2013.

10.5. Modalidades de lançamento

O CTN refere que o lançamento pode-se dar de três modos: mediante declaração, por homologação ou de ofício.

No **lançamento por declaração**, o contribuinte ou terceiro fornecem ao Fisco elementos para que apure o crédito tributário e notifique o conribuinte para pagar o tributo devido. Rege a matéria o art. 147 do CTN, *verbis*:

> Art. 147. O lançamento é efetuado com base na declaração do sujeito passivo ou de terceiro, quando um ou outro, na forma da legislação tributária, presta à autoridade administrativa informações sobre matéria de fato, indispensáveis à sua efetivação.
> § 1º A retificação da declaração por iniciativa do próprio declarante, quando vise a reduzir ou a excluir tributo, só é admissível mediante comprovação do erro em que se funde, e antes de notificado o lançamento.
> § 2º Os erros contidos na declaração e apuráveis pelo seu exame serão retificados de ofício pela autoridade administrativa a que competir a revisão daquela.

Note-se que não se cuida de declaração em que o contribuinte reconheça o débito, pois, se fosse o caso, dispensaria lançamento pelo Fisco. A declaração diz respeito a fatos necessários à apuração, pelo Fisco, do crédito tributário. O contribuinte, nestes casos, cumpre seu dever de informar, mas espera a notificação quanto ao montante a ser pago.

Outra é a situação do lançamento por homologação, regido pelo art. 150 do CTN:

> Art. 150. O lançamento por homologação, que ocorre quanto aos tributos cuja legislação atribua ao sujeito passivo o dever de antecipar o pagamento sem prévio exame da autoridade administrativa, opera-se pelo ato em que a referida autoridade, tomando conhecimento da atividade assim exercida pelo obrigado, expressamente a homologa.
> § 1º O pagamento antecipado pelo obrigado nos termos deste artigo extingue o crédito, sob condição resolutória da ulterior homologação ao lançamento.
> § 2º Não influem sobre a obrigação tributária quaisquer atos anteriores à homologação, praticados pelo sujeito passivo ou por terceiro, visando à extinção total ou parcial do crédito.
> § 3º Os atos a que se refere o parágrafo anterior serão, porém, considerados na apuração do saldo porventura devido e, sendo o caso, na imposição de penalidade, ou sua graduação.
> § 4º Se a lei não fixar prazo a homologação, será ele de cinco anos, a contar da ocorrência do fato gerador; expirado esse prazo sem que a Fazenda Pública se tenha pronunciado, considera-se homologado o lançamento e definitivamente extinto o crédito, salvo se comprovada a ocorrência de dolo, fraude ou simulação.

No **lançamento por homologação**, é o contribuinte quem apura e paga o tributo, cabendo ao Fisco simplesmente chancelar tal apuração quando a entenda correta, mediante homologação expressa ou tácita.

Nenhum ato do Fisco, portanto, se faz necessário para que o crédito tributário reste consolidado como sendo aquele reconhecido e pago pelo contribuinte. Por isso, aliás, boa parte da doutrina considera o lançamento por homologação como um autolançamento pelo contribuinte.

O simples decurso do prazo de cinco anos contados da ocorrência do fato gerador tem efeito homologatório, impedindo, *a contrario sensu*, que o Fisco proceda a lançamento de ofício de eventual diferença ainda devida e não paga nem declarada. O prazo, portanto, não é propriamente para a homologação, pois essa ocorrerá de qualquer modo, ainda que tacitamente. O prazo é, sim, para que o Fisco proceda ao lançamento de ofício de eventual diferença.

O lançamento de ofício, aliás, é regulado pelos arts. 148 e 149 do CTN. Vejamos este último:

> Art. 149. O lançamento é efetuado e revisto de ofício pela autoridade administrativa nos seguintes casos:
> I – quando a lei assim o determine;
> II – quando a declaração não seja prestada, por quem de direito, no prazo e na forma da legislação tributária;
> III – quando a pessoa legalmente obrigada, embora tenha prestado declaração nos termos do inciso anterior, deixe de atender, no prazo e na forma da legislação tributária, a pedido de esclarecimento formulado pela autoridade administrativa, recuse-se a prestá-lo ou não o preste satisfatoriamente, a juízo daquela autoridade;
> IV – quando se comprove falsidade, erro ou omissão quanto a qualquer elemento definido na legislação tributária como sendo de declaração obrigatória;
> V – quando se comprove omissão ou inexatidão, por parte da pessoa legalmente obrigada, no exercício da atividade a que se refere o artigo seguinte;
> VI – quando se comprove ação ou omissão do sujeito passivo, ou de terceiro legalmente obrigado, que dê lugar à aplicação de penalidade pecuniária;
> VII – quando se comprove que o sujeito passivo, ou terceiro em benefício daquele, agiu com dolo, fraude ou simulação;
> VIII – quando deva ser apreciado fato não conhecido ou não provado por ocasião do lançamento anterior;
> IX – quando se comprove que, no lançamento anterior, ocorreu fraude ou falta funcional da autoridade que o efetuou, ou omissão, pela mesma autoridade, de ato ou formalidade especial.
> Parágrafo único. A revisão do lançamento só pode ser iniciada enquanto não extinto o direito da Fazenda Pública.

Veja-se que o **lançamento de ofício** é aquele realizado direta e exclusivamente pelo Fisco quando a lei assim o determine. Também ocorre quando o tributo seja submetido, por lei, a uma das modalidades anteriores (mediante declaração ou por homologação), mas o contribuinte não realize os atos que lhe caibam, ou seja, não preste as informações ou apure e pague o tributo devido. Nesses casos, o lançamento de ofício tem caráter supletivo: é a única forma de o Fisco formalizar o seu crédito. O lançamento de ofício, assim, assegura a cobrança do tributo, ainda que o contribuinte não colabore e não queira pagar.

O lançamento deve ser realizado mediante a verificação concreta da ocorrência do fato gerador e do cálculo do tributo considerando sua base de cálculo própria. Contudo, nem sempre isso é possível. Há casos em que a autoridade, embora verificando que o fato gerador ocorreu, não dispõe de elementos suficientes para a apuração da base de cálculo com exatidão em face da ausência ou inidoneidade da documentação respectiva, tendo de proceder ao lançamento mediante **arbitramento ou aferição indireta**. Denomina-se lançamento por arbitramento o realizado mediante apuração da base de cálculo mediante elementos indiciários ou presunções legais.

O art. 148 do CTN autoriza essa prática, dispondo:

> Art. 148. Quando o cálculo do tributo tenha por base, ou tome em consideração, o valor ou o preço de bens, direitos, serviços ou atos jurídicos, a autoridade lançadora, mediante processo regular, arbitrará aquele valor ou preço, sempre que sejam omissos ou não mereçam fé as declarações ou os esclarecimentos prestados, ou os documentos expedidos pelo sujeito passivo ou pelo terceiro legalmente obrigado, ressalvada, em caso de contestação, avaliação contraditória, administrativa ou judicial.

Note-se que o lançamento por arbitramento ou aferição indireta é **excepcional e subsidiário**. Só se justifica quando da **impossibilidade de apuração da base de cálculo real**. Já decidiu o STJ: "O art. 148 do CTN deve ser invocado para a determinação da base de cálculo do tributo quando certa a ocorrência do fato imponível, o valor ou preço de bens, direitos, serviços ou atos jurídicos registrados pelo contribuinte não mereçam fé, ficando a Fazenda Pública, nesse caso, autorizada a proceder ao arbitramento mediante processo administrativo-fiscal regular, assegurados o contraditório e a ampla defesa".[80]

Vale frisar, por fim, que o lançamento por arbitramento não constitui sanção, mas **método substitutivo** para apuração do montante devido, não podendo basear-se em elementos destoantes da realidade, ficando, sempre, sujeito à impugnação por parte do contribuinte.

---

[80] STJ, RMS 26.964/GO.

11. Suspensão da exigibilidade do crédito tributário

LEANDRO PAULSEN

A exigibilidade do crédito tributário é o que permite que possa ser cobrado do sujeito passivo, ensejando o exercício das prerrogativas que a legislação atribui ao Fisco para tanto. Quando o crédito tributário está devidamente constituído, e o contribuinte em situação de inadimplência, fica sujeito à cobrança administrativa e judicial, bem como ao protesto, porquanto o crédito exigível pode ser inscrito em dívida ativa, gerando o título executivo extrajudicial que é a Certidão de Dívida Ativa. Ademais, o contribuinte já não tem direito à certidão negativa de débitos necessária, por exemplo, para participar de licitações, para a venda de imóveis e para a obtenção de acesso a linhas de crédito públicas.

Mas há causas, previstas taxativamente no art. 151 do CTN, de suspensão da exigibilidade do crédito tributário. Presente qualquer delas, o contribuinte mantém ou retoma a situação de regularidade perante o Fisco.

A suspensão da exigibilidade impede a cobrança administrativa, impede a inscrição em dívida ativa, impede a inscrição no CADIN ou, quando já inscrito, suspende o registro, impede ou suspende a execução fiscal e enseja a obtenção de certidão positiva de débitos com efeitos de negativa (art. 206 do CTN). Suspensa a exigibilidade, também não pode o Fisco proceder à compensação de ofício do crédito tributário com eventuais valores que o contribuinte tenha direito a repetir. A compensação pressupõe créditos e débitos recíprocos revestidos de certeza, liquidez e exigibilidade e só pode ser realizada, em matéria tributária, com autorização legal específica.

Em contrapartida, o prazo prescricional fica igualmente suspenso, porquanto é o prazo de que dispõe o fisco para a cobrança, só correndo quando lhe é permitido agir no sentido de buscar a satisfação do seu crédito.

O art. 151 do CTN regula a suspensão da exigibilidade do crédito tributário. Leitura atenta mostra que arrola causas suspensivas da exigibilidade com três fundamentos:

> 1. **foi dado prazo para pagamento** do tributo ou penalidade, seja por força de moratória ou de parcelamento concedido ao contribuinte (incisos I e VI);
>
> 2. **há incerteza quanto à existência do crédito**, colocado em dúvida por impugnação, manifestação de inconformidade ou recurso ainda não definitivamente julgados na esfera administrativa, ou suspenso por decisão judicial que tenha reconhecido a relevância ou verossimilhança dos argumentos do sujeito passivo em ação por este ajuizada (incisos III, IV e V); ou
>
> 3. **o crédito está garantido** por depósito em dinheiro (inciso II).

Vejamos:

> Art. 151. Suspendem a exigibilidade do crédito tributário:
> I – moratória;
> II – o depósito do seu montante integral;
> III – as reclamações e os recursos, nos termos das leis reguladoras do processo tributário administrativo;
> IV – a concessão de medida liminar em mandado de segurança;
> V – a concessão de medida liminar ou de tutela antecipada, em outras espécies de ação judicial;
> VI – o parcelamento.

O oferecimento de caução através de ação cautelar não é caso de suspensão da exigibilidade, mas de garantia antecipada equiparada à penhora. Tanto não suspende a exigibilidade que não impede, mas, isso sim, requer e prepara a execução. Assim, sequer poderia estar arrolado no art. 151 como causa de suspensão da exigibilidade do crédito tributário. De qualquer modo, a caução, como antecipação de penhora, enseja ao sujeito passivo que obtenha certidão positiva de débitos com efeitos de negativa, neste ponto tendo efeito semelhante ao da pura e simples suspensão da exigibilidade do crédito tributário.

A moratória (art. 151, I) é prorrogação do prazo de vencimento do tributo. Está regulada nos arts. 152 a 155 do CTN, *verbis*:

> SEÇÃO II – Moratória
> Art. 152. A moratória somente pode ser concedida:
> I – em caráter geral:
> a) pela pessoa jurídica de direito público competente para instituir o tributo a que se refira;
> b) pela União, quanto a tributos de competência dos Estados, do Distrito Federal ou dos Municípios, quando simultaneamente concedida quanto aos tributos de competência federal e às obrigações de direito privado;

II – em caráter individual, por despacho da autoridade administrativa, desde que autorizada por lei nas condições do inciso anterior.
Parágrafo único. A lei concessiva de moratória pode circunscrever expressamente a sua aplicabilidade à determinada região do território da pessoa jurídica de direito público que a expedir, ou a determinada classe ou categoria de sujeitos passivos.
Art. 153. A lei que conceda moratória em caráter geral ou autorize sua concessão em caráter individual especificará, sem prejuízo de outros requisitos:
I – o prazo de duração do favor;
II – as condições da concessão do favor em caráter individual;
III – sendo caso:
a) os tributos a que se aplica;
b) o número de prestações e seus vencimentos, dentro do prazo a que se refere o inciso I, podendo atribuir a fixação de uns e de outros à autoridade administrativa, para cada caso de concessão em caráter individual;
c) as garantias que devem ser fornecidas pelo beneficiado no caso de concessão em caráter individual.
Art. 154. Salvo disposição de lei em contrário, a moratória somente abrange os créditos definitivamente constituídos à data da lei ou do despacho que a conceder, ou cujo lançamento já tenha sido iniciado àquela data por ato regularmente notificado ao sujeito passivo.
Parágrafo único. A moratória não aproveita aos casos de dolo, fraude ou simulação do sujeito passivo ou do terceiro em benefício daquele.
Art. 155. A concessão da moratória em caráter individual não gera direito adquirido e será revogado de ofício, sempre que se apure que o beneficiado não satisfazia ou deixou de satisfazer as condições ou não cumprira ou deixou de cumprir os requisitos para a concessão do favor, cobrando-se o crédito acrescido de juros de mora:
I – com imposição da penalidade cabível, nos casos de dolo ou simulação do beneficiado, ou de terceiro em benefício daquele;
II – sem imposição de penalidade, nos demais casos.
Parágrafo único. No caso do inciso I deste artigo, o tempo decorrido entre a concessão da moratória e sua revogação não se computa para efeito da prescrição do direito à cobrança do crédito; no caso do inciso II deste artigo, a revogação só pode ocorrer antes de prescrito o referido direito.

O **parcelamento** (art. 151, V) é espécie de moratória através da qual se permite o pagamento do débito tributário em diversas prestações, de modo que, a cada mês, só seja exigível uma parcela, e não o todo. Está disciplinado, especialmente, pelo art. 155-A do CTN, aplicando-se, subsidiariamente, as disposições comuns relativas à moratória, conforme expressamente determina o § 2º do mesmo artigo. Vejamos:

Art. 155-A. O parcelamento será concedido na forma e condição estabelecidas em lei específica. (Incluído pela LC nº 104, de 10.1.2001)
§ 1º Salvo disposição de lei em contrário, o parcelamento do crédito tributário não exclui a incidência de juros e multas. (Incluído pela LC nº 104, de 10.1.2001)
§ 2º Aplicam-se, subsidiariamente, ao parcelamento as disposições desta Lei, relativas à moratória. (Incluído pela LC nº 104, de 10.1.2001)

§ 3º Lei específica disporá sobre as condições de parcelamento dos créditos tributários do devedor em recuperação judicial. (Incluído pela LC nº 118, de 2005)

§ 4º A inexistência da lei específica a que se refere o § 3º deste artigo importa na aplicação das leis gerais de parcelamento do ente da Federação ao devedor em recuperação judicial, não podendo, neste caso, ser o prazo de parcelamento inferior ao concedido pela lei federal específica. (Incluído pela LC nº 118, de 2005)

O art. 155-A dispõe no sentido de que o "parcelamento será concedido na forma e condição estabelecidas em **lei específica**", o que nos leva à conclusão de que o contribuinte não tem direito a pleitear parcelamento em forma e com características diversas daquelas previstas em lei, não tendo cabimento a pretensão de conjugação dos dispositivos de diversas leis para a obtenção de parcelamento mais benéfico. Tal combinação de regimes alteraria os benefícios concedidos, implicando a criação de uma nova espécie de parcelamento não autorizada pelo legislador. De outro lado, o Fisco não pode exigir senão o cumprimento das condições previstas em lei, de modo que não podem ser estabelecidos requisitos adicionais por atos normativos. Ademais, é descabida a delegação à autoridade fiscal para que decida discricionariamente sobre a concessão do benefício.

O parcelamento, salvo disposição em contrário, não implica exclusão de **juros e de multas** (art. 155-A, § 1º). Mas, não raramente, o legislador concede parcelamentos com prazo mais dilatado ou até sem prazo fixo, vinculando o valor da prestação à receita bruta da empresa, anistiando total ou parcialmente as multas e excluindo total ou parcialmente os juros, de modo a viabilizar a regularização fiscal das empresas e aumentar a arrecadação.

Também suspendem a exigibilidade do crédito tributário as **impugnações** e os **recursos administrativos**, mas apenas quando tempestivos. A "apresentação de defesa administrativa intempestiva não enseja a suspensão da exigibilidade do crédito tributário, tampouco a suspensão do prazo prescricional".[81]

Estando a exigência fiscal pendente de revisão em qualquer das instâncias administrativas, forte em impugnação ou recurso do contribuinte oportunamente apresentado, o crédito fica com a sua exigibilidade suspensa por força do art. 151, III, do CTN. Cabe destacar que o exercício do direito do contribuinte de se defender na esfera administrativa mediante impugnações e recursos independe do oferecimento de garantias. O STF consolidou, na sua **Súmula Vinculante 21**, entendimento no sentido de que: "É inconstitucional a exigência de depósi-

---

[81] STJ, Segunda Turma, Rel. Ministro HUMBERTO MARTINS, AgRg nos EDcl no REsp 1.313.765/AL, ago/2012.

to ou arrolamento prévios de dinheiro ou bens para admissibilidade de recurso administrativo". Também o STJ editou a **Súmula 373**: "É ilegítima a exigência de depósito prévio para admissibilidade de recurso administrativo".

A existência de **ação judicial** não tem, por si só, efeito suspensivo da exigibilidade do crédito tributário. Ademais, o ajuizamento de ação judicial discutindo a matéria objeto do processo administrativo "importa em renúncia ao poder de recorrer na esfera administrativa e desistência do recurso acaso interposto".[82] Assim, com o ajuizamento, já não mais se poderá falar em impugnação ou recurso administrativo suspensivo da exigibilidade e não se terá qualquer efeito automático nesse sentido.

Somente as **decisões liminares, medidas cautelares ou antecipações de tutela** que impeçam a exigência do tributo é que terão efeito suspensivo da exigibilidade (art. 151, IV e V, do CTN).

No mandado de segurança, a concessão de liminar se dá nos termos do art. 7º, inc. III, da Lei 12.016/09, sendo que seus efeitos "persistirão até a prolação da sentença", conforme o seu § 3º. Deve-se atentar, ainda, para a proibição de concessão de liminar "que tenha por objeto a compensação de créditos tributários, a entrega de mercadorias e bens provenientes do exterior" (art. 7º, § 2º). A proibição quanto à compensação põe em lei orientação já consolidada na **Súmula 212** do STJ: "A compensação de créditos tributários não pode ser deferida em ação cautelar ou por medida liminar cautelar ou antecipatória". Tais proibições se estendem à tutela antecipada (art. 7º, § 5º) e, por certo, também à medida cautelar (*ubi aedem ratio ibi idem jus*).

Nas ações em geral, temos a possibilidade da tutela de urgência e da tutela da evidência, a primeira regida pelo art. 300 do novo CPC e, a última, pelo seu art. 311.

Os requisitos são muito semelhantes em todas essas ações. Exige-se forte fundamento de direito ou probabilidade do direito, de um lado, e o risco de ineficácia da medida ou de dano ou de risco ao resultado útil do processo, de outro. Isso sem falar na necessidade de elementos consistentes quanto aos fatos alegados.

Indeferida a liminar, medida cautelar ou antecipação de tutela, restará ao contribuinte, ainda, a possibilidade de efetuar o depósito do montante do tributo para obter a suspensão da exigibilidade do crédito (art. 151, II, do CTN).

Mas, em face da garantia de que nenhuma lesão ou ameaça de lesão será excluída da apreciação do Judiciário, não pode o legisla-

---

[82] Art. 38, parágrafo único, da Lei 6.830/80.

dor condicionar o exercício do **direito de ação** ao depósito do tributo discutido. Este entendimento é pacífico e foi construído a partir da censura feita ao art. 38 da LEF.[83] O depósito constitui, sim, imperativo do **interesse do próprio contribuinte** quanto à suspensão da exigibilidade do crédito tributário. Através do depósito, obtém, automaticamente, **proteção** contra o indeferimento de certidão de regularidade fiscal, inscrição no CADIN e ajuizamento de Execução Fiscal, não dependendo, para tanto, da concessão de liminar.

Constitui **direito subjetivo** seu optar por efetuar o depósito do montante integral que lhe está sendo exigido e, assim, obter a suspensão da exigibilidade do tributo enquanto o discute administrativa ou judicialmente. Nos casos de **substituição tributária**, em que o substituto tributário tem a obrigação de reter e recolher o tributo supostamente devido (e.g., IRRF), terá o contribuinte de obter decisão judicial que determine ao substituto tributário que coloque à disposição do Juízo o montante do tributo em vez de recolher aos cofres públicos. Isso porque, no caso de substituição tributária, há toda uma sistemática de tributação que não está sob livre disposição do contribuinte. Nesses casos, inexiste direito subjetivo ao depósito, podendo ele ser determinado pelo Juiz, entretanto, a pedido da parte, mediante verificação da existência de forte fundamento de direito a amparar a tese do contribuinte quanto a ser indevido o tributo.

O direito ao depósito independe da modalidade de lançamento a que esteja sujeito o tributo, aplicando-se, também, aos que devem ser recolhidos no regime de lançamento por homologação.

Para que tenha o efeito de suspensão da exigibilidade do crédito tributário, o depósito tem de ser em dinheiro e corresponder àquilo que o Fisco exige do contribuinte, ou seja, tem de ser suficiente para garantir o crédito tributário, acautelando os interesses da Fazenda Pública. Neste sentido, dispõe a **Súmula 112** do STJ: "O depósito somente suspende a exigibilidade do crédito tributário se for **integral e em dinheiro**". O entendimento ainda predominante é no sentido da insuficiência o depósito mensal das prestações atinentes a **parcelamento** obtido pelo contribuinte. A **integralidade** do depósito verifica-se na data da sua realização. Efetuado, restam afastados os **efeitos da mora** relativamente ao montante depositado, de modo que não poderão ser cobrados juros e multa sobre o montante depositado tempestivamente. De qualquer modo, os depósitos, no âmbito federal, recebem atualização pela SELIC.

---

[83] **Súmula 247** do extinto TFR: "Não constitui pressuposto da ação anulatória do débito fiscal o depósito de que cuida o art. 38 da Lei 6.830, de 1980".

12. Exclusão do crédito tributário

LEANDRO PAULSEN

12.1. Natureza e efeitos da exclusão do crédito tributário

O art. 175 do CTN trata das causas de exclusão do crédito tributário: a isenção e a anistia:

> Art. 175. Excluem o crédito tributário:
> I – a isenção;
> II – a anistia.
> Parágrafo único. A exclusão do crédito tributário não dispensa o cumprimento das obrigações acessórias dependentes da obrigação principal cujo crédito seja excluído, ou dela conseqüente.

A isenção e a anistia, ao excluírem o crédito, **dispensam o contribuinte de apurar e de cumprir a obrigação tributária principal**. De outro lado, **impedem o fisco de constituir o crédito pelo lançamento e de exigi-lo**, seja administrativa ou judicialmente.

Mas a exclusão do crédito **não dispensa o sujeito passivo de cumprir as obrigações tributárias acessórias** (art. 175, parágrafo único, do CTN). Mesmo as pessoas isentas continuam sujeitas aos deveres de colaboração com a administração e à fiscalização tributária.

12.2. Isenção

A isenção não se confunde com a imunidade, tampouco com a não incidência ou com a alíquota zero. Vejam-se os traços característicos de cada qual:

- A **imunidade** está no plano constitucional. Trata-se de norma que proíbe a própria instituição de tributo relativamente às situações ou pessoas imunizadas. A imunidade é norma negativa de competência tributária. Sendo imune a impostos os livros, o legislador não pode determinar que incida ICMS sobre a operação de circulação de livros, sob pena de inconstitucionalidade da lei que assim determinar ou da aplicação que assim se fizer de eventual dispositivo genérico.

- A **não incidência** está no plano da aplicação da norma tributária impositiva. Só pode ser identificada pela interpretação, *a contrario sensu*, da abrangência ditada pela própria norma tributária impositiva.[84] Revela-se na pura e simples ausência de incidência. Fala-se de não incidência relativamente a todas as situações não previstas na regra matriz de incidência tributária como geradoras de obrigação tributária.

- A **alíquota zero** corresponde ao estabelecimento de alíquota nula, resultando em tributo sem qualquer expressão econômica. Zero pontos percentuais sobre qualquer base resultará sempre em zero. Desse modo, embora instituído o tributo e ocorrido o fato gerador, o valor apurado será zero, e nada será devido.

- A **isenção**, de outro lado, pressupõe a incidência da norma tributária impositiva. Não incidisse, não surgiria qualquer obrigação, não havendo a necessidade de lei para a exclusão do crédito. A norma de isenção sobrevém justamente porque o legislador tem a intenção de afastar os efeitos da incidência da norma impositiva que, de outro modo, implicaria a obrigação de pagamento do tributo. O afastamento da carga tributária, no caso da isenção, se faz por razões estranhas à normal estrutura que o ordenamento legal imprime ao tributo[85] seja em atenção à capacidade contributiva,[86] seja por razões de cunho extrafiscal.[87] Note-se que o efeito da isenção é determinado pelo art. 175 do CTN ao elencá-la como hipótese de exclusão do crédito tributário, de modo que soam irrelevantes as especulações doutrinárias quanto à natureza do instituto,[88] pois não podem prevalecer sobre dispositivo válido constante das normas gerais de direito tributário. O efeito de exclusão do crédito tributário, na sistemática do CTN, faz com que tenhamos o surgimento da obrigação, mas que reste, o sujeito passivo, dispensado da sua apuração e cumprimento.

A isenção depende de **lei específica** que defina suas condições, requisitos e abrangência (arts. 150, § 6º, da CF, e 176 do CTN). Se concedida em caráter geral, a incidência e a fruição são automáticas; caso

---

[84] STF, ADI 286.

[85] "El concepto técnico de exención se produce tan sólo en los casos en que la ley declara no sujeto al impuesto a un determinado objeto por razones extrañas a la normal estructura que el ordenamiento legal imprime al tributo." (GIANNINI, Achille Donato. *Instituciones de Derecho Tributario*. Madrid: Editorial de Derecho Financiero, 1957. Traducción y Estudio preliminar por FERNANDO SÁINZ DE BUJANDA. *Intituzioni di Diritto Tributario*. 7ª edición italiana, 1956).

[86] A isenção de imposto de renda até determinada faixa de rendimentos ou a isenção de taxa de serviço para os reconhecidamente pobres.

[87] Uma isenção para determinado setor com a intenção de estimular seu rápido desenvolvimento.

[88] Para RUBENS GOMES DE SOUSA, favor legal consubstanciado na dispensa do pagamento do tributo. Para ALFREDO AUGUSTO BECKER e JOSÉ SOUTO MAIOR BORGES, hipótese de não incidência da norma tributária. Para PAULO DE BARROS CARVALHO, o preceito de isenção subtrai parcela do campo de abrangência do critério antecedente ou do consequente da norma tributária, paralisando a atuação da regra-matriz de incidência para certos e determinados casos.

contrário, dependem de que a autoridade fiscal conceda o benefício, caso a caso, mediante a verificação das condições e dos requisitos para tanto. Vejamos:

> Art. 176. A isenção, ainda quando prevista em contrato, é sempre decorrente de lei que especifique as condições e requisitos exigidos para a sua concessão, os tributos a que se aplica e, sendo caso, o prazo de sua duração.
> Parágrafo único. A isenção pode ser restrita a determinada região do território da entidade tributante, em função de condições a ela peculiares.
> Art. 179. A isenção, quando não concedida em caráter geral, é efetivada, em cada caso, por despacho da autoridade administrativa, em requerimento com o qual o interessado faça prova do preenchimento das condições e do cumprimento dos requisitos previstos em lei ou contrato para sua concessão.
> § 1º Tratando-se de tributo lançado por período certo de tempo, o despacho referido neste artigo será renovado antes da expiração de cada período, cessando automaticamente os seus efeitos a partir do primeiro dia do período para o qual o interessado deixar de promover a continuidade do reconhecimento da isenção.
> § 2º O despacho referido neste artigo não gera direito adquirido, aplicando-se, quando cabível, o disposto no artigo 155.

O legislador pode delimitar a **abrangência** da isenção, circunscrevendo-a a determinado tributo em particular. Também pode isentar determinadas pessoas ou operações dos tributos de competência do respectivo ente político. Mas, nesse caso de isenção genérica, não se aplicará às taxas e contribuições de melhoria, que têm caráter contraprestacional, e aos tributos instituídos posteriormente à sua concessão:

> Art. 177. Salvo disposição de lei em contrário, a isenção não é extensiva:
> I – às taxas e às contribuições de melhoria;
> II – aos tributos instituídos posteriormente à sua concessão.

As isenções de taxas e contribuições de melhoria, portanto, têm de ser específicas e inequívocas.

Relevante, ainda, é o tratamento dado pelo CTN à revogação das isenções, tema que suscita a questão das isenções onerosas. Vejamos o art. 178:

> Art. 178. A isenção, salvo se concedida por prazo certo e em função de determinadas condições, pode ser revogada ou modificada por lei, a qualquer tempo, observado o disposto no inciso III do art. 104. (Redação dada pela LC 24, de 7.1.1975)

A isenção concedida incondicionalmente pelo legislador constitui benefício fiscal[89] passível de **revogação** a qualquer tempo (art. 178), ainda que, por força do art. 104, III, do CTN, os efeitos da revogação devam ocorrer somente no exercício seguinte.

---

[89] STF, ADIMC 2325.

Tratando-se, porém, de **isenção onerosa** concedida por prazo certo, ou seja, de isenção temporária concedida mediante o cumprimento de condições que exijam do contribuinte determinadas ações concretas – como a realização de investimentos, a manutenção de determinado número de empregados etc. –, não poderá o legislador suprimi-la relativamente aos contribuintes que já tenham cumprido as condições. Têm eles **direito adquirido** ao gozo do benefício,[90] o que resta expresso tanto no art. 178 do CTN quanto na **Súmula 544** do STF, que enuncia: "Isenções tributárias concedidas, sob condição onerosa, não podem ser livremente suprimidas".

12.3. Anistia

A anistia se dá quando o legislador exclui o crédito tributário decorrente de infrações à legislação tributária, dispensando o pagamento da multa. Assim, não se confunde com a remissão, ou seja, com a extinção do crédito que alcança o próprio tributo devido (art. 172 do CTN).

A anistia visa a perdoar determinadas infrações. Por isso, alcança, apenas, as infrações já cometidas quando do início da vigência da respectiva lei. Fosse aplicável ao futuro, estaria, em verdade, suspendendo ou revogando a lei instituidora da penalidade.

Não se aplica relativamente a atos qualificados em lei como crimes ou contravenções ou de qualquer modo praticados com dolo, fraude ou simulação e, ainda, às infrações decorrentes de conluio. Veja-se o art. 180 do CTN:

> Art. 180. A anistia abrange exclusivamente as infrações cometidas anteriormente à vigência da lei que a concede, não se aplicando:
> I – aos atos qualificados em lei como crimes ou contravenções e aos que, mesmo sem essa qualificação, sejam praticados com dolo, fraude ou simulação pelo sujeito passivo ou por terceiro em benefício daquele;
> II – salvo disposição em contrário, às infrações resultantes de conluio entre duas ou mais pessoas naturais ou jurídicas.

A anistia, assim como as demais modalidades de desoneração, só poderá ser concedida mediante lei específica, federal, estadual ou municipal, que a regule com exclusividade ou que cuide do respectivo tributo, nos termos do art. 150, § 6º, da CF. Essa exigência visa a evitar anistias enxertadas em textos legais sobre outros assuntos, muitas vezes mediante emendas parlamentares ou em dispositivos fi-

---

[90] STJ, REsp 487.735.

nais e mediante remissão a outras leis, que acabem sendo aprovadas por arrasto, sem discussão adequada pelo Congresso. São específicas, cumprindo a exigência do art. 150, § 6º, da CF, as leis que combinam a adesão a parcelamentos especiais com anistia total ou parcial das multas.

O legislador tem a faculdade de delimitar a extensão da anistia concedida, de modo que restem abrangidas apenas determinadas infrações, além do que é válido o estabelecimento de condições, como o pagamento do tributo. Efetivamente, o legislador pode estabelecer anistia sob condição do pagamento do tributo em determinado prazo, como medida para incentivar o ajuste de contas e para incrementar a arrecadação em determinado período. Aliás, periodicamente, têm surgido leis que permitem ao contribuinte reconhecer e parcelar os tributos que tenha deixado de recolher, com anistia total ou parcial de multas, desde que o faça no prazo por elas estabelecido. Assim foram o REFIS, o PAES, o PAEX e o Parcelamento da Crise. A reiteração dessas anistias, todavia, tem o efeito perverso de favorecer os infratores em detrimento daqueles que se sacrificam para o cumprimento correto e tempestivo das suas obrigações. Acaba criando uma cultura de impunidade. Deveriam tais anistias ser verdadeiramente excepcionais.

Vejamos os arts. 181 e 182, que dizem dessa possibilidade de conceder-se anistia limitada, bem como que destacam a sua efetivação por ato de autoridade quando dependa da verificação de condições e de requisitos:

Art. 181. A anistia pode ser concedida:
I – em caráter geral;
II – limitadamente:
a) às infrações da legislação relativa a determinado tributo;
b) às infrações punidas com penalidades pecuniárias até determinado montante, conjugadas ou não com penalidades de outra natureza;
c) a determinada região do território da entidade tributante, em função de condições a ela peculiares;
d) sob condição do pagamento de tributo no prazo fixado pela lei que a conceder, ou cuja fixação seja atribuída pela mesma lei à autoridade administrativa.
Art. 182. A anistia, quando não concedida em caráter geral, é efetivada, em cada caso, por despacho da autoridade administrativa, em requerimento com a qual o interessado faça prova do preenchimento das condições e do cumprimento dos requisitos previstos em lei para sua concessão.
Parágrafo único. O despacho referido neste artigo não gera direito adquirido, aplicando-se, quando cabível, o disposto no artigo 155.

13. Extinção do crédito tributário

LEANDRO PAULSEN

13.1. Hipóteses de extinção do crédito tributário

O art. 156 do CTN estabelece os modos de extinção do crédito tributário em onze incisos:

Art. 156. Extinguem o crédito tributário:
I – o pagamento;
II – a compensação;
III – a transação;
IV – remissão;
V – a prescrição e a decadência;
VI – a conversão de depósito em renda;
VII – o pagamento antecipado e a homologação do lançamento nos termos do disposto no artigo 150 e seus §§ 1º e 4º;
VIII – a consignação em pagamento, nos termos do disposto no § 2º do artigo 164;
IX – a decisão administrativa irreformável, assim entendida a definitiva na órbita administrativa, que não mais possa ser objeto de ação anulatória;
X – a decisão judicial passada em julgado.
XI – a dação em pagamento em bens imóveis, na forma e condições estabelecidas em lei. (Incluído pela LC nº 104, de 10.1.2001)
Parágrafo único. A lei disporá quanto aos efeitos da extinção total ou parcial do crédito sobre a ulterior verificação da irregularidade da sua constituição, observado o disposto nos artigos 144 e 149.

Tendo em conta o fundamento das diversas hipóteses, vê-se que o crédito se extingue quando for:

- **satisfeito** mediante pagamento, pagamento seguido de homologação no caso dos tributos sujeitos a lançamento por homologação, compensação, conversão em renda de valores depositados ou consignados ou dação em pagamento de bens imóveis na forma e condições estabelecidas por lei (incisos I, II, VI, VII, VIII e XI), ainda que mediante transação (inciso III);
- **desconstituído** por decisão administrativa ou judicial (incisos IX e X);
- **perdoado** (inciso IV: remissão);

- **precluso** o direito do Fisco de lançar ou de cobrar o crédito judicialmente (inciso V: decadência e prescrição).

13.2. Pagamento, juros e multas

O pagamento é o modo ordinário de satisfação e consequente extinção do crédito tributário. Deve ser feito no **prazo** estabelecido pela legislação tributária, aplicando-se, na falta de disposição específica, o prazo supletivo de trinta dias previsto pelo art. 160 do CTN, contados da notificação do lançamento ou, no caso dos tributos sujeitos a lançamento por homologação, da ocorrência do fato gerador:

> Art. 160. Quando a legislação tributária não fixar o tempo do pagamento, o vencimento do crédito ocorre trinta dias depois da data em que se considera o sujeito passivo notificado do lançamento.
> Parágrafo único. A legislação tributária pode conceder desconto pela antecipação do pagamento, nas condições que estabeleça.

Nos termos do art. 161 do CTN, o débito não pago no vencimento é acrescido de juros, sem prejuízo da aplicação da penalidade cabível (multa). Aliás, tributo, juros e multa não se confundem. O pagamento da multa não dispensa o do tributo, nos termos do art. 157 do CTN. São verbas distintas, com pressupostos próprios: o tributo decorre da ocorrência do fato gerador; os juros, do atraso no pagamento; a multa, da infração à legislação tributária. E o pagamento de um tributo ou de uma competência, não implica qualquer presunção de outros, mesmos anteriores. Vejamos:

> Art. 157. A imposição de penalidade não ilide o pagamento integral do crédito tributário.
> Art. 158. O pagamento de um crédito não importa em presunção de pagamento:
> I – quando parcial, das prestações em que se decomponha;
> II – quando total, de outros créditos referentes ao mesmo ou a outros tributos.
> Art. 160. Quando a legislação tributária não fixar o tempo do pagamento, o vencimento do crédito ocorre trinta dias depois da data em que se considera o sujeito passivo notificado do lançamento.
> Parágrafo único. A legislação tributária pode conceder desconto pela antecipação do pagamento, nas condições que estabeleça.

Na cobrança dos tributos federais, aplica-se a SELIC, índice que abrange **juros e correção monetária**. Tal se dá por força do art. 61, § 3º, da Lei 9.430/96 e do art. 35 da Lei 8.212/91, com a redação da Lei 11.941/09. Na hipótese de inexistência de lei que estabelecesse taxa de juros moratórios, aplicar-se-ia, supletivamente, o disposto no § 1º do art. 161 do CTN: 1% ao mês.

Quanto às penalidades, há **multas moratórias** pelo simples pagamento intempestivo realizado pelo contribuinte ou pela falta de pagamento tempestivo de tributo por ele já declarado, e **multas de ofício**, aplicadas pela fiscalização quando esta apura tributos não pagos nem declarados pelo contribuinte e no caso de descumprimento de obrigações acessórias, hipótese em que também são denominadas **multas isoladas**.

É importante ter sempre presente que, em matéria de penalidades, sobrevindo **lei mais benéfica**, aplica-se retroativamente, nos termos do art. 106, II, *c*, do CTN.

O pagamento dos tributos federais é feito na rede bancária através de **guia DARF** (Documento de Arrecadação de Receitas Federais). Já não tem aplicação, portanto, o art. 159 do CTN, que dizia da realização do pagamento "na repartição competente do domicílio do sujeito passivo". De qualquer modo, mesmo na rede bancária, vale o quanto disposto no art. 162, § 2º, do CTN: "§ 2º O crédito pago por cheque somente se considera extinto com o resgate deste pelo sacado".

O sujeito passivo preenche a guia indicando o código do tributo que pretende quitar e efetua o pagamento, extinguindo o respectivo crédito. A **imputação do pagamento**, pois, normalmente, dá-se dessa forma, mediante **indicação do contribuinte**. Na hipótese de pagamento que não identifique especificamente determinado tributo, como os relacionados a parcelamento de dívida consolidada abrangendo diversos tributos e competências, aí sim, terá aplicação o art. 163 do CTN, que diz da **imputação de pagamento pelo Fisco** primeiro aos débitos por obrigação própria, nos tributos contraprestacionais como contribuições de melhoria e taxas, nos débitos mais antigos e nos débitos maiores. Eis o dispositivo:

> Art. 163. Existindo simultaneamente dois ou mais débitos vencidos do mesmo sujeito passivo para com a mesma pessoa jurídica de direito público, relativos ao mesmo ou a diferentes tributos ou provenientes de penalidade pecuniária ou juros de mora, a autoridade administrativa competente para receber o pagamento determinará a respectiva imputação, obedecidas as seguintes regras, na ordem em que enumeradas:
> I – em primeiro lugar, aos débitos por obrigação própria, e em segundo lugar aos decorrentes de responsabilidade tributária;
> II – primeiramente, às contribuições de melhoria, depois às taxas e por fim aos impostos;
> III – na ordem crescente dos prazos de prescrição;
> IV – na ordem decrescente dos montantes.

Existe a possibilidade de **consignação em pagamento** do crédito tributário pelo sujeito passivo, mas em casos muito restritos. Isso porque a consignação em pagamento não se confunde com o depósito do montante integral vinculado a determinada ação e sujeito à solução final da demanda. Quando o sujeito passivo pretenda discutir a existência ou dimensão de obrigação tributária principal, tem a faculdade de depositar o montante integral pretendido pelo Fisco, suspendendo, assim, a sua exigibilidade. A consignação, diferentemente, só tem lugar quando o sujeito passivo não pretenda discutir a obrigação, mas quitá-la simplesmente. Daí constar do art. 164, § 1º, do CTN que "a consignação só pode versar sobre crédito que o consignante se propõe a pagar". Terá lugar a consignação nos casos previstos nos incisos I a III do art. 164, ou seja, de recusa de recebimento ou sua subordinação ao pagamento de outro tributo ou penalidade ou ao cumprimento de obrigação acessória ou de exigência administrativa sem fundamento legal e de cobrança, por mais de uma pessoa jurídica de direito público, de tributo idêntico sobre um mesmo fato gerador. Muitos contribuintes ingressaram com ações deste tipo para efetuar o pagamento do ITR por se sentirem pressionados a só fazê-lo em conjunto com contribuições sindicais à CNA e à CONTAG, que constavam destacadas na mesma guia DARF enviada pelo Fisco para pagamento do primeiro. Seria cabível, ainda, na hipótese de dois Municípios exigirem ISS sobre a mesma prestação de serviço, um entendendo que é de sua competência em razão do local da sede do estabelecimento prestador do serviço e outro entendendo que é de sua competência em razão do local em que prestado efetivamente o serviço, podendo o contribuinte, então, consignar o valor maior e chamando ambos os pretensos sujeitos ativos para discutirem a titularidade.

> Art. 164. A importância de crédito tributário pode ser consignada judicialmente pelo sujeito passivo, nos casos:
> I – de recusa de recebimento, ou subordinação deste ao pagamento de outro tributo ou de penalidade, ou ao cumprimento de obrigação acessória;
> II – de subordinação do recebimento ao cumprimento de exigências administrativas sem fundamento legal;
> III – de exigência, por mais de uma pessoa jurídica de direito público, de tributo idêntico sobre um mesmo fato gerador.
> § 1º A consignação só pode versar sobre o crédito que o consignante se propõe pagar.
> § 2º Julgada procedente a consignação, o pagamento se reputa efetuado e a importância consignada é convertida em renda; julgada improcedente a consignação no todo ou em parte, cobra-se o crédito acrescido de juros de mora, sem prejuízo das penalidades cabíveis.

Efetuado pagamento indevido, surge o direito ao ressarcimento, seja pela via da **repetição ou restituição do montante indevido**, de que tratam os arts. 165 a 169 do CTN, seja através de **compensação do**

montante indevido com tributos efetivamente devidos, de que tratam os arts. 170 e 170-A do CTN.

Os pedidos de restituição são fundamentados diretamente no art. 165 do CTN, associando-se a ele apenas a demonstração de que o pagamento foi indevido, o que exige análise da legislação relativa ao tributo objeto de restituição. Não há qualquer necessidade de lei ordinária autorizadora, diferentemente do que ocorre para fins de compensação do indébito. O art. 165 do CTN é autoaplicável; o art. 170, não. Enquanto, na restituição, o valor pago indevidamente é simplesmente devolvido, na compensação, temos a extinção de crédito tributário relativo a outro tributo, razão pela qual a trataremos em item próprio.

O art. 165 do CTN diz que o **sujeito passivo** tem **direito à restituição** nos casos que arrola. São tão amplos que abrangem qualquer pagamento indevido. Vejamos:

> Art. 165. O sujeito passivo tem direito, independentemente de prévio protesto, à restituição total ou parcial do tributo, seja qual for a modalidade do seu pagamento, ressalvado o disposto no § 4º do artigo 162, nos seguintes casos:
> I – cobrança ou pagamento espontâneo de tributo indevido ou maior que o devido em face da legislação tributária aplicável, ou da natureza ou circunstâncias materiais do fato gerador efetivamente ocorrido;
> II – erro na edificação do sujeito passivo, na determinação da alíquota aplicável, no cálculo do montante do débito ou na elaboração ou conferência de qualquer documento relativo ao pagamento;
> III – reforma, anulação, revogação ou rescisão de decisão condenatória.

Tem legitimidade para pleitear a restituição o contribuinte de direito (aquele que a lei indica como contribuinte) que pagou o tributo ou que sofreu a sua retenção.

Tratando-se de tributos indiretos,[91] porém, aplica-se o art. 166 do CTN:

> Art. 166. A restituição de tributos que comportem, por sua natureza, transferência do respectivo encargo financeiro somente será feita a quem prove haver assumido o referido encargo, ou, no caso de tê-lo transferido a terceiro, estar por este expressamente autorizado a recebê-la.

Nesses casos, teremos duas figuras a considerar: a do contribuinte de direito e a do contribuinte de fato. Contribuinte de direito é a pessoa que, por realizar o fato gerador, é obrigada por lei ao pagamento do tributo, via de regra o industrial, o comerciante, o prestador de serviço. Contribuinte de fato é outra pessoa que, não estando obri-

---

[91] Tributos indiretos: aqueles relativamente aos quais o próprio legislador estabelece que sejam destacados no documento fiscal de venda e que componham o valor total da operação, como é o caso do IPI, do ICMS e, via de regra, também do ISS.

gada a efetuar o pagamento do tributo perante o fisco, suporta indiretamente o ônus da tributação na medida em que a ela é repassada a carga tributária, situando-se nessa posição o adquirente e consumidor dos bens ou serviços.

Segundo o art. 166 do CTN, legitimado é o contribuinte de direito que tenha suportado o ônus econômico do tributo ou que esteja autorizado, pelo contribuinte de fato, a repetir o indébito.[92] Isso porque o art. 166 do CTN visa a evitar o enriquecimento sem causa do contribuinte de direito que, tendo transferido o ônus ao contribuinte de fato (consumidor), recebesse o montante de volta. O STJ entende que o contribuinte de fato, mesmo na hipótese do art. 166 do CTN, "não detém legitimidade ativa *ad causam* para pleitear a restituição do indébito".[93] Afirma que a exigência de autorização deste não o transforma em titular do direito, porque não integra a relação jurídico-tributária. Reconhece a legitimidade do contribuinte de fato, no entanto, quando consumidor de serviços prestados por concessionárias de serviços públicos, seja porque, no caso, "a legislação especial prevê expressamente o repasse do ônus tributário" como porque "no serviço essencial prestado em regime de monopólio..., qualquer exação fiscal tende a ser automaticamente repassada ao consumidor".[94]

O terceiro que, por obrigação contratual, paga tributo direto devido pelo contribuinte não tem legitimidade para pleitear a sua repetição. Assim, o locatário que paga o IPTU em nome do locador, e o vendedor de imóvel que efetua o pagamento do ITBI em nome do adquirente não se legitimam à repetição, cabendo referir que os contratos não são oponíveis ao fisco, conforme o art. 123 do CTN.

A restituição pode ser pleiteada administrativamente ou mediante ação de repetição de indébito tributário, com amparo no art. 165 do CTN. Em qualquer caso, se acolhido o pedido, implicará devolução do montante pago indevidamente acrescido de juros. E, se alguma multa tiver sido paga pelo contribuinte tendo por base o tributo indevido, também a multa será devolvida, tudo nos termos do art. 167:

> Art. 167. A restituição total ou parcial do tributo dá lugar à restituição, na mesma proporção, dos juros de mora e das penalidades pecuniárias, salvo as referentes a infrações de caráter formal não prejudicadas pela causa da restituição.
> Parágrafo único. A restituição vence juros não capitalizáveis, a partir do trânsito em julgado da decisão definitiva que a determinar.

---

[92] STJ, Primeira Turma, Rel. Ministro BENEDITO GONÇALVES, AgRg no REsp 1.233.729/SC, set/2013; STJ, Primeira Seção, Rel. Ministro LUIZ FUX, REsp 903.394/AL, mar/2010.

[93] STJ, Primeira Seção, Rel. Ministro LUIZ FUX, REsp 903.394/AL, 2010.

[94] STJ, Primeira Seção, Rel. Ministro HERMAN BENJAMIN, REsp 1.278.688/RS, ago/2012.

A Súmula 523 do STJ ainda dispõe: "A taxa de juros de mora incidente na repetição de indébito de tributos estaduais deve corresponder à utilizada para cobrança do tributo pago em atraso, sendo legítima a incidência da taxa Selic, em ambas as hipóteses, quando prevista na legislação local, vedada sua cumulação com quaisquer outros índices".

O **prazo para a repetição do indébito é de cinco anos, contados do pagamento indevido**, o que se extrai da combinação do art. 168 do CTN com o art. 3º da LC 118/05. Vejamos:

> Art. 168. O direito de pleitear a restituição extingue-se com o decurso do prazo de 5 (cinco) anos, contados:
> I – nas hipótese dos incisos I e II do artigo 165, da data da extinção do crédito tributário; (Vide art 3 da LCp nº 118, de 2005)
> II – na hipótese do inciso III do artigo 165, da data em que se tornar definitiva a decisão administrativa ou passar em julgado a decisão judicial que tenha reformado, anulado, revogado ou rescindido a decisão condenatória.
> Art. 3º Para efeito de interpretação do inciso I do art. 168 da Lei nº 5.172, de 25 de outubro de 1966 – Código Tributário Nacional, a extinção do crédito tributário ocorre, no caso de tributo sujeito a lançamento por homologação, no momento do pagamento antecipado de que trata o § 1º do art. 150 da referida Lei.

No caso de o pedido de restituição ser veiculado administrativamente antes do decurso do prazo decadencial, mas acabar indeferido, terá ele **o prazo prescricional de dois anos contados do indeferimento administrativo** para buscar judicialmente a anulação da decisão e a condenação à repetição. Eis o art. 169 do CTN:

> Art. 169. Prescreve em dois anos a ação anulatória da decisão administrativa que denegar a restituição.
> Parágrafo único. O prazo de prescrição é interrompido pelo início da ação judicial, recomeçando o seu curso, por metade, a partir da data da intimação validamente feita ao representante judicial da Fazenda Pública interessada.

13.3. Compensação

O art. 170 do CTN estabelece que a lei poderá autorizar compensações entre créditos tributários da Fazenda Pública e créditos do sujeito passivo contra ela:

> Art. 170. A lei pode, nas condições e sob as garantias que estipular, ou cuja estipulação em cada caso atribuir à autoridade administrativa, autorizar a compensação de créditos tributários com créditos líquidos e certos, vencidos ou vincendos, do sujeito passivo contra a Fazenda pública.
> Parágrafo único. Sendo vincendo o crédito do sujeito passivo, a lei determinará, para os efeitos deste artigo, a apuração do seu montante, não podendo, porém, cominar redução maior que a correspondente ao juro de 1% (um por cento) ao mês pelo tempo a decorrer entre a data da compensação e a do vencimento.

Não há direito à compensação decorrente diretamente do Código Tributário Nacional, pois depende da intermediação de **lei específica autorizadora**. A lei autorizadora a que refere o art. 170 do CTN será federal, estadual ou municipal, cada qual podendo autorizar a compensação com os tributos do respectivo ente político. Podem ser estabelecidos **condições e limites** para a compensação. **Aplica-se a lei vigente por ocasião do exercício da compensação**. No âmbito federal, são os arts. 73 e 74 da Lei 9.430/96 que cuidam da matéria.

A compensação pressupõe, sempre, créditos e débitos recíprocos, exigindo, portanto, que as mesmas pessoas sejam credoras e devedoras umas das outras.[95]

Há entendimento jurisprudencial no sentido de que não estão sujeitos à compensação de ofício os créditos tributários com exigibilidade suspensa.[96]

Sempre que o contribuinte tiver de ir buscar, na Justiça, o reconhecimento do crédito a compensar, a compensação dependerá de **só poderá ocorrer após o trânsito em julgado da decisão judicial**, quando se tiver certeza quanto à existência do crédito, nos termos do art. 170-A do CTN:

> Art. 170-A. É vedada a compensação mediante o aproveitamento de tributo, objeto de contestação judicial pelo sujeito passivo, antes do trânsito em julgado da respectiva decisão judicial. (Artigo incluído pela LC nº 104, de 10.1.2001)

O prazo para invocar valores pagos indevidamente como crédito a compensar é o mesmo que para a repetição do indébito tributário: o do art. 168 do CTN. E, não dispondo a lei de modo diverso, também os juros serão os mesmos.

13.4. Transação

Não é comum em matéria tributária, mas há previsão no CTN, para a extinção do crédito tributário mediante transação. Dependerá de lei que estabeleça as condições para tanto, nos termos do art. 171 do CTN:

> Art. 171. A lei pode facultar, nas condições que estabeleça, aos sujeitos ativo e passivo da obrigação tributária celebrar transação que, mediante concessões mútuas, importe em determinação de litígio e consequente extinção de crédito tributário.
> Parágrafo único. A lei indicará a autoridade competente para autorizar a transação em cada caso.

---

[95] STJ, Segunda Turma, Rel. Ministro CASTRO MEIRA, AgRgREsp 1.295.822/PR, mai/2012.
[96] STJ, Primeira Seção, Rel. Ministro MAURO CAMPBELL MARQUES, REsp 1.213.082/PR, 2011.

13.5. Remissão

A remissão é o perdão da dívida relativa ao tributo e a seus acréscimos. Não se confunde com a anistia, que é o perdão relativo às penalidades tão somente e que é regulada nos arts. 180 a 182 do CTN como modo de exclusão do crédito tributário.

A remissão extingue o crédito tributário, nos termos do art. 172 do CTN:

> Art. 172. A lei pode autorizar a autoridade administrativa a conceder, por despacho fundamentado, remissão total ou parcial do crédito tributário, atendendo:
> I – à situação econômica do sujeito passivo;
> II – ao erro ou ignorância excusáveis do sujeito passivo, quanto a matéria de fato;
> III – à diminuta importância do crédito tributário;
> IV – a considerações de eqüidade, em relação com as características pessoais ou materiais do caso;
> V – a condições peculiares a determinada região do território da entidade tributante.
> Parágrafo único. O despacho referido neste artigo não gera direito adquirido, aplicando-se, quando cabível, o disposto no artigo 155.

Veja-se que a remissão depende de lei e que está sujeita às hipóteses arroladas no art. 172. A referência à concessão pela autoridade administrativa implica que, verificadas as condições legais, a autoridade reconheça o direito e proceda à extinção do crédito. O art. 155 do CTN dispõe que o benefício seja revogado de ofício caso se apure que o beneficiado não satisfazia ou deixou de satisfazer as condições ou requisitos para a concessão do favor.

13.6. Decadência do direito de lançar

A decadência implica a extinção do direito de constituir o crédito tributário. Decorrido o prazo concedido pelo CTN para que o Fisco efetue o lançamento, já não poderá fazê-lo e, se o fizer, não terá validade. Deve, assim, realizar o lançamento no prazo. Outrossim, eventual revisão do lançamento, quando cabível, deve ser iniciada enquanto não decaído o direito de lançar, nos termos do art. 149, parágrafo único do CTN.

Há dois dispositivos do CTN que cuidam da decadência: o art. 150, § 4º, e o art. 173. Ambos estabelecem prazo de cinco anos, variando apenas o *termo a quo*.[97] Veja-se o primeiro:

---

[97] O art. 45 da Lei 8.212/91, que estabelecia prazo de 10 anos para as contribuições de seguridade social, foi declarado inconstitucional pelo STF, posição consolidada na Súmula Vinculante 8, de junho de 2008. RE 559.882-9.

> Art. 150. O lançamento por homologação, que ocorre quanto aos tributos cuja legislação atribua ao sujeito passivo o dever de antecipar o pagamento sem prévio exame da autoridade administrativa, opera-se pelo ato em que a referida autoridade, tomando conhecimento da atividade assim exercida pelo obrigado, expressamente a homologa.
> § 1º O pagamento antecipado pelo obrigado nos termos deste artigo extingue o crédito, sob condição resolutória da ulterior homologação ao lançamento.
> (...)
> § 4º Se a lei não fixar prazo a homologação, será ele de cinco anos, a contar da ocorrência do fato gerador; expirado esse prazo sem que a Fazenda Pública se tenha pronunciado, considera-se homologado o lançamento e definitivamente extinto o crédito, salvo se comprovada a ocorrência de dolo, fraude ou simulação.

O art. 150, § 4º, é uma regra específica para os casos **de tributos sujeitos** a **lançamento por homologação**, em que o contribuinte tem a obrigação de, ele próprio, verificar que o fato gerador ocorreu, calcular o montante devido e efetuar o pagamento, sujeitando-se à fiscalização posterior. **Efetuado o pagamento tempestivo, o Fisco tem cinco anos, contados da ocorrência do fato gerador,** para verificar a exatidão do pagamento e, na hipótese de o contribuinte ter calculado e pago montante inferior ao devido, promover o **lançamento de ofício da diferença ainda devida**.

Outra é a regra do art. 173:

> Art. 173. O direito de a Fazenda Pública constituir o crédito tributário extingue-se após 5 (cinco) anos, contados:
> I – do primeiro dia do exercício seguinte àquele em que o lançamento poderia ter sido efetuado;
> II – da data em que se tornar definitiva a decisão que houver anulado, por vício formal, o lançamento anteriormente efetuado.
> Parágrafo único. O direito a que se refere este artigo extingue-se definitivamente com o decurso do prazo nele previsto, contado da data em que tenha sido iniciada a constituição do crédito tributário pela notificação, ao sujeito passivo, de qualquer medida preparatória indispensável ao lançamento.

O art. 173, em seu inciso I, traz uma regra geral de decadência para todos os demais casos: prazo de **cinco anos contados do primeiro dia do exercício seguinte** àquele em que o lançamento poderia ter sido efetuado, ou seja, do exercício seguinte: a) à prestação das informações (tributos sujeitos a lançamento por declaração do art. 147); b) ao fato gerador (tributos sujeitos a lançamento de ofício do art. 149); c) ao vencimento (tributos sujeitos a lançamento por homologação do art. 150).

Veja-se, ainda, a Súmula 555 do STJ: "Quando não houver declaração do débito, o prazo decadencial quinquenal para o Fisco constituir o crédito tributário conta-se exclusivamente na forma do art. 173, I, do CTN, nos casos em que a legislação atribui ao sujeito passivo o dever de antecipar o pagamento sem prévio exame da autoridade administrativa".

Quando, efetuado o lançamento, restar posteriormente anulado em razão de algum **vício formal** (por exemplo, ausência de requisitos essenciais no auto de infração, elencados no art. 10 do Decreto 70.235/72, ou violação ao direito de defesa no processo administrativo-fiscal), terá o Fisco a **reabertura do prazo decadencial** para proceder a novo lançamento do mesmo crédito.[98] É o que dispõe o art. 173, II, do CTN ao dizer da contagem do prazo de cinco anos "da data em que se tornar definitiva a decisão que houver anulado, por vício formal, lançamento anteriormente efetuado". É relevante, pois, que reste claro, das decisões administrativas e judiciais anulatórias de lançamento, se o fazem por vício formal ou por vício material. A anulação por vício material não reabre qualquer prazo, de modo que, muitas vezes, já decorrido prazo decadencial, não mais poderá ser lançado o crédito.

13.7. Prescrição da ação para execução do crédito tributário

A cobrança do crédito tributário só pode ocorrer antes de prescrito. Assim, o envio de avisos de cobrança, o protesto extrajudicial ou o ajuizamento de ação de execução fiscal têm prazo para serem realizados. O art. 146, III, *b*, da CF expressamente reserva à lei complementar dispor sobre prescrição, de modo que é o CTN, com nível de lei complementar, que trata da matéria. O legislador ordinário não pode alterar o prazo estabelecido pelo CTN; se o fizer, a lei será inconstitucional. Lembre-se da **Súmula Vinculante 8** do STF: "São inconstitucionais o parágrafo único do art. 5º do Decreto-Lei 1.569/77 e os arts. 45 e 46 da Lei 8.212/91, que tratam de prescrição e decadência de crédito tributário".

O **art. 174 do CTN** disciplina a prescrição estabelecendo o prazo de **cinco anos** contados da constituição definitiva do crédito tributário:

> Art. 174. A ação para a cobrança do crédito tributário prescreve em cinco anos, contados da data da sua constituição definitiva.
> (...)

A constituição definitiva do crédito tributário, marco inicial do prazo prescricional, ocorre com o **final do processo administra-**

---

[98] Sobre a polêmica a respeito do que se deve entender por vício formal, vide: FERREIRA, Fayad. *O Vício Formal no Lançamento Tributário*: Fixação do prazo Decadencial a Partir de Decisão Anulatória Definitiva. São Paulo: Livre Expressão, 2010.

tivo-fiscal, quando já não se possa mais interpor recurso contra o lançamento.[99]

Na hipótese de o crédito ter sido formalizado pelo próprio contribuinte, por declaração ou confissão de débito, considera-se definitivamente constituído no próprio momento da apresentação da declaração ou confissão. Isso porque o Fisco pode encaminhar prontamente o crédito nela representado para cobrança, sem prejuízo do lançamento de eventuais diferenças. Já se decidiu: "o prazo prescricional tem início a partir da data em que tenha sido realizada a entrega da declaração do tributo e escoado o prazo para pagamento espontâneo".[100] Efetivamente, o prazo conta-se "do dia seguinte ao vencimento da exação ou da entrega da declaração pelo contribuinte, o que for posterior", porquanto: "Só a partir desse momento, o crédito torna-se constituído e exigível pela Fazenda pública".[101]

O prazo prescricional está sujeito a causas de suspensão e de prescrição.

A suspensão do prazo prescricional ocorre por força da própria suspensão da exigibilidade do crédito tributário, nas hipóteses do art. 151 do CTN: moratória, depósito do montante integral, impugnação e recurso administrativo, decisões liminares em mandado de segurança ou em outras ações, parcelamento. Isso porque, suspensa a exigibilidade, resta afastado um dos requisitos para a execução, que pressupõe título certo, líquido e exigível. São inconstitucionais as leis ordinárias que estabelecem hipóteses diversas de suspensão da prescrição, pois invadiram a reserva de lei complementar constante do art. 146, III, *b*, da CF.[102]

A inscrição em dívida ativa, ato interno da Administração, não tem qualquer influência sobre o prazo prescricional. A suspensão de 180 dias por força da inscrição, determinada pelo art. 2º, § 3º, da LEF, invade matéria reservada à lei complementar, sendo, portanto, inaplicável à execução de crédito tributário.[103]

---

[99] Dec. 70.235/72: "Art. 42. São definitivas as decisões: I – de primeira instância esgotado o prazo para recurso voluntário sem que este tenha sido interposto; II – de segunda instância de que não caiba recurso ou, se cabível, quando decorrido o prazo sem sua interposição; III – de instância especial. Parágrafo único. Serão também definitivas as decisões de primeira instância na parte que não for objeto de recurso voluntário ou não estiver sujeita a recurso de ofício".

[100] STJ, REsp 1.155.127.

[101] STJ, Primeira Turma, Rel. Ministro ARNALDO ESTEVES LIMA, AgRg no AREsp 302.363/SE, nov/2013.

[102] Assim: art. 5º do DL 1.569/77, STF RE 559.882-9; Arts. 2º, § 3º, e 8º, § 2º, da Lei 6.830/80, STJ, REsp 708.227 e TRF4, AC 2000.04.01.071264-1.

[103] STJ, Segunda Turma, Rel. Ministro MAURO CAMPBELL MARQUES, REsp 1.326.094/PE, ago/2012.

A **interrupção do prazo prescricional** dá-se nas hipóteses do art. 174, parágrafo único, do CTN:

> Art. 174 (...)
> Parágrafo único. A prescrição se interrompe:
> I – pelo despacho do juiz que ordenar a citação em execução fiscal; (Redação dada pela Lcp nº 118, de 2005)
> II – pelo protesto judicial;
> III – por qualquer ato judicial que constitua em mora o devedor;
> IV – por qualquer ato inequívoco ainda que extrajudicial, que importe em reconhecimento do débito pelo devedor.

Da leitura dos seus incisos, vê-se que não basta o Fisco ajuizar a Execução Fiscal no prazo quinquenal: tem de obter o **"despacho do juiz que ordena a citação"**, este sim causa interruptiva do prazo (art. 174, parágrafo único, inciso I, com a redação da LC 118/05). Mas o STJ consolidou posição no sentido de que a interrupção da prescrição retroage à data da propositura.[104] O art. 802, parágrafo único, do Novo CPC/15 é expresso no sentido de que a interrupção da prescrição, na execução, retroagirá à data de propositura da ação.

O despacho do Juiz que ordena a citação da empresa interrompe a prescrição também relativamente aos eventuais **sócios-gerentes** contra os quais, por força do cometimento de infrações como apropriação indébita, venha a ser redirecionada a execução com base no art. 135, III, do CTN. Os atos do Fisco, enquanto Exequente, diligenciando na execução contra a empresa, não impedem a retomada do prazo prescricional contra os sócios-gerentes. Determinada a citação da empresa, portanto, terá o Fisco o prazo de cinco anos para obter o despacho que ordene a citação do sócio-gerente em nome próprio.[105]

O art. 174, parágrafo único, inciso II, do CTN estabelece, como causa interruptiva, também o **protesto judicial** promovido pelo Fisco, o que se dá nos termos do art. 726 do novo CPC (Lei 13.105/15). O protesto de CDA em cartório não tem efeito interruptivo do prazo prescricional, pois não está previsto no parágrafo único do art. 174.

O inciso III do mesmo parágrafo estabelece, como causa interruptiva, **"qualquer ato inequívoco que importe em reconhecimento do débito pelo devedor"**, no que se enquadram as declarações ou

---

[104] STJ, Primeira Seção, Rel. Ministro LUIZ FUX, REsp 1.120.295, 2010.

[105] "1. A citação da empresa executada interrompe a prescrição em relação aos seus sócios-gerentes para fins de redirecionamento da execução fiscal. No entanto, com a finalidade de evitar a imprescritibilidade das dívidas fiscais, vem-se entendendo, de forma reiterada, que o redirecionamento da execução contra os sócios deve dar-se no prazo de cinco anos contados da citação da pessoa jurídica." (STJ, Segunda Turma, Rel. Ministro MAURO CAMPBELL MARQUES, AgRg no Ag 1.211.213/SP, 2011).

confissões de débito pelo contribuinte, inclusive para fins de parcelamento, e o oferecimento de caução em garantia.

A prescrição deve ser reconhecida de ofício pelos juízes. O novo CPC/15 assim dispõe em seu art. 487, II. A **Súmula 409** do STJ estabelecia: "Em execução fiscal, a prescrição ocorrida antes da propositura da ação pode ser decretada de ofício (art. 219, § 5º, do CPC)".

Também há dispositivo expresso de lei autorizando o Juiz a reconhecer, de ofício, a prescrição intercorrente: o art. 40, § 4º, da Lei 6.830/80 (LEF), com a redação da Lei 11.051/04.

A **prescrição intercorrente** é a que ocorre **no curso da Execução Fiscal** quando, interrompido o prazo prescricional pelo despacho do Juiz que determina a citação, se verificar a inércia do Fisco exequente,[106] dando ensejo ao reinício do prazo quinquenal. O art. 40 da LEF estabelece que, não encontrado o devedor ou bens, haverá a suspensão do processo por um ano. Em seguida, reinicia-se o prazo prescricional. Nesse sentido, foi editada a **Súmula 314** do STJ: "Em execução fiscal, não localizados bens penhoráveis, suspende-se o processo por um ano, findo o qual inicia-se o prazo da prescrição quinquenal intercorrente". Durante o arquivamento administrativo da execução fiscal e enquanto não ocorrida a prescrição intercorrente, pode o fisco, a qualquer momento, requerer o seu levantamento para o prosseguimento da execução, com o que restará novamente interrompido o prazo prescricional. Mas o STJ tem entendido que os "requerimentos para realização de diligências que se mostraram infrutíferas em localizar o devedor ou seus bens não têm o condão de suspender ou interromper o prazo de prescrição intercorrente".[107]

Ocorrendo prescrição intercorrente, deve o Magistrado dar vista ao Fisco Exequente, para que demonstre a existência de eventual causa suspensiva ou interruptiva do prazo (e.g. adesão a parcelamento). Não havendo tal demonstração, a prescrição é reconhecida, extinguindo-se a Execução. Eventual ausência de intimação do Exequente só implicará nulidade da sentença quando demonstrada, em apelação, a ocorrência de efetivo prejuízo, ou seja, quando o Exequente demonstrar que havia causa suspensiva ou interruptiva que não tenha sido considerada pela ausência da intimação para demonstrá-la.

---

[106] A inércia é requisito para o reinício do prazo prescricional: STJ, Segunda Turma, Rel. Ministro MAURO CAMPBELL MARQUES, REsp 1.222.444/RS, abr/2012.

[107] STJ, Segunda Turma, Rel. Min. CASTRO MEIRA, AgRg no REsp 1.208.833/MG, ago/12; STJ, Primeira Turma, Rel. Ministro ARNALDO ESTEVES LIMA, AgRg no AREsp 383.507/GO, out/2013.

14. Garantias e privilégios do crédito tributário

LEANDRO PAULSEN

14.1. Meios de garantia e privilégios

O CTN cuida das garantias e dos privilégios do crédito tributário, os quais ora têm cunho material, ora processual. Nessa categoria enquadram-se, também, as preferências do crédito tributário.

O art. 183 admite expressamente que o legislador estabeleça outras garantias em atenção à natureza ou às características do tributo a que se refiram:

> Art. 183. A enumeração das garantias atribuídas neste Capítulo ao crédito tributário não exclui outras que sejam expressamente previstas em lei, em função da natureza ou das características do tributo a que se refiram.
> Parágrafo único. A natureza das garantias atribuídas ao crédito tributário não altera a natureza deste nem a da obrigação tributária a que corresponda.

O CTN inicia o tratamento da matéria dispondo que estão sujeitos à satisfação do crédito tributário **todos os bens e as rendas** do sujeito passivo, inclusive os gravados por ônus real ou cláusula de inalienabilidade ou impenhorabilidade, excetuados apenas os que a lei declare absolutamente impenhoráveis (arts. 184 do CTN e 30 da Lei 6.830/80 – LEF):

> Art. 184. Sem prejuízo dos privilégios especiais sobre determinados bens, que sejam previstos em lei, responde pelo pagamento do crédito tributário a totalidade dos bens e das rendas, de qualquer origem ou natureza, do sujeito passivo, seu espólio ou sua massa falida, inclusive os gravados por ônus real ou cláusula de inalienabilidade ou impenhorabilidade, seja qual for a data da constituição do ônus ou da cláusula, excetuados unicamente os bens e rendas que a lei declare absolutamente impenhoráveis.

Embora a garantia se estenda inclusive aos bens gravados por ônus real, desde já que isso não prevalece na falência, porquanto, nos termos do art. 186, parágrafo único, I, do CTN, na falência, o crédito tributário não prefere aos créditos com garantia real, no limite do valor do bem gravado.

A **inalienabilidade e a impenhorabilidade** estabelecidas, a qualquer tempo, por ato de vontade, são inoponíveis ao Fisco. Apenas os **bens absolutamente impenhoráveis**, assim considerados aqueles cuja impenhorabilidade decorra direta e exclusivamente da lei, independentemente de qualquer ato de vontade, é que não respondem pelo crédito tributário. Estabelecem impenhorabilidades os arts. 833 e 834 do novo CPC/15, abrangendo, por exemplo, os vencimentos e salários e a quantia depositada em caderneta de poupança no limite de 40 salários-mínimos. O art. 1º da Lei 8.099/90, por sua vez, torna impenhorável o **bem de família**, assim entendido o imóvel residencial próprio do casal, ou da entidade familiar. Essa impenhorabilidade é oponível à execução de créditos tributários, mas não à execução daqueles relativos às contribuições previdenciárias sobre a remuneração de quem trabalha na própria residência (caso dos empregados domésticos, mas não de trabalhadores eventuais),[108] tampouco daqueles referentes a imposto predial ou territorial, taxas e contribuições devidas em função do imóvel familiar, nos termos do art. 3º, incisos I e IV, da própria Lei 8.099/90.

Tem-se admitido a **renúncia à impenhorabilidade**, inclusive tácita, quando os bens objeto de constrição tenham sido livremente ofertados pelo executado em garantia da execução ou tenha ele deixado de alegar a impenhorabilidade na primeira oportunidade em que teve para se manifestar, à exceção do bem de família.[109] A proteção legal é **irrenunciável quanto ao bem de família**, porque não se restringe ao devedor, de modo que "este não poderá, por ato processual individual e isolado, renunciar à proteção, outorgada por lei em norma de ordem pública, a toda a entidade familiar".[110]

O art. 185 do CTN dispõe no sentido de que se presume fraudulenta a alienação ou oneração de bens ou rendas por sujeito passivo inscrito em dívida ativa:

> Art. 185. Presume-se fraudulenta a alienação ou oneração de bens ou rendas, ou seu começo, por sujeito passivo em débito para com a Fazenda Pública, por crédito tributário regularmente inscrito como dívida ativa. (Redação dada pela Lcp nº 118, de 2005)
> Parágrafo único. O disposto neste artigo não se aplica na hipótese de terem sido reservados, pelo devedor, bens ou rendas suficientes ao total pagamento da dívida inscrita. (Redação dada pela Lcp nº 118, de 2005)

---

[108] STJ, Primeira Turma, Rel. Ministro FRANCISCO FALCÃO, REsp 644.733, 2005.
[109] STJ, Quarta Turma, Rel. Ministro HÉLIO QUAGLIA BARBOSA, AgRgEdclREsp 787.707, 2006.
[110] STJ, Segunda Seção, Rel. Ministra NANCY ANDRIGHI, REsp 526.460, 2003.

Estabelece, assim, um marco a partir de quando eventuais **alienações que comprometam a satisfação do crédito tributário**, ainda que realizadas a título oneroso, serão consideradas como ineficazes perante o Fisco. A **ineficácia do negócio** só poderá ser afastada se demonstrado, pelo devedor, que reservou bens suficientes para fazer frente aos seus débitos inscritos em dívida ativa.

Sendo o marco a inscrição em dívida ativa, temos o que podemos denominar de fraude à dívida ativa, menos abrangente que **fraude à execução**, mas mais abrangente que a **fraude contra credores**. Exige-se e basta que o débito esteja inscrito em dívida ativa, mesmo que ainda não protestada a CDA (art. 1º, parágrafo único, da Lei 9.492/97, com redação da Lei 12.767/12) nem ajuizada execução fiscal (Lei 6.830/80).

Note-se que o art. 185 estabelece uma **presunção em favor do Fisco** e que não o impede de buscar a ineficácia de negócios anteriores à própria inscrição em dívida ativa quando possa demonstrar seu caráter fraudulento e a ausência de boa-fé também por parte do adquirente. Nesse caso, contudo, terá de fazê-lo através da ação própria (pauliana ou revocatória). Poderá o Fisco, ainda, valer-se da Medida Cautelar Fiscal de modo a obstar negócios que venham a comprometer patrimônio do devedor, ameaçando a garantia de satisfação dos créditos tributários, nos termos da Lei 8.397/92.

14.2. Indisponibilidade dos bens

O devedor citado em execução fiscal tem o dever de apresentar o seu patrimônio para a satisfação do crédito tributário. Aliás, é **dever do executado indicar onde se encontram os bens sujeitos à execução**, exibir a prova de propriedade e se abster de qualquer atitude que dificulte ou embarace a realização da penhora.

Caso o devedor tributário, citado, não pagar nem apresentar bens à penhora e não forem encontrados bens penhoráveis, o juiz determinará a **indisponibilidade de seus bens e direitos**, comunicando a decisão, preferencialmente por meio eletrônico, para os órgãos de registros de transferência de bens, especialmente ao registro público de imóveis e às autoridades supervisoras do mercado bancário e de capitais. É o que resta autorizado, expressamente, pelo art. 185-A do CTN:

> Art. 185-A. Na hipótese de o devedor tributário, devidamente citado, não pagar nem apresentar bens à penhora no prazo legal e não forem encontrados bens penhoráveis, o juiz determinará a indisponibilidade de seus bens e direitos, comunicando a deci-

são, preferencialmente por meio eletrônico, aos órgãos e entidades que promovem registros de transferência de bens, especialmente ao registro público de imóveis e às autoridades supervisoras do mercado bancário e do mercado de capitais, a fim de que, no âmbito de suas atribuições, façam cumprir a ordem judicial. (Incluído pela LC nº 118, de 2005)
§ 1º A indisponibilidade de que trata o *caput* deste artigo limitar-se-á ao valor total exigível, devendo o juiz determinar o imediato levantamento da indisponibilidade dos bens ou valores que excederem esse limite. (Incluído pela LC nº 118, de 2005)
§ 2º Os órgãos e entidades aos quais se fizer a comunicação de que trata o *caput* deste artigo enviarão imediatamente ao juízo a relação discriminada dos bens e direitos cuja indisponibilidade houverem promovido. (Incluído pela LC nº 118, de 2005)

Veja-se a Súmula 560 do STJ: "A decretação da indisponibilidade de bens e direitos, na forma do art. 185-A do CTN, pressupõe o exaurimento das diligências na busca por bens penhoráveis, o qual fica caracterizado quando infrutíferos o pedido de constrição sobre ativos financeiros e a expedição de ofícios aos registros públicos do domicílio do executado, ao Denatran ou DETRAN".

Cabe ao Fisco, portanto, enquanto exequente, demonstrar a prévia realização de diligências (verificação de bens junto ao registro de imóveis e ao departamento de trânsito) e a frustração daquelas realizadas pelo oficial de justiça no domicílio do executado.

A indisponibilidade é limitada ao **valor da execução**. Ademais, é fundamental que haja cuidado no sentido de que não recaia sobre **depósitos impenhoráveis**, como valores correspondentes a salários, vencimentos e proventos e depósitos de até 40 salários-mínimos em caderneta de poupança. Ocorrendo o bloqueio de bens impenhoráveis, tal deve ser comunicado pelo devedor para fins de pronto levantamento da indisponibilidade, o que resta regulado pelos parágrafos do art. 854 do novo CPC.

A determinação de bloqueio de ativos financeiros não implica violação ao **sigilo bancário**, pois sequer enseja o conhecimento de detalhes acerca da movimentação financeira do executado, como a origem e a destinação de recursos. O **dinheiro é preferencial** para fins de penhora (arts. 835, I, do novo CPC – Lei 13.105/15 – e 11, I, da LEF), sendo que o bloqueio o afeta à satisfação do crédito em execução, impedindo o executado de se furtar ao cumprimento das suas obrigações e à tutela jurisdicional a que tem direito o credor.

✓ ATENÇÃO: a **indisponibilidade universal** não se confunde com a **penhora de dinheiro**. O STJ já deciciu: "a penhora de dinheiro por meio do Bacen Jud tem por objeto bem certo e individualizado (recursos financeiros aplicados em instituições bancárias)" e "é medida prioritária" que visa a "resgatar a efetividade na tutela jurisdicional executiva". E decreta: "como o dinheiro é o bem sobre o qual preferencialmente deve recair a constrição judicial, é desnecessária a prévia comprovação de esgotamento das diligências (note-se, para localização de bens classificados em ordem inferior)".[111]

✓ A penhora de dinheiro, ainda que mediante utilização do BACENJUD, não está sujeita à disciplina do art. 185-A do CTN, mas à do art. 854 do novo CPC/15.[112]

✓ O dinheiro ocupa o topo da lista de bens preferenciais para fins de penhora na execução fiscal, nos termos do art. 11 da Lei 6.830/80. Aliás, também na execução disciplinada pelo novo CPC, o dinheiro é preferencial, conforme o art. 835, I, do Código. Considerando-se que, citado para pagar ou para nomear bens à penhora, o devedor tem o dever de indicar os seus bens respeitando a preferência legal, é legítimo que, na ausência de indicação de dinheiro penhorável e de outros bens, ou não concordando o fisco justificadamente com a penhora de outro bem não preferencial, possa o juízo da execução, mediante requerimento do exequente, utilizar-se do BACEN-JUD para identificar e penhorar dinheiro.[113] Desnecessário, portanto, o esgotamento de diligências.[114]

14.3. Preferência do crédito tributário

O **crédito tributário tem preferência** relativamente a créditos de outra natureza, independentemente do tempo da sua constituição, **ressalvados apenas** os **créditos trabalhistas** e aos relativos a **acidente de trabalho**, conforme disposição inequívoca do art. 186 do CTN. Isso significa que, não tendo o devedor patrimônio suficiente para fazer frente a todas as suas dívidas, serão primeiramente satisfeitos os créditos trabalhistas e de acidente do trabalho e, logo em seguida, os créditos tributários, ficando, todos os demais, em posição inferior:

> **Art. 186.** O crédito tributário prefere a qualquer outro, seja qual for sua natureza ou o tempo de sua constituição, ressalvados os créditos decorrentes da legislação do trabalho ou do acidente de trabalho. (Redação dada pela LC nº 118, de 2005)
> Parágrafo único. Na falência: (Incluído pela LC nº 118, de 2005)
> I – o crédito tributário não prefere aos créditos extraconcursais ou às importâncias passíveis de restituição, nos termos da lei falimentar, nem aos créditos com garantia real, no limite do valor do bem gravado; (Incluído pela LC nº 118, de 2005)

---

[111] STJ, Primeira Seção, Rel. Min. HERMAN BENJAMIN, AgRg no Ag 1.429.330/BA, ago/2012.

[112] CPC: "Art. 854. Para possibilitar a penhora de dinheiro em depósito ou em aplicação financeira, o juiz, a requerimento do exequente, sem dar ciência prévia do ato ao executado, determinará às instituições financeiras, por meio de sistema eletrônico gerido pela autoridade supervisora do sistema financeiro nacional, que torne indisponíveis ativos financeiros existentes em nome do executado, limitando-se a indisponibilidade ao valor indicado na execução".

[113] STJ, Primeira Turma, Rel. Ministro NAPOLEÃO NUNES MAIA FILHO, AgRg no REsp 1.296.737/BA, fev/2013.

[114] STJ, Primeira Turma, Rel. Ministro NAPOLEÃO NUNES MAIA FILHO, EDcl no AgRg no REsp 1.052.098/PR, ago/2013.

II – a lei poderá estabelecer limites e condições para a preferência dos créditos decorrentes da legislação do trabalho; e (Incluído pela LC nº 118, de 2005)

III – a multa tributária prefere apenas aos créditos subordinados. (Incluído pela LC nº 118, de 2005)

Na falência, contudo, estarão à frente do crédito tributário também **os créditos extraconcursais**, assim considerados aqueles relativos à própria administração da massa, como a remuneração do administrador judicial e de seus auxiliares e os créditos decorrentes de serviços prestados à massa (**Súmula 219 do STJ**), bem como **os créditos com garantia real**, no limite do bem gravado, tendo, esta última preferência, sido estabelecida pela LC 118/05, que acrescentou o parágrafo único ao art. 186 do CTN. Tais normas constam, igualmente, da Lei de Falências (Lei 11.101/05), em seus arts. 83 e 84. Mas os **créditos trabalhistas, na falência**, só têm preferência até **150 salários-mínimos por credor**, forte no art. 186, parágrafo único, II, do CTN combinado com o art. 83, I, da Lei 11.101/05.

Importa distinguir, na falência, os créditos relativos a tributos devidos, de um lado, dos créditos relativos a **multa** por descumprimento de obrigação tributária, de outro. Isto porque a multa tributária prefere apenas aos créditos subordinados, ou seja, aos dos sócios e dos administradores sem vínculo empregatício, nos termos do art. 186, parágrafo único, III, do CTN e do art. 83, VIII, da Lei 11.101/05.

Ademais, contra a massa falida não são exigíveis **juros vencidos após a decretação da falência**, salvo para cobrança, em último lugar, se houver bens disponíveis após a satisfação de todos os demais débitos, por força do art. 124 da Lei 11.101/05.

No regime do DL 7.661/45 (antiga Lei de Falências), aplicável aos processos de falência ou de concordata ajuizados anteriormente ao início da vigência da Lei 11.101/05 (art. 192), os juros tinham o mesmo tratamento, e as multas eram simplesmente inexigíveis, conforme determinavam os arts. 23, III, e 26 daquele DL e as **Súmulas 192 e 565** do STF.

Mas o fato de serem indevidas ou inexigíveis tais rubricas não significa que devam ser excluídas da CDA. Apenas são excluídas do cálculo, sem prejuízo de serem exigidas dos eventuais responsáveis tributários.

Autonomia da execução do crédito tributário

Além de o crédito tributário gozar de preferência, também não se sujeita a concurso de credores, nos termos do art. 187 do CTN:

> Art. 187. A cobrança judicial do crédito tributário não é sujeita a concurso de credores ou habilitação em falência, recuperação judicial, concordata, inventário ou arrolamento. (Redação dada pela LC nº 118, de 2005)
> Parágrafo único. O concurso de preferência somente se verifica entre pessoas jurídicas de direito público, na seguinte ordem:
> I – União;
> II – Estados, Distrito Federal e Territórios, conjuntamente e pró rata;
> III – Municípios, conjuntamente e pró rata.

A **Súmula 44** do extinto TFR já dispunha no sentido de que "ajuizada a execução fiscal anteriormente à falência, com penhora realizada antes desta, não ficam os bens penhorados sujeitos à arrecadação no juízo falimentar; proposta a execução contra a massa falida, a penhora far-se-á no rosto dos autos do processo da quebra".

Assim, a cobrança do crédito tributário mantém a sua autonomia. Isso significa que a execução fiscal ajuizada não é afetada pela **superveniência de falência, recuperação judicial, inventário ou arrolamento**. Prossegue a execução em seu curso, na Vara em que ajuizada, não se fazendo necessário sequer que o Fisco habilite seu crédito no juízo universal.

O juízo da execução fiscal deve verificar se há créditos que prefiram ao tributário. Tal pode ser feito, por exemplo, mediante consulta ao Juízo da falência. Recebida a informação, pode-se enviar o numerário correspondente, ficando o saldo para a satisfação da dívida ativa. O STJ, contudo, tem proferido acórdãos no sentido de que o produto obtido na execução fiscal deve ser enviado, integralmente, ao Juízo da falência, sendo que este, conforme a classificação dos créditos, procederá à satisfação daqueles preferenciais e, havendo saldo, devolverá o montante necessário à satisfação da dívida ativa.[115]

Quanto à preferência entre pessoas jurídicas de direito público, note-se que os créditos de autarquias assumem a preferência do respectivo ente político, conforme entendimento consolidado pelo STJ na **Súmula 497:** "Os créditos das autarquias federais preferem aos créditos da Fazenda estadual desde que coexistam penhoras sobre o mesmo bem", editada em agosto de 2012.

O CTN segue, ainda, detalhando a disciplina da preferência na falência e na recuperação judicial, conforme se vê dos seus arts. 188 a 192:

> Art. 188. São extraconcursais os créditos tributários decorrentes de fatos geradores ocorridos no curso do processo de falência. (Redação dada pela LC nº 118, de 2005)
> § 1º Contestado o crédito tributário, o juiz remeterá as partes ao processo competente, mandando reservar bens suficientes à extinção total do crédito e seus acrescidos, se a

---

[115] STJ, Corte Especial, Rel. Ministro HUMBERTO GOMES DE BARROS, REsp 188.148, 2001.

massa não puder efetuar a garantia da instância por outra forma, ouvido, quanto à natureza e valor dos bens reservados, o representante da Fazenda Pública interessada.
§ 2º O disposto neste artigo aplica-se aos processos de concordata.
Art. 189. São pagos preferencialmente a quaisquer créditos habilitados em inventário ou arrolamento, ou a outros encargos do monte, os créditos tributários vencidos ou vincendos, a cargo do de cujus ou de seu espólio, exigíveis no decurso do processo de inventário ou arrolamento.
Parágrafo único. Contestado o crédito tributário, proceder-se-á na forma do disposto no § 1º do artigo anterior.
Art. 190. São pagos preferencialmente a quaisquer outros os créditos tributários vencidos ou vincendos, a cargo de pessoas jurídicas de direito privado em liquidação judicial ou voluntária, exigíveis no decurso da liquidação.
Art. 191. A extinção das obrigações do falido requer prova de quitação de todos os tributos. (Redação dada pela LC nº 118, de 2005)
Art. 191-A. A concessão de recuperação judicial depende da apresentação da prova de quitação de todos os tributos, observado o disposto nos arts. 151, 205 e 206 desta Lei. (Incluído pela LC nº 118, de 2005)
Art. 192. Nenhuma sentença de julgamento de partilha ou adjudicação será proferida sem prova da quitação de todos os tributos relativos aos bens do espólio, ou às suas rendas.

Por fim, há dispositivo importante impondo restrições às pessoas em situação de irregularidade tributária. O art. 193 do CTN veda a sua habilitação e a sua contratação, em concorrência pública:

Art. 193. Salvo quando expressamente autorizado por lei, nenhum departamento da administração pública da União, dos Estados, do Distrito Federal, ou dos Municípios, ou sua autarquia, celebrará contrato ou aceitará proposta em concorrência pública sem que o contratante ou proponente faça prova da quitação de todos os tributos devidos à Fazenda Pública interessada, relativos à atividade em cujo exercício contrata ou concorre.

15. Administração tributária

LEANDRO PAULSEN

15.1. Fiscalização tributária

Compete aos **Auditores Fiscais** da Receita Federal do Brasil realizar a fiscalização e proceder ao lançamento de créditos correspondentes aos tributos administrados pela Secretaria da Receita Federal do Brasil. Nos âmbitos estadual, distrital e municipal, compete aos respectivos fiscais as atribuições de fiscalização e lançamento.

Todas as pessoas sujeitam-se à fiscalização tributária, sejam físicas ou jurídicas, contribuintes ou não. Lembre-se que a sujeição à fiscalização é obrigação acessória, e que as obrigações acessórias, em matéria tributária, têm autonomia relativamente às principais. Veja-se o art. 194 do CTN:

> Art. 194. A legislação tributária, observado o disposto nesta Lei, regulará, em caráter geral, ou especificamente em função da natureza do tributo de que se tratar, a competência e os poderes das autoridades administrativas em matéria de fiscalização da sua aplicação.
> Parágrafo único. A legislação a que se refere este artigo aplica-se às pessoas naturais ou jurídicas, contribuintes ou não, inclusive às que gozem de imunidade tributária ou de isenção de caráter pessoal.

As autoridades fiscais têm o **"direito de examinar mercadorias, livros, arquivos, documentos, papéis e efeitos comerciais ou fiscais dos comerciantes, industriais ou produtores"**, devendo ser exibidos quando solicitado, nos termos do art. 195 do CTN:

> Art. 195. Para os efeitos da legislação tributária, não têm aplicação quaisquer disposições legais excludentes ou limitativas do direito de examinar mercadorias, livros, arquivos, documentos, papéis e efeitos comerciais ou fiscais, dos comerciantes industriais ou produtores, ou da obrigação destes de exibi-los.
> Parágrafo único. Os livros obrigatórios de escrituração comercial e fiscal e os comprovantes dos lançamentos neles efetuados serão conservados até que ocorra a prescrição dos créditos tributários decorrentes das operações a que se refiram.

O art. 195 do CTN estampa a obrigação inequívoca de qualquer pessoa jurídica de dar à fiscalização tributária **amplo acesso** aos seus registros contábeis, bem como às mercadorias e aos documentos respectivos. A obrigação do contribuinte de **exibir os livros fiscais** abrange também a obrigação de apresentar todos os documentos que lhes dão sustentação. Entendimento diverso jogaria no vazio a norma, retirando-lhe toda a utilidade, o que contraria os princípios de hermenêutica. Mas a prerrogativa do Fisco não alcança todo e qualquer documento. Conforme a **Súmula 439** do STF, "estão sujeitos à fiscalização tributária ou previdenciária quaisquer livros comerciais, limitado o exame aos pontos objeto da investigação".

Vale destacar que **a atuação do fisco é toda documentada**. O art. 196 do CTN dispõe:

> Art. 196. A autoridade administrativa que proceder ou presidir a quaisquer diligências de fiscalização lavrará os termos necessários para que se documente o início do procedimento, na forma da legislação aplicável, que fixará prazo máximo para a conclusão daquelas.
> Parágrafo único. Os termos a que se refere este artigo serão lavrados, sempre que possível, em um dos livros fiscais exibidos; quando lavrados em separado deles se entregará, à pessoa sujeita à fiscalização, cópia autenticada pela autoridade a que se refere este artigo.

Esta exigência de formalização dos diversos atos recebe detalhamento no art. 7º, inciso I, do Dec. 70.235/72 (Lei do Processo Administrativo Fiscal).

O art. 197 do CTN estabelece a obrigatoriedade da prestação de **informações sobre bens, negócios ou atividades de terceiros**:

> Art. 197. Mediante intimação escrita, são obrigados a prestar à autoridade administrativa todas as informações de que disponham com relação aos bens, negócios ou atividades de terceiros:
> I – os tabeliães, escrivães e demais serventuários de ofício;
> II – os bancos, casas bancárias, Caixas Econômicas e demais instituições financeiras;
> III – as empresas de administração de bens;
> IV – os corretores, leiloeiros e despachantes oficiais;
> V – os inventariantes;
> VI – os síndicos, comissários e liquidatários;
> VII – quaisquer outras entidades ou pessoas que a lei designe, em razão de seu cargo, ofício, função, ministério, atividade ou profissão.
> Parágrafo único. A obrigação prevista neste artigo não abrange a prestação de informações quanto a fatos sobre os quais o informante esteja legalmente obrigado a observar segredo em razão de cargo, ofício, função, ministério, atividade ou profissão.

Preserva, contudo, em seu parágrafo único, as informações quanto aos fatos sobre os quais o informante esteja legalmente obrigado a observar segredo profissional, de modo que, nesses casos, o segredo prevalece sobre os deveres genéricos de informação tributária.[116]

A matéria atinente à obrigação das instituições financeiras é regulada, com maior detalhamento, pela LC 105/01, que determina a informação à administração tributária das operações financeiras efetuadas pelos usuários de seus serviços, com identificação dos titulares e dos montantes globais movimentados mensalmente e, mediante requisição no bojo de procedimento fiscal devidamente instaurado, que seja facultado o exame de documentos, livros e registros atinentes às respectivas movimentações. Note-se que o **sigilo bancário** não constitui um valor em si. Tem cunho meramente instrumental, só se justificando em função da proteção dos verdadeiros direitos fundamentais consagrados constitucionalmente. Não ostenta, de modo algum, caráter absoluto.[117] Na quase totalidade dos países ocidentais, existe a possibilidade de acesso às movimentações bancárias sempre que tal seja importante para a apuração de crimes e fraudes tributárias em geral. No Brasil, não é diferente. A possibilidade de quebra depende da análise do caso concreto, considerando-se as suas circunstâncias específicas e o princípio da proporcionalidade.[118] Além disso, deve-se considerar que sequer ocorre propriamente uma quebra de sigilo, mas, isto sim, uma **transferência de sigilo**. Isso porque as informações sob sigilo bancário são repassadas ao Fisco, que tem a obrigação de mantê-las sob **sigilo fiscal**. Em fevereiro de 2016, o STF decidiu o RE 601.314, para fins de repercussão geral: "O art. 6º da Lei Complementar 105/01 não ofende o direito ao sigilo bancário, pois realiza a igualdade em relação aos cidadãos, por meio do princípio da capacidade contributiva, bem como estabelece requisitos objetivos e o translado do dever de sigilo da esfera bancária para a fiscal".

O art. 198 do CTN é expresso no sentido de vedar a divulgação, por parte da Fazenda Pública, de informação obtida em razão do ofício sobre a situação econômica ou financeira do sujeito passivo ou de terceiros e sobre a natureza e o estado de seus negócios:

> Art. 198. Sem prejuízo do disposto na legislação criminal, é vedada a divulgação, por parte da Fazenda Pública ou de seus servidores, de informação obtida em razão do ofício sobre a situação econômica ou financeira do sujeito passivo ou de terceiros e sobre a natureza e o estado de seus negócios ou atividades (Redação dada pela LC nº 104, de 10.1.2001)

---

[116] VELLOSO, Andrei Pitten. *Constituição Tributária Interpretada*. São Paulo: Atlas: 2007, p. 48.

[117] STF, Tribunal Pleno, Rel. Ministro CELSO DE MELLO, MS 23.452, 1999; STJ, Sexta Turma, Rel. Ministro PAULO MEDINA, HC 24.577, 2003.

[118] AMS 2003.70.00.012284-4.

§ 1º Excetuam-se do disposto neste artigo, além dos casos previstos no art. 199, os seguintes: (Redação dada pela LC nº 104, de 10.1.2001)
I – requisição de autoridade judiciária no interesse da justiça; (Incluído pela LC nº 104, de 10.1.2001)
II – solicitações de autoridade administrativa no interesse da Administração Pública, desde que seja comprovada a instauração regular de processo administrativo, no órgão ou na entidade respectiva, com o objetivo de investigar o sujeito passivo a que se refere a informação, por prática de infração administrativa. (Incluído pela LC nº 104, de 10.1.2001)
§ 2º O intercâmbio de informação sigilosa, no âmbito da Administração Pública, será realizado mediante processo regularmente instaurado, e a entrega será feita pessoalmente à autoridade solicitante, mediante recibo, que formalize a transferência e assegure a preservação do sigilo. (Incluído pela LC nº 104, de 10.1.2001)
§ 3º Não é vedada a divulgação de informações relativas a: (Incluído pela LC nº 104, de 10.1.2001)
I – representações fiscais para fins penais; (Incluído pela LC nº 104, de 10.1.2001)
II – inscrições na Dívida Ativa da Fazenda Pública; (Incluído pela LC nº 104, de 10.1.2001)
III – parcelamento ou moratória. (Incluído pela LC nº 104, de 10.1.2001)

Havendo descumprimento do dever de exibição dos livros e documentos por parte da pessoa sujeita à fiscalização, o Fisco pode aplicar multa por descumprimento de obrigação acessória[119] e buscar medida judicial que lhe assegure acesso aos mesmos. O art. 200 do CTN autoriza a requisição do auxílio de força pública pelas próprias autoridades administrativas quando, vítimas de embaraço no exercício de suas funções, for necessário à efetivação de medida de fiscalização:

Art. 200. As autoridades administrativas federais poderão requisitar o auxílio da força pública federal, estadual ou municipal, e reciprocamente, quando vítimas de embaraço ou desacato no exercício de suas funções, ou quando necessário à efetivação dê medida prevista na legislação tributária, ainda que não se configure fato definido em lei como crime ou contravenção.

Mas o STF tem entendido que, não obstante a prerrogativa do Fisco de solicitar e analisar documentos, os fiscais só podem ingressar em escritório de empresa quando autorizados pelo proprietário, gerente ou preposto. Em caso de recusa, o **auxílio de força policial** não pode ser requisitado diretamente pelos fiscais, mas pleiteado em Juízo pelo sujeito ativo, dependente que é de autorização judicial, forte na garantia de inviolabilidade do domicílio, oponível também ao Fisco.[120]

---

[119] Vide arts. 32 e 95 da Lei 8.212/91.

[120] STF, Primeira Turma, Rel. Ministro SEPÚLVEDA PERTENCE, AgRRE 331.303, 2004; STF, Tribunal Pleno, Rel. Ministro SEPÚLVEDA PERTENCE, HC 79.512, 1999.

A determinação de apresentação da documentação prescinde da invocação de qualquer suspeita de irregularidade. A verificação da documentação pode ser feita até mesmo para simples conferência de valores pagos pelo contribuinte relativamente a tributos sujeitos a lançamentos por homologação. Efetivamente, jamais pode o contribuinte se furtar à fiscalização. Poderá, sim, opor-se a eventuais abusos dos agentes fiscais ou aos efeitos de eventual lançamento que entenda ilegal.

O art. 199 do CTN determina o **auxílio mútuo entre as administrações tributárias** dos diversos entes políticos e até mesmo a colaboração com Estados estrangeiros no interesse da arrecadação e da fiscalização de tributos:

> Art. 199. A Fazenda Pública da União e as dos Estados, do Distrito Federal e dos Municípios prestar-se-ão mutuamente assistência para a fiscalização dos tributos respectivos e permuta de informações, na forma estabelecida, em caráter geral ou específico, por lei ou convênio.
> Parágrafo único. A Fazenda Pública da União, na forma estabelecida em tratados, acordos ou convênios, poderá permutar informações com Estados estrangeiros no interesse da arrecadação e da fiscalização de tributos. (Incluído pela LC nº 104, de 10.1.2001)

15.2. Dívida ativa

O crédito tributário definitivamente constituído, mas que permanece em aberto, em face da ausência de pagamento pelo contribuinte, é inscrito em dívida ativa para, então, ser exigido compulsoriamente. A matéria é regulada pelos arts. 201 a 204 do CTN, § 2º, da LEF (Lei 6.830/80) e 39 da Lei 4.320/64.

O art. 201 do CTN define dívida ativa:

> Art. 201. Constitui dívida ativa tributária a proveniente de crédito dessa natureza, regularmente inscrita na repartição administrativa competente, depois de esgotado o prazo fixado, para pagamento, pela lei ou por decisão final proferida em processo regular.
> Parágrafo único. A fluência de juros de mora não exclui, para os efeitos deste artigo, a liquidez do crédito.

Tem sido admitida a inscrição em dívida dos débitos que o contribuinte declara, sem prejuízo de o Fisco lançar e inscrever eventual diferença ainda devida. Portanto, poderemos ter mais de uma inscrição em dívida ativa relativamente ao mesmo tributo e competência: a primeira do valor declarado e a segunda da diferença apurada em auto de infração.

A inscrição em dívida ativa é feita, no âmbito federal, pelos Procuradores da Fazenda Nacional, mediante controle da legalidade da constituição do crédito, nos termos do art. 2º, §§ 3º e 4º, da LEF, do art. 12 da LC 73/93 e da Lei 11.457/07. Não havendo qualquer irregularidade, efetuam a inscrição em dívida ativa. Quando identificam vícios formais, ilegalidades ou imprecisões, devolvem o processo administrativo à Receita Federal do Brasil para revisão.

O **Termo de Inscrição em Dívida Ativa** é o documento que formaliza a inclusão da dívida do contribuinte no cadastro de Dívida Ativa. Seus **requisitos** constam nos arts 202 do CTN e 2º, § 5º, da LEF. Vejamos:

> Art. 202. O termo de inscrição da dívida ativa, autenticado pela autoridade competente, indicará obrigatoriamente:
> I – o nome do devedor e, sendo caso, o dos co-responsáveis, bem como, sempre que possível, o domicílio ou a residência de um e de outros;
> II – a quantia devida e a maneira de calcular os juros de mora acrescidos;
> III – a origem e natureza do crédito, mencionada especificamente a disposição da lei em que seja fundado;
> IV – a data em que foi inscrita;
> V – sendo caso, o número do processo administrativo de que se originar o crédito.
> Parágrafo único. A certidão conterá, além dos requisitos deste artigo, a indicação do livro e da folha da inscrição.

Note-se que o seu conteúdo obrigatório é constituído dos elementos necessários à suficiente identificação do devedor e da origem, do objeto e do montante do seu débito.

Da inscrição em dívida ativa, extrai-se a respectiva **Certidão de Dívida Ativa (CDA)**, que deverá conter os mesmos dados e que valerá como título executivo, nos termos do art. 202, parágrafo único, do CTN, art. 2º, § 5º, LEF, e art. 784, inciso IX, do novo CPC (Lei 13.105/15). Os requisitos, tanto do Termo de Inscrição em Dívida como da Certidão de Dívida Ativa, têm por fim evidenciar a certeza e liquidez do crédito neles representados e a ensejar ao contribuinte o exercício efetivo do seu direito de defesa quando do ajuizamento da execução fiscal.

O art. 203 do CTN diz da nulidade da inscrição e da execução dela decorrente quando da omissão de quaisquer requisitos previstos no art. 202:

> Art. 203. A omissão de quaisquer dos requisitos previstos no artigo anterior, ou o erro a eles relativo, são causas de nulidade da inscrição e do processo de cobrança dela decorrente, mas a nulidade poderá ser sanada até a decisão de primeira instância, mediante substituição da certidão nula, devolvido ao sujeito passivo, acusado ou interessado o prazo para defesa, que somente poderá versar sobre a parte modificada.

Mas tem prevalecido o entendimento de que o **reconhecimento de nulidade depende da demonstração de prejuízo à defesa**. Eventual vício que não comprometa a presunção de certeza e liquidez e que não implique prejuízo à defesa, como no caso em que o débito já restou sobejamente discutido na esfera administrativa, não justifica o reconhecimento de nulidade, considerando-se, então, como simples irregularidade.[121] A referência, na CDA, a dispositivos revogados, embora revele má técnica, não autoriza o reconhecimento automático de nulidade quando também estejam referidos os dispositivos vigentes por ocasião dos fatos geradores e o crédito já tenha sido parcelado ou discutido administrativamente, de modo que se possa constatar que é de pleno conhecimento da embargante, não implicando prejuízo à defesa. Diferentemente, quando não haja nos autos elementos no sentido de ser do conhecimento do contribuinte a fundamentação específica aplicável, verificando-se, assim, prejuízo à defesa pela dificuldade de identificação da legislação pertinente, deve ser reconhecida a nulidade.

Não constando da inscrição e, posteriormente, da respectiva certidão, o **nome dos responsáveis tributários**, o fundamento legal da sua responsabilidade e o processo administrativo em que apurada, não poderá a futura execução ser automaticamente redirecionada contra os mesmos. Entendemos que o Fisco terá de apurar a responsabilidade, nos termos da Portaria RFB 2.284/10, oportunizando a defesa do responsável tributário, para só então, após o julgamento de eventuais impugnação e recurso, proceder à inscrição do seu nome em dívida e extrair título apto a ensejar execução contra ele. A Portaria PGFN 180/10, anteriormente, contentava-se com a apuração da responsabilidade pela própria PFN, como requisito para a inscrição do nome do suposto responsável no cadastro de dívida ativa. Os tribunais, por sua vez, vinham admitindo até mesmo que o Exequente demonstrasse, por simples petição nos autos da execução fiscal, os fundamentos de fato e de direito para o redirecionamento.[122] O STJ entende que, constando o nome do sócio da CDA, há presunção em favor do título, invertendo o ônus probatório: "O fato de constar da CDA o nome do sujeito passivo gera a presunção de que houve regular processo ou procedimento administrativo de apuração de sua responsabilidade na forma do art. 135, do CTN, a afastar o entendimento de que está ali

---

[121] STJ, Primeira Turma, Rel. Ministro LUIZ FUX, AgRgAg 485.548, 2003.

[122] STJ, Primeira Turma, Rel. Ministro TEORI ALBINO ZAVASCKI, REsp 729.192, 2006; STJ, Segunda Turma, Rel. Ministro ARI PARGENDLER, REsp 36.543, 1996.

por mero inadimplemento, que é o caso do acórdão eleito como paradigma".[123]

A dívida regularmente inscrita goza da **presunção de certeza e liquidez** e tem o efeito de prova pré-constituída. Tal presunção, porém, é relativa e pode ser ilidida por prova inequívoca a cargo do sujeito passivo nos termos do art. 204 do CTN:

> Art. 204. A dívida regularmente inscrita goza da presunção de certeza e liquidez e tem o efeito de prova pré-constituída.
> Parágrafo único. A presunção a que se refere este artigo é relativa e pode ser ilidida por prova inequívoca, a cargo do sujeito passivo ou do terceiro a que aproveite.

Caberá, portanto, ao devedor, apontar e comprovar os vícios formais ou materiais da inscrição ou, ainda, da declaração ou do lançamento que lhe deram origem.

O sujeito passivo **não tem direito à notificação quanto à inscrição**. Não há previsão legal nesse sentido, além do que já terá ele se defendido administrativamente por ocasião do lançamento. A inscrição, ato interno da Administração, faz-se apenas quando já definitivamente constituído o crédito tributário, ou seja, quando já superada a fase de defesa administrativa.

A inscrição não tem qualquer implicação no curso do **prazo prescricional** relativamente aos créditos de natureza tributária. O art. 2º, § 3º, da LEF, que diz da suspensão do prazo prescricional por 180 dias, contados da inscrição do débito em dívida ativa, só é aplicável à dívida ativa não tributária. Quanto aos créditos tributários, sujeitam-se às normas gerais de direito tributário, as quais, nos termos do art. 146, III, *b*, da CF, abrangem a prescrição. Como o art. 174 do CTN, ao cuidar da matéria, em nível de lei complementar, não prevê a suspensão do prazo pela inscrição em dívida, tal não se dá.[124] A cobrança amigável feita pela Procuradoria da Fazenda Nacional, por Aviso de Cobrança, também não tem efeitos sobre a prescrição.

A inscrição e a cobrança de **débitos de pequeno valor** revelam-se, por vezes, desinteressantes e antieconômicas para a Fazenda Pública. Como os recursos financeiros e de pessoal são escassos, melhor atende aos princípios da economicidade e da eficiência concentrá-los na inscrição e cobrança de dívidas mais elevadas. Daí a existência de previsões legais estabelecendo limites mínimos para inscrição e execução e determinando o arquivamento das execuções de pequeno va-

---

[123] STJ, Primeira Seção, Rel. Ministro MAURO CAMPBELL MARQUES, AgRg nos EAREsp 41.860/GO, ago/2012.

[124] STJ, Segunda Turma, Rel. Ministra ELIANA CALMON, REsp 708.227, 2005; STJ, Primeira Turma, Rel. Ministro FRANCISCO FALCÃO, AgRgREsp 189.150, 2003.

lor já existentes até que surjam outros débitos ou que seus acréscimos justifiquem sua retomada. Aliás, há normas determinando que sequer sejam lançados valores diminutos.

15.3. Certidões negativas de débito[125]

A exigência e a expedição de certidões de regularidade fiscal são reguladas pelos arts. 205 a 208 do CTN.

Certificar significa dar ao conhecimento **informações constantes de arquivos, livros ou sistemas** de determinada repartição. Não admite, portanto, especulações, presunções, achismos. Exige o dado, o ato, devidamente anotado ou registrado. Certificar a situação fiscal do contribuinte implica dar ao conhecimento, documentando, se tem ou não tem débitos e, havendo, se não estão vencidos, se estão com a sua exigibilidade suspensa ou garantidos por penhora.

Vejamos:

> Art. 205. A lei poderá exigir que a prova da quitação de determinado tributo, quando exigível, seja feita por certidão negativa, expedida à vista de requerimento do interessado, que contenha todas as informações necessárias à identificação de sua pessoa, domicílio fiscal e ramo de negócio ou atividade e indique o período a que se refere o pedido.
> Parágrafo único. A certidão negativa será sempre expedida nos termos em que tenha sido requerida e será fornecida dentro de 10 (dez) dias da data da entrada do requerimento na repartição.

Decorre do art. 205 que apenas a **lei poderá exigir a apresentação de certidão negativa**, de modo que eventuais atos normativos que inovem, condicionando a prática de atos à ostentação de certidão para casos em que a lei não a requer expressamente, serão inválidos.

O contribuinte tem direito à Certidão Negativa de Débitos (CND) quando não consta dos registros do Fisco nenhum crédito tributário formalizado. Havendo **lançamento do crédito tributário** (auto de infração, notificação fiscal de lançamento de débito etc.) ou **declaração do contribuinte reconhecendo débito** (DCTF, Declaração de Rendimentos etc.), não terá o contribuinte direito à Certidão Negativa. Veja-se a jurisprudência:

> **STJ – Súmula 446 –** Declarado e não pago o débito tributário pelo contribuinte, é legítima a recusa de expedição de certidão negativa ou positiva com efeito de negativa.

---

[125] Para maior detalhamento deste ponto, vide nossa obra *Manual das Certidões Negativas de Débito*. Porto Alegre: Livraria do Advogado, 2009.

Não é lícito que o Fisco indefira a expedição de CND com fundamento em **presunção** de que o contribuinte não tenha cumprido suas obrigações tributárias. O descumprimento de obrigação acessória, por exemplo, não é fundamento válido para o indeferimento de CND, pois, embora aponte para eventual irregularidade, não permite a indicação do montante devido. No entanto, o § 10 do art. 32 da Lei 8.212/91, com a redação da Lei 11.941/09, dispõe no sentido de que o descumprimento das obrigações de declarar os dados relacionados a fatos geradores, base de cálculo e valores de contribuições previdenciárias impede a expedição de certidão de prova de regularidade fiscal perante a Fazenda Nacional. O STJ tem dado aplicação a dispositivos como este, embora sem fazer juízo quanto à sua constitucionalidade.[126]

✓ PRAZO: as certidões devem ser expedidas no **prazo de até dez dias**, conforme o parágrafo único do art. 205 do CTN. Note-se, porém, que, atualmente, o fisco federal e os de outros entes federados já disponibilizam a expedição de CND pela internet, hipótese em que, não havendo impedimentos, é fornecida imediatamente para impressão pelo próprio contribuinte.

Outro dispositivo bastante importante é o art. 206 do CTN:

Art. 206. Tem os mesmos efeitos previstos no artigo anterior a certidão de que conste a existência de créditos não vencidos, em curso de cobrança executiva em que tenha sido efetivada a penhora, ou cuja exigibilidade esteja suspensa.

Havendo crédito tributário devidamente documentado, somente **Certidão Positiva** poderá ser expedida, cabendo, então, verificar se o contribuinte tem ou não direito à **Certidão Positiva com Efeitos de Negativa**.

O art. 206 do CTN estabelece que "tem os mesmos efeitos previstos no artigo anterior a certidão de que conste a existência de créditos não vencidos, em curso de cobrança executiva em que tenha sido efetivada a penhora, ou cuja exigibilidade esteja suspensa".

O fato de estar **o crédito tributário** *sub judice* não dá ao contribuinte o direito à Certidão Positiva com Efeitos de Negativa, porque o ajuizamento de ação não tem, por si só, qualquer efeito suspensivo da sua exigibilidade. Apenas nas hipóteses do art. 151 do CTN é que se poderá considerar suspensa a exigibilidade, ou seja, nos casos de moratória ou parcelamento, depósito do montante integral, impugnação ou recurso administrativo, liminar ou antecipação de tutela.

Como a **penhora** também enseja a obtenção de certidão com efeitos de negativa, mas, por vezes, a execução tarda a ser ajuizada, tem-se admitido que o contribuinte se adiante à execução fiscal, ofere-

---

[126] STJ, Primeira Seção, Rel. Ministro LUIZ FUX, REsp 1.042.585, 2010.

cendo garantia em **Ação Cautelar de Caução** para a obtenção do efeito da penhora.[127] Não se cuida, por certo, de contracautela a amparar a concessão de liminar suspensiva da exigibilidade. Fosse assim, não poderia a execução ser ajuizada, pois pressupõe título certo, líquido e exigível. Cuida-se, na verdade, de antecipação de penhora, devendo observar, por isso, o rito previsto na LEF, especialmente a ordem de preferência constante do seu art. 11.

Os sistemas do Fisco podem, portanto, gerar três certidões conforme a situação do contribuinte:

- **Certidão Negativa de Débitos (CND)**: não consta crédito tributário formalizado.
- **Certidão Positiva de Débitos (CPD)**: consta crédito formalizado exigível e não garantido por penhora.
- **Certidão Positiva de Débitos com Efeitos de Negativa (CPD-EN)**: consta crédito formalizado não vencido, com a exigibilidade suspensa ou garantido por penhora.

Os últimos dois dispositivos do CTN que tratam da matéria estabelecem casos de responsabilidade tributária:

> Art. 207. Independentemente de disposição legal permissiva, será dispensada a prova de quitação de tributos, ou o seu suprimento, quando se tratar de prática de ato indispensável para evitar a caducidade de direito, respondendo, porém, todos os participantes no ato pelo tributo porventura devido, juros de mora e penalidades cabíveis, exceto as relativas a infrações cuja responsabilidade seja pessoal ao infrator.

O art. 207 torna responsáveis tributários aqueles que, pela urgência, dispensam a apresentação de certidão negativa ou com efeitos de negativa quando da prática de atos para os quais a lei as requer.

Outro é o caso do art. 208:

> Art. 208. A certidão negativa expedida com dolo ou fraude, que contenha erro contra a Fazenda Pública, responsabiliza pessoalmente o funcionário que a expedir, pelo crédito tributário e juros de mora acrescidos.
>
> Parágrafo único. O disposto neste artigo não exclui a responsabilidade criminal e funcional que no caso couber.

Note-se que a hipótese do art. 208 envolve a prática de crime doloso por parte do servidor público que tenha expedido certidão de regularidade fiscal ideologicamente falsa (falsidade quanto ao conteúdo).

---

[127] STJ, Primeira Turma, Rel. Ministro TEORI ALBINO ZAVASCKI, REsp 536.037, 2005.

16. Processo tributário

JOSIANE MINARDI

16.1. Ação Declaratória

A Ação Declaratória, que é regida, como regra, pelo procedimento comum ordinário, visa a declarar a existência, inexistência ou modo de ser de uma relação jurídica tributária, conferindo-lhe certeza jurídica ao sujeito passivo, conforme prevê o art. 19 do CPC.

Deve ser interposta antes da constituição do crédito tributário, de modo a evitar o lançamento tributário, vez que a sentença proferida na ação declaratória simplesmente declara, sem condenar, nem constituir ou desconstituir o crédito tributário.

Conquanto, como se depreende do parágrafo único do art. 4º do CPC, poderá ser interposta ainda que já tenha ocorrido lesão ao direito do contribuinte.

É adequada, por exemplo, nos casos em que há necessidade do contribuinte buscar a manifestação do Poder Judiciário para declarar a inexistência de relação jurídica que o obrigue a pagar determinado tributo, em face da inconstitucionalidade da lei que o instituiu, ou ilegalidade de normas que regulamentam sua cobrança.

Ressalta-se, todavia, que a mera propositura de uma ação declaratória não impede que o fisco lance o tributo e, em caso de inadimplência, inscreva-o em dívida ativa e realize a execução judicial.

O sujeito passivo poderá suspender a exigibilidade do crédito tributário, evitando, assim, apenas a cobrança da dívida tributária, com uma tutela antecipada concedida pelo Poder Judiciário ou a realização do depósito integral do tributo.

A concessão da tutela antecipada, bem como a efetivação de depósito do tributo, não impede o lançamento do tributo pelo fisco, apenas a cobrança do crédito tributário.

16.2. Ação Anulatória

A Ação Anulatória tem previsão no art. 38 da Lei nº 6.830/1980 e visa a desconstituir um crédito tributário já devidamente constituído, por meio do lançamento, por estar eivado de ilegalidade, inconstitucionalidade ou outros vícios.

Por essa razão, para o cabimento desta ação, deve-se partir do pressuposto da existência de lançamento ou de ato administrativo de cobrança (autuação, notificação, CDA, guias de pagamento, carnê de imposto ou de decisão administrativa).

A sentença proferida na ação anulatória tem natureza declaratória e constitutiva negativa, uma vez que visa a desconstituir o lançamento tributário.

O Supremo Tribunal Federal declarou a inconstitucionalidade de exigência de depósito para admissibilidade de ações (Súmula Vinculante nº 28). Por essa razão, não é necessário realizar o depósito do montante exigido pelo fisco para ajuizar uma ação anulatória, pois não é mais condição de sua admissibilidade.

A realização de depósito pelo contribuinte não é condição de admissibilidade da ação anulatória, conquanto, vale ressaltar que a mera propositura dessa demanda não suspende a exigibilidade do crédito tributário. Assim, como já existe um lançamento tributário, ainda que seja proposta ação anulatória, o fisco poderá ajuizar uma execução fiscal.

Para suspender a exigibilidade do crédito tributário, e assim evitar a propositura de execução fiscal, o contribuinte deverá conseguir a concessão de tutela antecipada ou realizar o depósito do montante integral do crédito, conforme determina a Súmula 112 do STJ.

Nos termos do art. 169 do CTN, caberá ação anulatória no prazo de dois anos a contar da decisão administrativa que indeferir a restituição na esfera administrativa.

16.3. Mandado de Segurança

O Mandado de Segurança, cuja previsão se encontra no art. 5º, LXIX e LXX, da CF e na Lei nº 12.016/2009, visa a proteger o direito líquido e certo daquele que sofrer ilegalidade ou abuso de poder – ou tiver o receio de sofrê-la –, como atos perpetrados por autoridade pública ou agente de pessoa jurídica, no exercício de atribuições do poder público.

O Mandado de Segurança pressupõe direito líquido e certo. É o direito subjetivo que se baseia numa relação fático-jurídica, na qual os fatos sobre os quais incide a norma objetiva devem ser apresentados de forma incontroversa. O impetrante comprova o seu direito por meio de prova documental. Não cabe prova oral (testemunhal) ou pericial e **não há dilação probatória.**

O Mandado de segurança pode ser impetrado individual ou coletivamente e poderá ser preventivo (antes de ocorrer lesão ao direito do contribuinte) ou repressivo (após a existência de lesão ao sujeito passivo).

No caso de ser **repressivo**, o art. 23 da Lei nº 12.016/2009 estabelece prazo de 120 (cento e vinte) dias a contar da ciência, pelo interessado, do ato impugnado, para impetrar o mandado de segurança.

O STF considera constitucional o prazo para propositura do Mandado de Segurança (Súmula 632).

O mandado de segurança não possui dilação probatória, nem são cabíveis honorários de sucumbência. É considerada a medida judicial mais célere e menos custosa.

Pode-se dizer que o mandado de segurança repressivo é cabível nas mesmas hipóteses da ação anulatória, e o preventivo, nas mesmas hipóteses de uma ação declaratória.

Conforme prevê o art. 5º da Lei nº 12.016/2009, não se concederá mandado de segurança quando se tratar: (i) de ato do qual caiba recurso administrativo com efeito suspensivo, independentemente de caução; (ii) de decisão judicial da qual caiba recurso com efeito suspensivo; (iii) de decisão judicial transitada em julgado.

Nos termos do art. 7º, III, da Lei nº 12.016/2009, o Poder Judiciário poderá conceder liminar sempre que houver fundamento relevante, e do ato impugnado puder resultar a ineficácia da medida, sendo, todavia, facultado exigir do impetrante caução, fiança ou depósito, com o objetivo de assegurar o ressarcimento à pessoa jurídica para conceder liminar no mandado de segurança.

O Superior Tribunal de Justiça entende que o mandado de segurança é a ação apropriada para declarar o direito de realizar a compensação. Ressalta-se, outrora, que a compensação não pode ser deferida em liminar. (Súmulas 212 e 213).

16.4. Execução fiscal e embargos à execução fiscal

A execução fiscal é a ação de cobrança do fisco, tem previsão na Lei nº 6.830/1980. Só poderá ser apresentada a execução fiscal depois da inscrição em dívida ativa, uma vez que a Certidão de Dívida Ativa – CDA –

é um título executivo que goza de presunção de certeza, liquidez e tem o efeito de prova pré-constituída.

A CDA deve indicar obrigatoriamente: (i) O nome do devedor e, sendo caso, o dos corresponsáveis, bem como, sempre que possível, o domicílio ou a residência de um e de outros; (ii) A quantia devida e a maneira de calcular os juros de mora acrescidos; (iii) A origem e natureza do crédito, mencionada especificamente a disposição da lei em que seja fundado; (iv) A data em que foi inscrita; (v) Sendo caso, o número do processo administrativo de que se originar o crédito (art. 202, CTN e Art. 2º, § 5º, da Lei nº 6.830/80).

A omissão de quaisquer dos requisitos supracitados implica a nulidade da execução fiscal. Conquanto, a CDA poderá ser emendada ou substituída até a decisão de primeira instância, devolvendo-se o prazo para embargos ao executado, conforme prevê o art. 203 do CTN.

O Superior Tribunal de Justiça entende, todavia, que **não pode alterar o sujeito passivo na CDA**. Súmula 392 STJ.

Os Embargos à execução são a defesa do contribuinte frente à execução fiscal. Trata-se de uma ação autônoma, distribuída por dependência aos autos de execução fiscal e visa a desconstituir o título executivo fiscal. Tem previsão no art. 16 da Lei nº 6.830/80.

Para sua propositura, é necessário que seja realizada a **garantia prévia do juízo**, nos termos do art. 16 da Lei nº 6.830/80, através de penhora, carta-fiança ou depósito integral.

O prazo para oferecer os embargos é de 30 dias a contar da intimação da penhora, da juntada da prova da fiança bancária ou da realização do depósito integral, conforme art. 16 da Lei de Execuções Fiscais.

16.5. Exceção de pré-executividade

A exceção de pré-executividade é outra modalidade de defesa do contribuinte frente à propositura de execução fiscal pelo fisco.

Esse instrumento permite ao executado formular defesa dentro do processo de execução, por meio de simples petição, evitando a obrigatoriedade de garantir o juízo.

A exceção de pré-executividade tem fundamento legal no art. 5º, XXXIV, "a", e XXXV, da CF e Súmula 393 do STJ.

É necessário que a matéria abordada na exceção de pré-executividade seja conhecida de ofício pelo juiz e não comporte dilação probatória.

STJ – Súmula 393 – A exceção de pré-executividade é admissível na execução fiscal relativamente às matérias conhecíveis de ofício que não demandem dilação probatória.

A título de exemplo, podemos citar que as matérias que podem ser conhecidas de ofício são:

(i) Na hipótese de faltar certeza, liquidez e inexigibilidade do título executivo, art. 204, parágrafo único, do CTN e art. 803 do CPC;

(ii) Quando presentes as causas impeditivas do crédito tributário: imunidade, isenção ou anistia, nos termos do art. 175, do CTN;

(iii) Casos de extinção do crédito tributário, nos termos do art. 156, V, do CTN.

16.6. Ação de restituição

A ação de restituição tem cabimento no caso de pagamento a maior ou indevido, em virtude de inconstitucionalidade de lei, ou equívoco da autoridade administrativa ou do próprio sujeito passivo. Nesse sentido, o art. 165 do CTN estabelece:

Art. 165. O sujeito passivo tem direito, independentemente de prévio protesto, à restituição total ou parcial do tributo, seja qual for a modalidade do seu pagamento, ressalvado o disposto no § 4º do artigo 162, nos seguintes casos:

I – cobrança ou pagamento espontâneo de tributo indevido ou maior que o devido em face da legislação tributária aplicável, ou da natureza ou circunstâncias materiais do fato gerador efetivamente ocorrido;

II – erro na edificação do sujeito passivo, na determinação da alíquota aplicável, no cálculo do montante do débito ou na elaboração ou conferência de qualquer documento relativo ao pagamento;

III – reforma, anulação, revogação ou rescisão de decisão condenatória.

Cumpre informar que quando o legislador utilizou o termo "edificação" no inciso II do art. 165 do CTN, quis dizer, na verdade, erro na **identificação** do sujeito passivo.

O sujeito passivo que pagar um tributo prescrito, nos termos do art. 165 do CTN, poderá pedir a sua restituição, visto que a prescrição consiste em uma das causas de extinção do crédito tributário, prevista no art. 156, V, do CTN. Este entendimento é compartilhado pelos tribunais superiores, como é o caso do STJ[1]

---

[1] REsp 646.328/RS, Rel. Min. Mauro Campbell Marques, DJ 23/06/2009.

Ressalta-se que apenas o sujeito passivo poderá pedir a restituição do tributo pago indevidamente. O sujeito passivo consiste naquele que tem o dever de pagar o tributo, sendo o contribuinte ou o responsável, nos termos do art. 121 do CTN. Essa informação tem considerável importância, visto que alguns tributos permitem o repasse do encargo financeiro para um próximo da cadeia, como é o caso do IPI e do ICMS, que são tributos indiretos. Nos casos de tributos indiretos, a restituição deverá observar o art. 166 do CTN:

> Art. 166. A restituição de tributos que comportem, por sua natureza, transferência do respectivo encargo financeiro **somente será feita a quem prove haver assumido o referido encargo**, ou, **no caso de tê-lo transferido a terceiro, estar por este expressamente autorizado a recebê-la**.

A título de exemplo, considere que uma empresa (contribuinte **de direito**), ao industrializar determinado produto, deverá recolher o IPI, mas repassa o encargo financeiro até o consumidor final (contribuinte **de fato**). Ao descobrir que recolheu indevidamente o IPI, em virtude de decisão que declara inconstitucional a lei que aplica a alíquota do tributo, somente o contribuinte **de direito** poderá pedir a restituição, tendo em vista que foi este que praticou o fato gerador, no entanto, deverá comprovar o atendimento dos requisitos do art. 166 do CTN. Assim, pode-se concluir que o contribuinte **de fato** não participou da relação jurídico-tributária, não podendo pedir a restituição.

Quanto a esse entendimento, o STF entendia que nos casos de tributos indiretos, não caberia a restituição, pois caracterizaria o enriquecimento ilícito. Existia a Súmula 71 sobre esse assunto. Com o passar do tempo, foi modificado o entendimento do STF, pois se verificou que não são todos os contribuintes que repassam o encargo dos tributos. Por esse motivo, o STF emitiu a Súmula 546, que permite a restituição dos tributos indiretos, desde que comprovado o não repasse do tributo para os consumidores.

Até pouco tempo, o STJ entendia que caberia ao contribuinte de fato restituir, no entanto, atualmente é unânime o entendimento de que o **contribuinte de fato não pode requerer a restituição**[2].

Nos termos do art. 168, I, do CTN, o sujeito passivo tem cinco anos a contar da extinção do crédito tributário para pleitear a restituição do que pagou a maior ou indevidamente.

Tendo em vista que no art. 168, inciso I, do CTN, consta a expressão: "da extinção de crédito tributário", deve-se considerar que, para os tributos sujeitos a lançamento por declaração e de ofício, o crédito

---

[2] REsp 903.394/AL, Rel. Min. Luiz Fux, DJ 26/04/2010.

tributário se extinguirá com o pagamento. No entanto, nos tributos sujeitos a lançamento por homologação, o crédito tributário só será considerado extinto com a homologação por parte da Autoridade Administrativa, seja de forma tácita (decadência) ou expressa (lançamento), sendo que pode levar até 5 anos da ocorrência do fato gerador.

Assim, em relação aos tributos sujeitos a lançamento por homologação, o prazo de restituição teria início após os cinco anos da ocorrência do fato gerador, momento em que estaria extinto o crédito tributário, o que totalizaria 10 anos para o sujeito passivo requerer a restituição, contados do pagamento indevido.

Porém, com a edição da LC nº 118/05, houve a redução do prazo para pedir restituição para 5 anos, pois com essa lei considera-se extinto o crédito tributário, na data do pagamento, mesmo referente aos tributos sujeitos à lançamento por homologação.

> LC 118/2005 – Art. 3º Para efeito de interpretação do **inciso I do art. 168 da Lei nº 5.172, de 25 de outubro de 1966** – Código Tributário Nacional, a extinção do crédito tributário ocorre, no caso de tributo sujeito a lançamento por homologação, no momento do pagamento antecipado de que trata o **§ 1º do art. 150 da referida Lei**.

Ainda que a LC nº 118/05 se autodenominou interpretativa, recentemente, no julgamento do RE nº 56.662, o STF entendeu que essa lei modificou o ordenamento jurídico e por essa razão não poderia retroagir nos termos do art. 106, I, do CTN.

17. Impostos federais

JOSIANE MINARDI

17.1. Imposto sobre Importação de Produtos Estrangeiros – II

O Imposto sobre Importação de Produtos Estrangeiros tem sua fonte na Constituição, no art. 153, inciso I.

• **Previsão Legal**: arts. 19 ao 22 do CTN, Decreto nº 6.759/09

Nos termos do art. 19 do CTN, o **fato gerador** do Imposto sobre Importação é a entrada dos bens importados no território nacional.

> Art. 19. O imposto, de competência da União, sobre a importação de produtos estrangeiros tem como fato gerador a entrada destes no território nacional.

No tocante ao termo **produto**, por sua vez, Américo Masset Lacombe conceitua como sendo "toda coisa móvel corpórea. Ou será um produto da natureza ou da atividade humana".[3]

O objeto passível de sofrer a incidência do Imposto de Importação se define, em verdade, por um bem material resultante da atividade humana de extração ou de transformação dos elementos da natureza, podendo ser matérias-primas, produtos intermediários, produtos elaborados.[4]

O termo **estrangeiro** designa o produto que tem origem em outro país. Assim, pode-se afirmar que a hipótese de incidência do Imposto sobre Importação ocorre quando da entrada de bem produzido no exterior, pela natureza ou pelo homem.

Registra-se, porém, que a entrada do produto estrangeiro, para sofrer a incidência do Imposto sobre Importação, deve incorporar a economia interna, seja para fins industriais, comerciais, seja para o próprio consumo. Assim, a simples entrada de um bem em território

---

[3] *Imposto de Importação*. São Paulo: Revista dos Tribunais, 1979. p. 14.

[4] NETO, Miguel Hilú. *Imposto sobre Importações e Imposto sobre Exportações*. São Paulo: Quartier Latin, 2003. p. 69-70.

nacional, que não irá compor a economia interna, não se sujeita à incidência desse imposto.

Quanto ao critério **temporal**, considera-se ocorrido o fato gerador para fins de cálculo do Imposto sobre Importação na data do **registro da declaração de importação** da mercadoria submetida a despacho para consumo.

O registro é realizado eletronicamente através do Sistema Integrado de Comércio Exterior (SISCOMEX). Trata-se de exigência para instrumentalizar o controle aduaneiro e viabilizar o desembaraço aduaneiro.

O **critério espacial** do Imposto sobre Importação é o território nacional.

O **sujeito ativo** do Imposto sobre Importação é a União.

Nos termos do art. 104 do Decreto nº 6.759/2009, é **contribuinte** do imposto: (i) o importador, assim considerada qualquer pessoa que promova a entrada de mercadoria estrangeira no território aduaneiro; (ii) o destinatário de remessa postal internacional indicado pelo respectivo remetente; e (iii) o adquirente de mercadoria entrepostada.

A **base de cálculo** do Imposto sobre Importação é o **valor aduaneiro** apurado segundo as normas do art. VII do Acordo Geral sobre Tarifas e Comércio – GATT – 1994, quando a alíquota for *ad valorem*, e a base de cálculo será a quantidade de mercadoria expressa na unidade de medida estabelecida, quando a alíquota for específica (art. 75 do Decreto 6.759/09).

As **alíquotas** do Imposto de Importação podem ser específicas ou *ad valorem*. As alíquotas específicas utilizam unidades de medidas como metro, quilos, litros etc. As alíquotas *ad valorem*, no entanto, variam de acordo com o valor do bem; o imposto será tantos por cento sobre o valor do produto.

As alíquotas são fixadas na Tarifa Externa Comum sobre a base de cálculo do mesmo.

Características: É um imposto extrafiscal que apresenta função interventiva estatal no âmbito do comércio exterior.

Trata-se de um tributo direto, vez que, via de regra, não comporta o repasse do encargo financeiro.

O Imposto sobre Importação não está sujeito aos princípios da anterioridade do exercício e nem à anterioridade nonagesimal, assim, se for majorado, poderá ser exigido imediatamente.

Além disso, nos termos do art. 153, § 1º, da CF, o Poder Executivo poderá alterar as alíquotas do Imposto de Importação nos limites e condições previstos em lei.

II	
Critério Material	Importar produtos estrangeiros
Critério Espacial	Território nacional
Critério Temporal	No momento do registro da declaração de importação no Sistema Integrado de Comércio Exterior (Siscomex)
Critério Pessoal	**Sujeito Ativo**: União **Sujeito Passivo**: Importador
Critério Quantitativo	**Base de cálculo:** preço da mercadoria **Alíquotas:** Específicas ou *ad valorem*

17.2. Imposto sobre Exportação de Produtos Nacionais – IE

O Imposto sobre Exportação de Produtos nacionais ou nacionalizados tem sua fonte na Constituição, no art. 153, inciso II.

• **Previsão Legal**: arts. 23 a 28 do CTN, Decreto nº 6.759/09.

Nos termos do art. 23 do CTN, o fato gerador do Imposto sobre Exportação é a saída de produtos nacionais ou nacionalizados do território nacional. Conquanto, ressalta-se que o parágrafo único do art. 213 do Decreto nº 6.759/09 considera ocorrido o fato gerador para fins de cálculo desse imposto na data do registro da declaração de exportação no Sistema Integrado de Comércio Exterior (SISCOMEX).

Quanto ao **critério temporal** o parágrafo único do art. 213 do Decreto nº 6.759/09 considera ocorrido o fato gerador para fins de cálculo do Imposto sobre exportação na data do registro da declaração de exportação no Sistema Integrado de Comércio Exterior (SISCOMEX).

O registro no SISCOMEX é o conjunto de informações de natureza comercial, financeira, cambial e fiscal que caracterizam a operação de exportação de uma mercadoria e definem seu enquadramento legal.

O **critério espacial** do Imposto sobre exportação é o território nacional.

O **sujeito ativo** do Imposto sobre Exportação é a União.

Nos termos do art. 27 do CTN, o **contribuinte** do Imposto sobre Exportação é o exportador, ou quem a lei a ele equiparar.

A **base de cálculo** do Imposto sobre Exportação, nos termos do art. 214 do Decreto 6.759/09, é o preço normal que a mercadoria, ou similar, alcançaria, ao tempo da exportação, em uma venda em condições de livre concorrência no mercado internacional, observadas as normas expedidas pela Câmara de Comércio Exterior.

Quando o preço da mercadoria for de difícil apuração ou for suscetível de oscilações bruscas no mercado internacional, a Câmara de Comércio Exterior fixará critérios específicos ou estabelecerá pauta de valor mínimo, para apuração da base de cálculo.

Para efeito de determinação da base de cálculo do imposto, o preço de venda das mercadorias exportadas não poderá ser inferior ao seu custo de aquisição ou de produção, acrescido dos impostos e das contribuições incidentes e da margem de lucro de quinze por cento sobre a soma dos custos, mais impostos e contribuições.

As **alíquotas** do Imposto de Exportação podem ser específicas ou ad valorem. As alíquotas específicas utilizam unidades de medidas como metro, quilos, litros, etc. Já as alíquotas *ad valorem* variam de acordo com o valor do bem; o imposto será tantos por cento sobre o valor do produto.

Características: É um imposto extrafiscal, apresenta função interventiva estatal no âmbito do comércio exterior.

Trata-se de um tributo direto, vez que via de regra, não comporta o repasse do encargo financeiro.

O Imposto sobre Exportação não está sujeito aos princípios da anterioridade do exercício e nem à anterioridade nonagesimal, assim se for majorado poderá ser exigido imediatamente.

Além disso, nos termos do art. 153, § 1º, da CF, o Poder Executivo poderá alterar as alíquotas do Imposto de Exportação nos limites e condições previstos em lei.

	IE
Critério Material	Exportação, para o exterior, de produtos nacionais ou nacionalizados
Critério Espacial	Território nacional
Critério Temporal	No momento do registro da declaração de exportação no Sistema Integrado de Comércio Exterior (Siscomex).
Critério Pessoal	**Sujeito Ativo**: União **Sujeito Passivo**: Exportador
Critério Quantitativo	**Base de cálculo**: preço da mercadoria **Alíquotas**: Específicas ou *ad valorem*

17.3. Imposto sobre Renda e Proventos de Qualquer Natureza – IR

O imposto sobre Renda e Proventos de Qualquer Natureza tem sua fonte na Constituição, no art. 153, inciso III.

- **Previsão Legal**: arts. 43 a 45 do CTN, Decreto nº 3.000/99.

Nos termos do art. 43 do CTN, o **fato gerador** do IR é a aquisição da disponibilidade econômica ou jurídica: (i) de renda, assim entendido o produto do capital, do trabalho ou da combinação de ambos; (ii) de proventos de qualquer natureza, assim entendidos os acréscimos patrimoniais não compreendidos no inciso I do art. 43 do CTN. Assim, temos que o critério material do IR é um acréscimo patrimonial.

Do dispositivo legal supracitado, tem-se que o fato jurídico tributário do Imposto de Renda é a aquisição de renda ou provento que represente **riqueza nova**.

Dessa feita, para que ocorra a incidência do Imposto de Renda, deve-se realizar o cômputo de todos os valores que entram e que saem do patrimônio do contribuinte. Se houver acréscimo de renda, haverá a incidência do IR, caso contrário, se houver um decréscimo, não há que se falar em incidência desse imposto, por inexistir fato que se enquadre à hipótese da lei ensejadora da relação jurídico-tributária.

A verificação do patrimônio já existente do contribuinte faz-se importante, uma vez que muitos valores recebidos constituem mera recomposição patrimonial do sujeito, não caracterizando, assim, riqueza nova e por isso não estariam sujeitos à incidência do IR.

Logo, ainda que haja um "acréscimo patrimonial", o mesmo não será tributado se for decorrente de indenização, isto porque a indenização visa a compensar um prejuízo suportado pelo indenizado, ou seja, reparar o dano causado em virtude de uma relação preconstituída.

Quanto ao **critério temporal**, tem-se por ocorrido o fato gerador do IR no dia 31 de dezembro do ano-base.

No caso de pessoa física, ainda que o fato gerador ocorra no dia 31 de dezembro de todo ano, no exercício seguinte deverá ser entregue a declaração anual de ajuste do imposto, verificando o imposto efetivamente devido, compensando-se o que já foi objeto de adiantamento mensal durante o ano-base, seja pelo pagamento do carnê-leão ou pela retenção na fonte.

Para pessoa jurídica, o fato gerador também ocorre no dia 31 de dezembro do ano-base ou ano-calendário. Contudo, o período de apuração pode ser diferenciado de acordo com a opção pelo regime de apuração, podendo ser mensal ou trimestral.

A pessoa jurídica pode recolher o Imposto sobre renda ou proventos de qualquer natureza com base no lucro real, presumido ou arbitrado. No entanto, as pessoas enquadradas no art. 14 da Lei nº 9.718/1998 só poderão recolher o IR com base no lucro real.

A tributação pelo lucro real é a que mais se aproxima do lucro obtido pela pessoa jurídica, uma vez que é verificado após as deduções possíveis pela legislação tributária.

O lucro presumido é uma opção da pessoa jurídica que não esteja obrigada pela lei ao recolhimento pelo lucro real. Com base no faturamento da empresa, aplica-se um percentual, fixado em lei, o qual presumidamente corresponderá ao lucro auferido pela pessoa jurídica.

O lucro arbitrado será utilizado apenas quando o sujeito passivo, com base na tributação sob o regime do lucro real ou presumido, não atende às exigências que a legislação impõe à apuração do lucro por cada uma das modalidades. O art. 47 da Lei nº 8.981/1995 prevê as hipóteses de tributação do IR sob o lucro arbitrado.

Com relação ao **critério espacial**, é a União, mas também alcança fatos que não ocorrem no Brasil, prestigiando assim o princípio da extraterritorialidade.

O **sujeito ativo** do IR é a União.

São **contribuintes** do Imposto sobre renda ou proventos de qualquer natureza as pessoas físicas residentes ou domiciliadas no Brasil, aquelas residentes no exterior que recebam rendas ou proventos de qualquer natureza no Brasil e as pessoas jurídicas com sede no Brasil.

A **base de cálculo** do IR é o valor do acréscimo patrimonial auferido no exercício financeiro, em decorrência de rendas ou proventos de qualquer natureza.

As **alíquotas** do IR para pessoa física são 7,5%, 15%, 22,5% e 27,5%. As alíquotas variam de acordo com o valor auferido anualmente.

Ressalta-se, todavia, que sobre o ganho de capital, resultante da venda de um imóvel, a alíquota será de 15%, independentemente do valor.

Não estará sujeito ao pagamento do IR sobre o ganho de capital nos termos da Lei nº 9.250/1995, art. 23, o contribuinte que possua apenas um imóvel, e que seja alienado até R$ 440.000,00 e não tenha sido realizada qualquer outra alienação nos últimos cinco anos.

O art. 39 da Lei nº 11.196/2005 prevê uma isenção, também, para o Imposto sobre renda ou proventos de qualquer natureza sobre o ganho de capital, quando a pessoa física, na venda de um imóvel residencial, independentemente do valor e de ser ou não único imóvel, o aplique na compra de outro imóvel residencial dentro de 180 dias.

Para as pessoas jurídicas, a alíquota do IR é de 15%.

Características: É um imposto fiscal, uma vez que sua finalidade precípua é obter recursos financeiros para a União.

Trata-se de um tributo <u>direto</u>, vez que, via de regra, não comporta o repasse do encargo financeiro.

O IR é progressivo conforme o aumento da base de cálculo, assim quanto maior for a renda auferida pelo sujeito passivo, maior será a alíquota aplicável.

Além disso, o IR está sujeito aos princípios da generalidade e universalidade. Pela generalidade, todos os sujeitos que auferirem renda devem pagar o IR. Já a universalidade determina que todos os rendimentos auferidos serão tributados pelo IR, independentemente de serem nacionais ou estrangeiros, sendo o beneficiário residente no Brasil, o imposto será devido para o Estado brasileiro.

Nesse sentido, o § 1º do art. 43 do CTN estabelece que "a incidência do imposto independe da denominação da receita ou do rendimento, da localização, condição jurídica ou nacionalidade da fonte, da origem e da forma de percepção".

O Imposto sobre rendas ou proventos de qualquer natureza respeita o princípio da anterioridade do exercício, mas não respeita 90 dias. Assim, se sofrer qualquer modificação, de forma a majorar o tributo no dia 31 de dezembro, poderá ser cobrado no dia 1 de janeiro do exercício seguinte.

IR	
Critério Material	Auferir renda e proventos de qualquer natureza
Critério Espacial	Território nacional
Critério Temporal	31 de dezembro de todo ano.
Critério Pessoal	**Sujeito Ativo:** União **Sujeito Passivo:** Pessoa física e Pessoa jurídica
Critério Quantitativo	**Base de cálculo:** acréscimo patrimonial auferido no exercício financeiro, em decorrência de rendas ou proventos de qualquer natureza. **Alíquotas: Pessoa física:** 7,5%, 15%, 22,5% e 27,5% **Pessoa jurídica:** 15%

17.4. Imposto sobre Produtos Industrializados – IPI

O imposto sobre Produtos Industrializados tem sua fonte na Constituição, no art. 153, inciso IV.

- **Previsão Legal**: arts. 46 a 51 do CTN, Lei nº 4.502/1964, Decreto nº 6.006/2006 e Decreto nº 7.212/2010.

Sobre o **critério material**, em atenção ao art. 153, IV, da CF, verifica-se que o legislador constituinte fora extremamente vago e genérico ao tratar "produtos industrializados", permitindo apenas a conclusão de imediato de que o IPI não incidirá sobre os produtos naturais (agrícolas, pecuários e minerais).

E da leitura do Código Tributário Nacional na parte que trata sobre o IPI, extrai-se:

Art. 46. O imposto, de competência da União, sobre produtos industrializados tem como fato gerador:
I – o seu desembaraço aduaneiro, quando de procedência estrangeira;
II – a sua saída dos estabelecimentos a que se refere o parágrafo único do artigo 51;
III – a sua arrematação, quando apreendido ou abandonado e levado a leilão.
Parágrafo único. Para os efeitos deste imposto, considera-se industrializado o produto que tenha sido submetido a qualquer operação que lhe modifique a natureza ou a finalidade, ou o aperfeiçoe para o consumo.

Na verdade, bem como já salientou Paulo de Barros Carvalho, lembrado por Eduardo Domingos Bottallo,[5] a expressão "imposto sobre produtos industrializados" não passa de uma sigla que alberga três impostos distintos, sendo que somente um deles pode ser considerado em seu sentido estrito, cujo aspecto material da hipótese de incidência "é realizar operação de industrialização de produto", com a eminente saída desse do estabelecimento produtor.

O artigo 46 do Código Tributário Nacional permite a conclusão de que o critério material do IPI, previsto constitucionalmente, referente ao inciso II, é toda operação que modifique ou aperfeiçoe um produto, através de ação humana, transformando sua utilidade primeira.

Na verdade, pode-se afirmar que industrializar consiste em modificar a natureza, o funcionamento, o acabamento, a apresentação, a finalidade do produto, ou ainda seu aperfeiçoamento para o consumo.

---

[5] CARVALHO, Paulo de Barros *apud* BOTTALLO, Eduardo Domingos. *Fundamentos do IPI* (Imposto sobre Produtos Industrializados). São Paulo: Revista dos Tribunais, 2002, p. 36.

Assim, temos que o verbo que se extrai do critério material desse imposto aqui abordado é "realizar", e seu complemento é "operações com produtos industrializados".

Com relação ao inc. I do art. 46 do CTN, que estabelece ser o fato gerador do IPI o desembaraço aduaneiro, temos que o IPI também incide na importação de produtos industrializados.

Logo, o IPI é um complemento do Imposto sobre Importação. Desta forma, não há como negar que há uma dupla incidência de impostos sobre a atividade de importação de bens do exterior, uma vez que incide sobre ela o Imposto de Importação e o Imposto sobre Produtos Industrializados.

Destarte, não se pode falar em inconstitucionalidade, visto que os tributos acima referidos pertencem à competência de uma só pessoa política, a União, configurando-se nitidamente como adicionais um do outro.

O inciso III do art. 46 do Código Tributário Nacional prevê como critério material da hipótese de incidência tributária do IPI: *"a sua arrematação, quando apreendido ou abandonado e levado a leilão"*.

Da análise ao art. 46 do Código Tributário Nacional, incisos I, II e III, extrai-se que o **critério temporal** do IPI é: a) "o desembaraço aduaneiro", quando se trata de importação de produtos industrializado, b) a "saída do estabelecimento produtor", quando se trata da realização de operação de industrialização de produtos, c) a arrematação, quando o produto industrializado for apreendido ou abandonado e levado a leilão.

O **critério espacial** do IPI deverá compreender todo o território nacional, haja vista tratar-se de um imposto cuja competência é da União.

Entende-se que, para todos os critérios materiais relativos ao Imposto sobre Produtos Industrializados, o **sujeito ativo** é a União.

O art. 24 do Decreto nº 7.212/2010 estabelece que são **contribuintes** do Imposto sobre Produtos Industrializados:

a) o importador, quando do desembaraço aduaneiro;

b) o industrial, quando o fato jurídico tributário se der pela saída do produto que industrializar em seu estabelecimento;

c) o estabelecimento equiparado a industrial, quando os produtos deles saírem.

Os arts. 9º e 10 do Decreto nº 7.212/2010 trazem um rol dos estabelecimentos equiparados a industrial, e o art. 11 desse mesmo dispositivo legal elenca aqueles que se equiparam a estabelecimento industrial por opção.

Dentre os estabelecimentos equiparados a industrial, citados pela legislação, destacam-se aqui os importadores, para fins de submissão a um segundo momento de incidência; as filiais atacadistas de estabelecimentos industriais; os estabelecimentos comerciais que remeterem insumos para industrialização de sua encomenda.

A **base de cálculo** do IPI, no caso de se tratar de produto industrializado importado, será o preço normal, acrescido do montante do imposto sobre a importação, das taxas exigidas para entrada do produto no país e dos encargos cambiais efetivamente pagos pelo importador ou dele exigíveis.

De acordo com o Código Tributário Nacional, os produtos que apresentam como critério material a saída dos estabelecimentos do importador, industrial, comerciante têm por base de cálculo o valor da operação de que decorrer a saída da mercadoria ou, na falta deste, o preço corrente da mercadoria, ou seu similar no mercado atacadista da praça do remetente.

Para aqueles produtos que tenham como hipótese de incidência a arrematação, a base de cálculo será o preço de arrematação.

Como regra geral, as **alíquotas** do IPI encontram-se discriminadas na Tabela de Incidência do Imposto sobre Produtos Industrializados, Decreto 6.006/2006, em que, conforme a respectiva classificação fiscal da mercadoria, se encontrará a correlata alíquota desse imposto.

Destaca-se, ainda, que a alíquota do IPI poderá ser alterada pelo Poder Executivo, dentro dos limites legalmente estabelecidos, nos termos do art. 153, § 1º, da Constituição Federal.

Características: Embora seja a segunda maior arrecadação da União, assume uma função extrafiscal e serve como instrumento de controle da União na economia.

Trata-se de um tributo indireto, porque permite o repasse do encargo financeiro para o consumidor final.

O IPI não está sujeito ao princípio da anterioridade, previsto no artigo 150, III, "b", do Texto Maior, devendo obedecer tão somente ao princípio da anterioridade nonagesimal, que dispõe o art. 150, III, "c", da Carta Magna.

O IPI está sujeito, **obrigatoriamente**, ao Princípio da **Seletividade**, disposto no art. 153, § 3º, inciso I, da Constituição Federal, em função da essencialidade do produto.

Assim, os gêneros de primeira necessidade devem ser tributados com uma alíquota menor do que os produtos supérfluos.

Atende ao princípio da não cumulatividade, compensando-se o que for devido em cada operação com o montante cobrado nas anteriores (art. 153, § 3º, II, da CF).

Imunidades Específicas: nos termos do art. 153, § 3º, III, da CF, o IPI não incidirá sobre produtos industrializados destinados ao exterior.

O **lançamento** do IPI, em regra, é feito por homologação. O próprio contribuinte verifica a ocorrência do fato gerador, calcula o tributo e recolhe, aguardando apenas a ulterior homologação pela autoridade competente.

IPI	
Critério Material	– realizar operação de industrialização de produto; – importação de produtos industrializados; – arrematação de produto, quando apreendido ou abandonado e levado a leilão.
Critério Espacial	Território nacional
Critério Temporal	a) "o desembaraço aduaneiro" quando se trata de importação de produtos industrializado, b) a "saída do estabelecimento produtor" quando se trata da realização de operação de industrialização de produtos, c) a arrematação, quando o produto industrializado for apreendido ou abandonado e levado à leilão.
Critério Pessoal	**Sujeito Ativo**: União **Sujeito Passivo**: a) o importador, quando do desembaraço aduaneiro; b) o industrial, quando o fato jurídico tributário se der pela saída do produto que industrializar em seu estabelecimento; c) o estabelecimento equiparado a industrial, quando os produtos deles saírem.
Critério Quantitativo	**Base de cálculo**: preço do produto **Alíquotas**: Podem ser alteradas por ato do Poder Executivo

17.5. Imposto sobre Operações de Crédito, Câmbio e Seguros – IOF

O Imposto sobre Operações de Crédito, Câmbio e Seguros (IOF) tem sua fonte na Constituição, no art. 153, inciso V.

• **Previsão Legal**: arts. 63 a 66 do CTN, Decreto nº 6.306/07.

Quanto ao **critério material**, o art. 2º do Decreto nº 6.306/07 estabelece que o IOF incide sobre:

(i) **operações de crédito**: que se referem a contraprestação futura em troca de meios monetários no presente.

Ressalta-se que o saque da caderneta de poupança não gera a incidência do IOF, conforme entendimento do STF, Súmula n° 664.

(ii) **operações de câmbio**: consiste na troca de moedas, de uma pela outra.

(iii) **operações de seguro realizadas por seguradoras**: compreende seguros de vida e congêneres, seguro de acidentes pessoais e do trabalho, seguros de bens, valores, coisas e outros não especificados é o contrato pelo qual se garante algo contra o risco de eventual dano (um evento futuro e incerto).

(iv) **operações relativas a títulos ou valores mobiliários**: implica na transferência de propriedade de títulos como promissórias, debêntures, ações na bolsa.

(v) **operações com ouro**, ativo financeiro, ou instrumento cambial.

Com relação ao **critério temporal**, nos termos do art. 63 do CTN, o fato gerador do IOF ocorre:

(i) **quanto às operações de crédito**, no momento da sua efetivação pela entrega total ou parcial do montante ou do valor que constitua o objeto da obrigação, ou sua colocação à disposição do interessado;

(ii) **quanto às operações de câmbio**, pela entrega de moeda nacional ou estrangeira, ou de documento que a represente, ou sua colocação à disposição do interessado em montante equivalente à moeda estrangeira ou nacional entregue ou posta à disposição por este;

(iii) **quanto às operações de seguro**, pela emissão da apólice ou do documento equivalente, ou recebimento do prêmio, na forma da lei aplicável;

(iv) **quanto às operações relativas a títulos e valores mobiliários**, no momento da emissão, transmissão, pagamento ou resgate destes, na forma da lei aplicável.

O **critério espacial** do IOF é o território nacional, por essa razão irá incidir sobre as operações ocorridas no Brasil.

O **sujeito ativo** do IOF é a União.

Nos termos do art. 66 do CTN, o **contribuinte** do imposto poderá ser qualquer das partes na operação tributada a depender do legislador. Nesse sentido, o Decreto n° 6.306/07 determina os sujeitos passivos.

Nas **operações de crédito,** o art. 4° do Decreto n° 6.306/07 determina que o contribuinte é a pessoa física ou jurídica tomadora de crédito.

Nas **operações de câmbio**, o contribuinte é o comprador ou vendedor da moeda estrangeira nas operações referentes às transferências financeiras para o, ou do exterior (art. 12, Decreto n° 6.303/07).

As instituições autorizadas a operar em câmbio são responsáveis pela cobrança do IOF e pelo seu recolhimento ao Tesouro Nacional.

Nas **operações de seguro**, os contribuintes são as pessoas físicas ou jurídicas asseguradas. Os responsáveis pela cobrança do IOF e o seu recolhimento ao Tesouro Nacional são as seguradoras ou as instituições financeiras a quem estas encarregarem da cobrança do prêmio.

Quanto às **operações relativas a títulos e valores mobiliários**, os contribuintes são os adquirentes de títulos ou valores mobiliários e os titulares de aplicações financeiras.

Nos termos do art. 64 do CTN a **base de cálculo** do IOF é:

(i) **quanto às operações de crédito**, o montante da obrigação, compreendendo o principal e os juros;

(ii) **quanto às operações de câmbio**, o respectivo montante em moeda nacional, recebido, entregue ou posto à disposição;

(iii) **quanto às operações de seguro**, o montante do prêmio;

(iv) **quanto às operações relativas a títulos e valores mobiliários**: (a) na emissão, o valor nominal mais o ágio, se houver; (b) na transmissão, o preço ou o valor nominal, ou o valor da cotação em Bolsa, como determinar a lei; (c) no pagamento ou resgate, o preço.

As **alíquotas** do IOF são proporcionais, variando conforme a natureza das operações financeiras ou de mercado de capitais. Estão previstas no Decreto nº 6.306/07.

Nas **operações de crédito**: a alíquota máxima de IOF será de 1,5%, conforme prevê o art. 6º do Decreto nº 6.306/07.

Nas **operações de câmbio**: a alíquota máxima de IOF será de 25%, nos termos do art. 15 do Decreto nº 6.306/07.

Nas **operações de seguro**: a alíquota máxima do IOF é de 25%, nos termos do art. 22 do Decreto nº 6.306/07.

Nas **operações relativas a títulos ou valores mobiliários**: a alíquota máxima é de 1,5% ao dia, conforme prevê art. 29 do Decreto nº 6.303/07.

Nas **operações com ouro** enquanto ativo financeiro, a alíquota é de 1% (arts. 38 e 39 do Decreto nº 6.306/07).

Características: É um imposto extrafiscal. Trata-se de um tributo direto, uma vez que, via de regra, não comporta o repasse do encargo financeiro.

O IOF não está sujeito aos princípios da anterioridade do exercício e nem à anterioridade nonagesimal, assim, se for majorado, poderá ser exigido imediatamente.

Além disso, nos termos do art. 153, § 1º, da CF, o Poder Executivo poderá alterar as alíquotas do IOF nos limites e condições previstos em lei.

17.6. Imposto sobre Propriedade Territorial Rural – ITR

O Imposto sobre Propriedade Territorial Rural tem sua fonte na Constituição, no art. 153, inciso VI.

- **Previsão Legal**: arts. 29 a 31 do CTN, Lei nº 9.393/96, Decreto nº 4.382/02 e Decreto-Lei nº 57/66.

Em atenção ao art. 153, VI, da CF, o **critério material** do ITR é ser **proprietário** de imóvel rural.

Ser proprietário, nos termos do art. 1.228 do Código Civil, envolve a faculdade de usar, gozar e dispor da coisa e o direito de reavê-la do poder de quem quer que injustamente a possua ou detenha.

Conquanto, para fins de incidência do ITR, considera-se apenas a terra nua, e não a construção, como no caso do IPTU. O ITR incide sobre a propriedade **territorial** rural, enquanto o IPTU incide sobre a propriedade predial e territorial urbana.

Imóvel rural é aquele localizado na zona rural, sendo que a determinação de zona urbana é definida por lei municipal, conforme estabelece o art. 32, § 1º, do CTN, observado o requisito mínimo da existência de melhoramentos indicados em pelo menos 2 (dois) dos incisos desse artigo.

A área que não tenha ao menos dois dos melhoramentos acima mencionados não poderá ser considerada zona urbana, podendo os imóveis nela situados sofrerem a incidência do ITR, e não do IPTU.

Excepcionalmente, nos termos do art. 15 do DL nº 57/66, sobre um imóvel localizado dentro da zona urbana de um município, mas que tiver como destinação a exploração vegetal, agrícola, pecuária ou agroindustrial, incidirá o ITR, e não o IPTU.

Quanto ao **critério temporal**, nos termos do art. 2º do Decreto nº 4.382/2002, é o dia 1º de janeiro de todo ano.

Sobre o **critério espacial**, é a União, sendo que o tributo incide apenas sobre a terra nua localizada na zona rural do Município.

O **sujeito Ativo**, via de regra, é a União. Conquanto, conforme previsão no art. 153, § 4º, III, da CF, a União poderá repassar a fiscalização e cobrança do ITR para os Municípios, desde que não implique redução do imposto ou qualquer outra forma de renúncia fiscal.

Esse dispositivo constitucional não altera a competência tributária da União, apenas autoriza o legislador federal delegar ao Município, mediante opção deste, a condição de sujeito ativo da obrigação tributária, titular dos poderes de fiscalizar e arrecadar o ITR.

No caso do Município optar em fiscalizar e cobrar o ITR, o art. 158, II, da CF determina que o Município ficará com 100% da arrecadação do ITR. Sendo que se não for feita a fiscalização pelo Município, ele ficará apenas com 50% da arrecadação desse imposto.

Nos termos do art. 5º do Decreto nº 4.382/02, o **contribuinte** do ITR é o proprietário, o titular do domínio útil ou o possuidor com *animus domini*. Isso porque a Constituição Federal determina como fato gerador do ITR a propriedade do imóvel rural.

O adquirente de um imóvel rural com dívidas de ITR irá responder pelo seu pagamento, nos termos do art. 130 do CTN, salvo se constar prova de quitação desse tributo.

A **base de cálculo** do ITR é o valor fundiário do imóvel, o valor da terra nua tributável, nos termos do art. 30 do CTN c/c os arts. 8º e 10 da Lei nº 9.393/96.

A Constituição Federal (art. 153, § 4º, I) determina que as **alíquotas** do ITR podem ser **progressivas** a fim de desestimular a manutenção de terras improdutivas.

Nesse sentido, o art. 11 da Lei nº 9.393/96 determina que as alíquotas iniciam em 0,03% para imóveis de até 50 hectares, com grau de utilização superior a 80% podendo chegar até 20%, em relação a imóvel de mais de 5.000 hectares, com grau de utilização inferior a 30%.

Características: É um imposto fiscal, uma vez que sua finalidade precípua é arrecadar recursos para a União. Contudo, será extrafiscal quando se valer da progressividade para desestimular a manutenção de terras improdutivas.

Trata-se de um tributo direto, vez que, via de regra, não comporta o repasse do encargo financeiro.

O ITR respeita o princípio da anterioridade do exercício e a anterioridade nonagesimal (arts. 150, III, "b" e "c", da CF).

O ITR está sujeito ao lançamento por **homologação,** conforme estabelece o art. 10 da Lei nº 9.393/96.

Imunidade Específica: não incide sobre pequenas glebas rurais,[6] definidas em lei, quando as explore o proprietário que não possua outro imóvel.

---

[6] Lei nº 9.393/96 – Art. 2º Nos termos do art. 153, § 4º, *in fine*, da Constituição, o imposto não incide sobre pequenas glebas rurais, quando as explore, só ou com sua família, o proprietário que

ITR	
Critério Material	ser **proprietário** de imóvel rural
Critério Espacial	território nacional
Critério Temporal	1º de janeiro de cada ano
Critério Pessoal	**Sujeito Ativo:** União **Sujeito Passivo:** proprietário do imóvel.
Critério Quantitativo	**Base de cálculo:** valor da terra nua **Alíquotas:** progressivas em razão da função social.

17.7. Imposto residual

• O **imposto residual** tem sua fonte na Constituição, no art. 154, I.

Nos termos do art. 154, I, da CF, a União poderá instituir impostos não previstos no art. 153 da Constituição, desde que o faça por meio de lei complementar, seja um imposto não cumulativo e tenha base de cálculo e fato gerador diferente dos impostos já previstos na Constituição.

17.8. Imposto Extraordinário de Guerra (IEG)

A União, na iminência ou no caso de guerra externa, poderá instituir impostos extraordinários, compreendidos ou não em sua competência tributária, os quais serão suprimidos, gradativamente, cessadas as causas de sua criação. (CF, art. 154, II).

Como se pode observar, o art. 154, II, da Constituição autoriza a União a instituir Imposto Extraordinário de Guerra sobre bases econômicas correspondentes a impostos de competência dos Estados, Distrito Federal e Municípios.

Por essa razão, pode-se afirmar que o fato gerador desse imposto não é a guerra, poderá ser sobre a circulação de mercadorias, sobre a propriedade de veículos automotores, ou até mesmo conter um fato gerador novo, vez que não há limitação quanto a sua estrutura de incidência. Trata-se, na verdade, de uma permissão de bitributação e *bis in idem*.

---

não possua outro imóvel. Parágrafo único. Para os efeitos deste artigo, pequenas glebas rurais são os imóveis com área igual ou inferior a: I – 100 ha, se localizado em município compreendido na Amazônia Ocidental ou no Pantanal mato-grossense e sul-mato-grossense; II – 50 ha, se localizado em município compreendido no Polígono das Secas ou na Amazônia Oriental; III – 30 ha, se localizado em qualquer outro município.

A bitributação ocorre quando dois entes federativos diferentes instituem tributos sobre o mesmo fato gerador, o que é vedado em nosso ordenamento jurídico, salvo algumas hipóteses trazidas pela Constituição, como o Imposto Extraordinário de Guerra e o ICMS na importação, previsto no art. 155, § 2º, IX, "a", da CF.

O *bis in idem* é quando ocorrem duas ou mais exigências fiscais feitas pelo mesmo ente federativo, dentro de sua competência, sobre o mesmo fato gerador. O *bis in idem* não é ilegal e nem inconstitucional. Exemplo de *bis in idem* em nosso ordenamento jurídico: (i) imposto de renda pessoa jurídica –IRPJ e contribuição social sobre o lucro-CSLL, ambos incidem sobre o lucro da pessoa jurídica e são de competência da União; (ii) PIS e COFINS, contribuições sociais de competência da União que incidem sobre as receitas da pessoa jurídica.

O Imposto Extraordinário de Guerra é um imposto provisório, vez que cessadas as causas de sua criação, deve desaparecer.

Nos termos do art. 76 do CTN, a cobrança do IEG será suspensa no prazo máximo de 5 anos, a contar da data da celebração da paz.

Para melhor compreensão, observe, a seguir, um quadro comparativo entre o Imposto Extraordinário Guerra (IEG) e o empréstimo compulsório guerra.

	Imposto Extraordinário Guerra (IEG)	Empréstimo Compulsório Guerra
Previsão Constitucional	Art. 154, II	Art. 148, I
Competência tributária	União	União
Requisitos	Na iminência ou no caso de guerra externa	Calamidade pública, guerra externa ou sua iminência
Prazo para cobrança	Enquanto durar o conflito. Será suspensa no prazo máximo de 5 anos, a contar da data da celebração da paz	Não tem prazo, pode ser cobrado ilimitadamente

18. Impostos estaduais

JOSIANE MINARDI

18.1. Imposto sobre Transmissão *Causa Mortis* e Doação de Quaisquer Bens ou Direitos – ITCMD

Trata-se de Imposto de competência estadual e distrital, nos termos do art. 155, I, da Constituição Federal (CF).

- **Previsão Legal:** Arts. 35 a 42 do CTN.

Convém observar que o CTN foi editado sob a égide da Constituição de 1946 e suas emendas, época em que estava vigente o ITBI unificado com o Imposto de Transmissão *Causa Mortis*. Por esta razão, os arts. 35 e 42 tratam dos dois impostos simultaneamente, cabendo ao intérprete identificar os dispositivos que se referem a um e a outro imposto.

Sobre o **critério material**, o comportamento humano suscetível de tributação pelo ITCMD é a transmissão *causa mortis* e doação de quaisquer bens e direitos.

Com efeito, faz-se mister determinar o conceito de doação. O novo Código Civil, em seu art. 538, estabelece: "Considera-se doação o contrato em que uma pessoa, por liberalidade, transfere do seu patrimônio bens ou vantagens para o de outra".

Quanto à transmissão *causa mortis*, é o próprio falecimento que determina a imediata transmissão desses bens ou direitos aos seus herdeiros ou legatários. Isso porque no nosso ordenamento jurídico não se admite que um bem não tenha proprietário ou possuidor.

Dessa forma, os bens do *de cujus*, tão logo ocorra o falecimento, devem pertencer a alguém. Assim sendo, os herdeiros recebem os bens em seu conjunto, *pro indiviso*, devendo ser realizada posterior partilha, para especificação do quinhão de cada um. Cada herdeiro terá direito apenas a sua parcela na herança, assim como cada legatário terá direito apenas aos bens que expressamente lhe houverem sido deixados pela pessoa falecida, por força de testamento.

Por isso, o parágrafo único do art. 35 do CTN diz que, em se cuidando de sucessão *causa mortis*, ocorrerão tantos fatos geradores do imposto quantos sejam os herdeiros ou legatários. Assim, cada herdeiro ou legatário responderá pelo imposto incidente sobre a transmissão do seu quinhão hereditário, ou sobre o bem que lhe houver sido legado pela pessoa falecida.

O art. 1.784 do novo Código Civil dispõe que "aberta a sucessão, a herança transmite-se, desde logo, aos herdeiros legítimos e testamentários".

Assim, pode-se afirmar que o fato gerador do ITCMD ocorre na abertura da sucessão.

Com a abertura da sucessão, transmite-se a posse e a propriedade da herança aos herdeiros legítimos e testamentários (Código Civil, art. 1.572). Até a partilha, no entanto, os herdeiros têm os seus direitos expressos em frações ideais no conjunto dos bens do monte[7].

Somente após a homologação da partilha é que se obterá a distribuição especificada, uma vez que a partilha tem efeito meramente declaratório, e não atributivo da propriedade. Por tal motivo, considera-se que o herdeiro é proprietário e possuidor dos bens inscritos no seu quinhão, como se o fora desde a data do óbito. Assim, atua na qualidade de proprietário, como se já houvesse recebido, discriminativamente, a herança que a partilha lhe atribui, embora esta se efetive bem depois.

A sentença homologatória, tornando a partilha definitiva entre os que nela tenham sido contemplados, realiza aquela ficção. Diz-se, por isso mesmo, que a sentença homologatória tem efeito retrooperante, para fazer retroagir a discriminação dos bens à data do óbito, com abstração do tempo intermédio. O herdeiro não passa a ser dono de seu quinhão a partir da sentença, porém esta retroage à data do óbito. Cada herdeiro, que até a homologação tinha direito expresso em quota ideal do todo, é considerado titular das coisas a ele atribuídas, como se o fosse desde a morte do inventariante.

Assim sendo, com a abertura da sucessão, surge um possível direito do sujeito passivo, mas é um direito ainda incerto, que depende de apuração de sua liquidez e certeza, por meio do apropriado procedimento, para que seja efetivamente constituído o crédito tributário.

---

[7] PEREIRA, Caio Mário da Silva. *Instituições de Direito Civil*. Vol. VI, 11ª ed. Rio de Janeiro: Forense, 1996, p. 309.

Quanto ao **critério temporal** com relação à **doação**, pode-se afirmar que o ITCMD deve ser recolhido no momento em que há a efetiva transmissão de propriedade. Assim, se for doado um bem **móvel**, só haverá transmissão da propriedade quando for realizada a **tradição**[8]. Aliás, o Código Civil, no art. 541, parágrafo único, estabelece que será válida a doação verbal, versando sobre bens móveis e de pequeno valor, se lhe seguir incontinenti a tradição.

Agora, se a doação versar sobre bens **imóveis**, o momento para o recolhimento do ITCMD será o do **registro desses bens no Cartório de Registro de Bens Imóveis**, pois só a partir desse momento é que se verifica a transmissão de propriedade, conforme previsão no art. 1.245 do Código Civil.

Neste sentido, o art. 1.227 do Código Civil estabelece que "os direitos reais sobre imóveis constituídos, ou transmitidos por atos entre vivos, só adquirem com o registro no Cartório de Registro de Imóveis dos referidos títulos (arts. 1.245 a 1.247), salvo os casos expressos neste Código".

Dessa forma, constata-se que o simples contrato de doação não é passível de tributação pelo ITCMD, que somente poderá incidir quando do registro desse ato de liberalidade no Cartório de Registro de Imóveis, pois só neste momento é que se verifica a transmissão de propriedade.

O recolhimento do ITCMD, em virtude da transmissão de bens em decorrência de **óbito**, ocorre somente **após a homologação do cálculo**, pois em que pese a abertura da sucessão ser o fato gerador do Imposto de Transmissão *Causa Mortis*, neste momento não se faz surgir ainda o crédito tributário líquido e certo.

Por essa razão, o Supremo Tribunal Federal editou a Súmula 114, que estabelece: "O Imposto de Transmissão *Causa Mortis* não é exigível antes da homologação do cálculo".

A conclusão da Corte Suprema na Súmula 114 decorre do fato de que nem todos os bens do falecido que compõem o espólio integrarão a herança.

Assim, somente após a definitiva apuração dos bens que integram o patrimônio do *de cujus*, eles serão avaliados. O principal objetivo da avaliação dos bens do espólio é permitir sua partilha de acordo com os limites legais. A partir disso, o contador judicial poderá elaborar o cálculo para o pagamento do Imposto de Transmissão *Causa Mortis*.

---

[8] Art. 1.267 do Código Civil, que versa sobre a aquisição da propriedade móvel, dispõe que "a propriedade das coisas não se transfere pelos negócios jurídicos antes da tradição".

Quanto ao **critério espacial**, pode-se afirmar que quando o ITCMD, previsto no art. 155, inciso I, da Carta Magna, incidir sobre a transmissão de bens **imóveis**, competirá o seu recolhimento ao **Estado da situação do bem**, ou ao Distrito Federal, conforme previsto no parágrafo primeiro do artigo ora mencionado. Se o *de cujus* possuía bens em vários Estados, a cada um deles competirá o imposto, relativamente à transmissão do bem nele situado.

Se a transmissão for de bens **móveis**, títulos e créditos, a competência para a cobrança do respectivo imposto será do **Estado onde se processar o inventário ou arrolamento**, ou onde tiver **domicílio o doador**, ou do Distrito Federal.

E nos termos da Súmula 435 do STF, quando houver transmissão de ações, o imposto sobre transmissão *causa mortis* será devido ao Estado em que tenha sede a companhia.

Todavia, a competência para a cobrança do imposto será regulada por lei complementar, quando o doador tiver domicílio ou residência no exterior, ou se o *de cujus* possuía bens, era residente ou domiciliado ou teve o seu inventário processado no exterior.

Por enquanto, não se tem notícia de que já tenha sido aprovada referida lei pelo Congresso Nacional.

A competência para o processo de inventário ou arrolamento é determinada pelo art. 96 do Código de Processo Civil, de acordo com o qual a competência territorial para referido processo será do foro do local onde o autor da herança tinha domicílio certo, ou onde houver ocorrido o óbito, quando o autor da herança possuía bens em diferentes locais.

O **sujeito ativo** do respectivo imposto é o Estado onde se encontrar o bem, quando o fato gerador de incidência desse tributo recair sobre bem imóvel.

Com relação aos bens móveis, títulos e créditos, o sujeito ativo dessa relação será o Estado onde se processar o inventário ou arrolamento, ou ainda, onde tiver domicílio o doador.

O art. 42 do CTN autoriza as leis dos Estados a elegerem qualquer das partes envolvidas no negócio como **contribuintes** do imposto.

Entretanto, em se tratando de *causa mortis*, somente poderão ser contribuintes do tributo os herdeiros ou legatários, isto é, os beneficiados pela transmissão hereditária. Podendo haver responsabilidade dos tabeliães, escrivães ou serventuários de ofício, nos termos do art. 134, VI, do CTN.

Quando se tratar de imposto incidente sobre transmissão resultante de doação, no entanto, quaisquer das partes, tanto o doador quanto o donatário, poderão ser erigidos pela lei à condição de contribuinte. Além disso, utilizando a faculdade prevista no art. 128 do Código Tributário Nacional, podem as leis locais considerar a outra parte como responsável subsidiário ou por substituição, pelo pagamento do tributo, em ocorrendo inadimplemento por parte daquele a quem a lei considera contribuinte.

Verifica-se que a maioria das leis locais que versam sobre o ITCMD atribuem ao adquirente dos bens ou direitos a condição de sujeito passivo da obrigação tributária.

O art. 38 do CTN determina que a **base de cálculo** do ITCMD será o valor venal dos bens ou direitos transmitidos. O valor venal do bem é aquele valor pelo qual este pode ser negociado no mercado.

Porém, em se tratando de *causa mortis*, se no curso do inventário o Poder Público conferir novo valor venal ao imóvel, será válido aquele em vigor na data da avaliação.

Aliás, neste sentido tem-se a Súmula 113 do Supremo Tribunal Federal: "O imposto de transmissão *causa mortis* é calculado sobre o valor dos bens na data da avaliação".

O que não se pode admitir é que o lançamento do imposto, alguns anos depois, tome como base o valor histórico dos bens na data do evento morte, sem atualizá-lo.

Com relação, ao compromisso de compra e venda, se o bem imóvel for objeto desse contrato, o imposto será calculado sobre o crédito existente na abertura da sucessão. Sobre o assunto, Súmula 590 do STF.

Apurada a base de cálculo, aplica-se a **alíquota** prevista na legislação estadual apropriada.

Da análise do art. 155, § 1º, IV, da Constituição Federal, constata-se que as alíquotas máximas serão fixadas pelo Senado Federal.

Neste sentido, o Senado Federal, na Resolução 9/92, determina que a alíquota máxima para o ITCMD seja de 8%, autorizando dessa forma a progressividade do imposto.

Características: Consiste em imposto fiscal, em razão de visar à arrecadação e suprir as necessidades públicas. Trata-se de um tributo direto, não cabendo repercussão.

O lançamento geralmente é por declaração, apesar de existirem casos, em alguns Estados, de lançamento por homologação.

Ademais, respeita o princípio da anterioridade, tanto nonagesimal, como a do exercício financeiro, nos termos do art. 150 da CF.

ITCMD	
Critério Material	transmissão *causa mortis* e doação de **quaisquer** bens e direitos;
Critério Espacial	**Bem Imóvel:** Estado da situação do Bem; **Bem Móvel: Doação:** Estado de Domicílio doador; *Causa Mortis*: Estado onde se processar Inventário;
Critério Temporal	**Bem Imóvel:** Com o registro no Cartório; **Bem móvel: Doação:** com a tradição; *Causa mortis*: após a homologação do cálculo;
Critério Pessoal	**Sujeito Ativo:** coincide com o critério espacial; **Sujeito Passivo:** nos termos do art. 42 do CTN;
Critério Quantitativo	**Base de cálculo:** valor venal dos bens ou direitos transmitidos **Alíquotas:** Máximas fixadas por Resolução do Senado Federal;

18.2. Imposto sobre Operações relativas à Circulação de Mercadorias e sobre Prestação de Serviços de Transporte Interestadual e Intermunicipal e de Comunicação – ICMS

Compete aos Estados e ao Distrito Federal instituir ICMS, nos termos do art. 155, II, da CF.

• **O ICMS tem previsão** na Constituição Federal, em seu art. 155, II, e § 2º e na Lei Complementar 87/1996.

Por uma visão geral, o **fato gerador** consiste nas operações de circulação de mercadoria ou prestação de serviços interestadual ou intermunicipal de transporte e de comunicação, conforme dispõe o art. 155, II, da CF.

Para melhor compreensão, afirmamos que o ICMS possui cinco hipóteses de incidência, são elas: (i) Operações de circulação de mercadorias; (ii) Serviços de transporte intermunicipal e interestadual; (iii) Serviço de comunicação; (iv) Sobre energia elétrica – art. 155, § 3º, da CF; (v) Sobre Importações de Bens.

18.3. Operações sobre circulação de mercadorias

Observe que o legislador constituinte elegeu como elemento de incidência do ICMS não a mera circulação de mercadorias, mas a realização de **operações** de circulação de mercadorias.

Se a simples circulação de mercadorias fosse objeto de tributação, um estabelecimento comercial, ao ser assaltado por bandidos que levassem as mercadorias, os produtos objetos de furto/roubo deveriam ser tributados, ou, ainda, quando houvesse uma enchente e com a força das águas as mercadorias fossem arrastadas da loja, também estariam sujeitas à incidência do ICMS, o que seria inadmissível.

A operação de circulação de mercadorias consiste em um negócio jurídico, regulado pelo direito que implique necessariamente mudança de titularidade, passando a mercadoria de uma pessoa para outra pessoa, uma vez que circular significa para o direito mudar de titular, movimentação com mudança de patrimônio.

Por essa razão, o STJ sedimentou seu entendimento de modo que a circulação de mercadorias de um estabelecimento para outro do mesmo titular não se sujeita à incidência do ICMS.

STJ – Súmula n. 166 – Não constitui fato gerador do ICMS o simples deslocamento de mercadoria de um para outro estabelecimento do mesmo contribuinte

No mesmo sentido, compreende o STF que não incide ICMS sobre a água canalizada, pois como se trata de um bem de domínio público, não ocorrendo a transferência de titularidade, não realiza o fato jurídico tributário para incidência do ICMS.

As operações de mútuo (empréstimo gratuito de coisas fungíveis, art. 586 do CC) e comodato (empréstimo gratuito de coisas não fungíveis, art. 579 do CC) não são hipóteses de incidência do ICMS, pois não implicam a transferência de titularidade.

O STF assentou o seguinte parecer:

STF – Súmula n. 573 – Não constitui fato gerador do imposto de circulação de mercadorias a saída física de máquinas, utensílios e implementos a título de comodato

As doações também estão fora do campo de tributação do ICMS, pois além de implicar manifesta ausência de capacidade contributiva, pode-se afirmar que não são mercadorias, diante da falta de transação mercantil. Outrossim, sujeitam-se à tributação de outro imposto estadual, distrital, isto é, o ITCMD.

Não se pode confundir mercadoria com produtos. Mercadoria é bem móvel sujeito à mercancia, enquanto o produto não está no comércio para ser vendido. Paulo de Barros Carvalho explica que a definição de mercadoria não está na natureza do bem, contudo em sua destinação.

A natureza mercantil do produto não está, absolutamente, entre os requisitos que lhe são intrínsecos, mas na destinação que se lhe dê. É mercadoria a caneta exposta à venda entre outras adquiridas para esse fim. Não o será aquela que mantenho em meu bolso e se destina a meu uso pessoal. Não se operou a menor modificação na índole do objeto referido. Apenas sua destinação veio a conferir-lhe atributos de mercadorias.[9]

A mercadoria é bem corpóreo da atividade empresarial do produtor, industrial e comerciante, tendo por finalidade a sua distribuição para consumo. Assim, os bens negociados ou transmitidos por particulares, sem implicar mercancia ou não sendo transacionados com habitualidade, não são qualificados como mercadorias e por isso não podem se sujeitar à incidência do ICMS. O automóvel vendido pelo particular não é objeto de tributação do ICMS, porque não é mercadoria, porém, se vendido pelo fabricante, concessionária, caracteriza-se como mercadoria e, portanto, se sujeita à incidência do ICMS.[10]

A venda de bens do ativo fixo das empresas também não se submete à incidência do ICMS, pois não são mercadorias, e essa transação não é realizada com habitualidade.

Consoante apreciação do STF, não deve incidir ICMS sobre a venda dos bens salvados de sinistro, visto que configuram, na verdade, atividade integrante das operações de seguros, sujeitando-se, portanto, à tributação do IOF.

> **STF – Súmula Vinculante n. 32** – O ICMS não incide sobre alienação de salvados de sinistro pelas seguradoras

Questão muito discutida, também, é se incide ou não ICMS sobre *softwares* (programas de computadores) . A conclusão é que caso se verifique a circulação de cópias ou exemplares dos programas produzidos em série e comercializados no varejo, como o chamado *software* de prateleira, constituem mercadorias e, assim, estarão sujeitos ao ICMS.

Porém, se o programa de computador for específico, realizado sob encomenda com características individuais para atender às necessidades de um determinado usuário, enquadra-se em uma prestação de serviço intelectual que se sujeitará à incidência do ISS.

Para o STF, a incidência do ICMS ocorrerá nos *softwares* de prateleiras, ainda que a compra seja feita mediante transferência eletrônica

---

[9] *Apud* José Eduardo Soares de Melo. *ICMS Teoria e prática*, p. 206.

[10] MELO, José Eduardo Soares de. *ICMS Teoria e prática*. 12. ed. São Paulo: Dialética, 2012. p. 18-19.

de dados, sem que haja uma base física que caracterize o *corpus mechanicum* da criação intelectual.[11]

18.4. Serviços de transporte intermunicipal e interestadual

Trata-se da prestação de serviços onerosa de transporte entre os municípios ou entre os Estados. Diante desse conceito, pode-se afirmar que no transporte realizado dentro do município, não haverá incidência de ICMS, mas sim de ISS, nos termos da Lei Complementar 116/2003.

18.5. Serviço de comunicação

A Lei Complementar 87/1996 regulamenta, especificamente, a incidência do Imposto sobre o serviço de comunicação, em seu art. 2º, III.

Para que haja incidência do ICMS, é imperioso que exista uma fonte emissora, uma fonte receptora e uma mensagem transmitida pelo prestador de serviço. Sem esses elementos, não há comunicação. Ademais, salienta-se que a base econômica consiste no serviço de comunicação propriamente dito, e não nas atividades-meio realizadas e cobradas, assim considerados os serviços preparatórios ou acessórios.

Tendo em vista essas considerações, citam-se as Súmulas 350 e 334 do STJ, que confirmam esse entendimento:

STJ – Súmula nº 350 – O ICMS não incide sobre o serviço de habilitação de telefone celular.

STJ – Súmula nº 334 – O ICMS não incide no serviço dos provedores de acesso à Internet.

Sobre Energia elétrica – art. 155, § 3º, da CF – o ICMS incide sobre energia elétrica, devido o entendimento de que a energia elétrica consiste em mercadoria. Nos termos do art. 155, § 3º, da CF.

O STJ se pronunciou, por meio da Súmula 391, quanto à incidência do ICMS sobre energia elétrica, entendendo que só é devida sobre a **energia elétrica efetivamente utilizada**, e não sobre a contratada.

Sobre Importações de Bens – com a edição da Emenda Constitucional nº 33/2001, houve alteração referente à incidência de ICMS

---

[11] ADI n. 1945 MC, rel. Min. Octavio Gallotti, rel. p/ acórdão: Min. Gilmar Mendes, Tribunal Pleno, julgado em 26/05/2010, DJe-047, divulg. em 11/03/2011.

sobre importações de bens, de modo que incidirá o ICMS em toda e qualquer importação de bens ou mercadorias, inclusive aqueles bens que sejam para uso próprio, **independentemente de ser o importador contribuinte habitual do ICMS**. É no art. 155, § 2º, IX, "a", da CF que está disposta essa hipótese de incidência do ICMS.

> Art. 155 (...)
> § 2º (...)
> IX – incidirá também:
> a) sobre a entrada de bem ou mercadoria importados do exterior por pessoa física ou jurídica, ainda que não seja contribuinte habitual do imposto, qualquer que seja a sua finalidade, assim como sobre o serviço prestado no exterior, cabendo o imposto ao Estado onde estiver situado o domicílio ou o estabelecimento do destinatário da mercadoria, bem ou serviço

A incidência referida está também estabelecida na Lei Complementar 87/1996, em seu art. 2º, § 1º, I.

Da observação desses dispositivos legais, verifica-se a legalidade da bitributação especificamente neste caso, permitida pela Constituição Federal, em virtude de a União já cobrar imposto de importação sobre o mesmo fato gerador. Portanto, em caráter excepcional, esse tipo de bitributação é permitida na Constituição Federal.

Quanto ao **critério espacial** nos termos do art. 55 da LC 87/96, **tratando-se mercadorias ou bens,** é competente para recolhimento do ICMS o Estado ou Distrito Federal **onde se encontre o** estabelecimento no momento da ocorrência do fato gerador. Quanto à importação de bem do exterior, **é competente para recolhimento** o Estado do estabelecimento onde ocorrer a entrada física do produto ou do domicílio do adquirente, quando não se tratar de estabelecimento.

Tratando-se de Operação de Serviço de Transporte: o Estado ou Distrito Federal onde tenha início a prestação.

Tratando-se de prestação onerosa de serviço de comunicação: o Estado ou Distrito Federal onde tenha início a prestação e onde ocorra o fato gerador.

Sobre o **critério temporal** conforme prevê o art. 12 da LC nº 87/96, o ICMS deve ser recolhido nas **operações de circulação de mercadoria** no momento da saída de mercadoria do estabelecimento do contribuinte; será no início da **prestação de serviços de transporte interestadual e intermunicipal,** e do ato final do transporte iniciado no exterior e nos serviços de comunicação, no momento da ocorrência do fato gerador.

Sujeito ativo será o Estado ou Distrito Federal no qual se verificar a hipótese de incidência, e no caso de uma mercadoria vinda do exterior, será competente o Estado no qual estiver o estabelecimento do importador.

Contribuinte são as pessoas que realizarem operações de circulação de mercadorias, prestarem serviços de transporte interestadual e intermunicipal, importadores de bens de qualquer natureza do exterior, prestarem serviços de comunicação.

Além dos sujeitos mencionados acima, que efetivamente praticam o fato gerador, deve-se observar que o imposto em referência permite figurar no polo passivo, o responsável tributário, nos termos do art. 121 do CTN.

A **base de cálculo** consiste: i) no valor da operação, no caso de circulação de mercadoria; ii) no valor do bem importado (informado no documento de importação), utilizando-se o mesmo valor da taxa de câmbio utilizado para cálculo do imposto de importação, e acrescido do IPI, do IOF e das despesas aduaneiras; iii) no preço do serviço, no caso de transporte e de comunicação[12].

Vale mencionar que quando houver serviço que tem incidência de ISS e este serviço tiver previsão na lista anexa da LC 116/2003, porém com entrega de mercadoria, via de regra, há incidência apenas de ISS. Porém, no caso de a LC 116/2003 estabelecer que há incidência de ISS e ICMS, em virtude da ocorrência do fato gerador da prestação de serviço da lista anexa da LC 116/2003, mais a entrega de mercadoria, haverá incidência de ICMS também, desde que previsto na LC 116/2003.

Agora, no caso de ser prestado um serviço sem previsão na lista anexa à LC 116/2003 e com entrega de mercadoria, incidirá apenas ICMS sobre o valor total da operação, conforme previsão no art. 155, § 2º, IX, "b", da CF.

Exemplo de serviço que não tem previsão da lista anexa à LC nº 116/03 e é com entrega de mercadorias, é o prestado em bares e restaurantes, sobre qual incidirá apenas ICMS.

> **STJ – Súmula nº 163** – O fornecimento de mercadorias com simultânea prestação de serviços em bares, restaurantes e estabelecimentos similares constitui fato gerador do ICMS a incidir sobre o valor total da operação.

Ainda referente à base de cálculo, cumpre evidenciar a Súmula do STJ de nº 431:

> **STJ – Súmula nº 431** – é ilegal a cobrança de ICMS com base no valor da mercadoria submetida ao regime de pauta fiscal.

---

[12] Art. 13 da LC 87/1996.

Por meio dessa Súmula, deve-se entender que não cabe ICMS sobre o valor já fixado anteriormente em determinada pauta fiscal.

Há **alíquotas** distintas para cálculo do ICMS. As razões dessas distinções estão no **princípio da seletividade** (art. 155, § 2º, III, da CF) e na existência de alíquotas internas (estipuladas pelos Estados) e interestaduais.

Ademais, por meio do art. 155, § 2º, IV e V, da CF, verifica-se que o **Senado Federal**, por meio de **Resolução** (proposta pelo Presidente da República ou por 1/3 dos Senadores e aprovada pela maioria absoluta dos membros do Senado Federal), estabelecerá as alíquotas mínimas ou máximas.

Características: Sobre o ICMS é importante destacar que existem dois princípios que devem ser observados:

i) Princípio da Não Cumulatividade (art. 155, § 2º, I, da CF e art. 19 da LC 87/1996): significa dizer que o ICMS será compensado em cada operação relativa à circulação de mercadorias ou prestação de serviços de transporte interestadual ou intermunicipal e de comunicação com o montante cobrado nas operações anteriores pelo mesmo ou por outro Estado.

Faz-se necessário salientar que apesar de existir a possibilidade de se compensar, o STF[13] entende que o crédito escriturado, oriundo da compensação, não poderá sofrer correção monetária, salvo disposição de lei em contrário.

Vale destacar ainda que esse princípio, em casos de isenções ou não incidência, salvo disposição de lei em contrário, não implica crédito para compensação com o montante devido nas operações seguintes e acarretará em anulação do crédito relativo às operações anteriores.

ii) Princípio da Seletividade (art. 155, § 2º, da CF): tem como função orientar a estipulação das alíquotas diferenciadas de ICMS, podendo-se utilizar por base a seletividade, em função da essencialidade do produto. Esse princípio é utilizado para justificar a redução da carga tributária dos produtos considerados essenciais. No caso do ICMS a Constituição prevê que esse princípio é uma **faculdade**, assim, os Estados e Distrito Federal poderão se valer ou não da seletividade.

iii) Imunidades Específicas: a CF em seu art. 155, § 2º, X, (alterado pela EC 42/2003), confere imunidade:

---

[13] Re nº 389458, Rel. Min. Ayres Britto, DJ 25/10/2010.

a) sobre operações que destinem mercadorias para o exterior, nem sobre serviços prestados a destinatários no exterior, assegurada a manutenção e o aproveitamento do montante do imposto cobrado nas operações e prestações anteriores;

b) sobre operações que destinem a outros Estados petróleo, inclusive lubrificantes, combustíveis líquidos e gasosos dele derivados, e energia elétrica;

c) sobre o ouro, enquanto ativo financeiro;

d) nas prestações de serviço de comunicação nas modalidades de radiodifusão sonora e de sons e imagens de recepção **livre e gratuita**.

Ressalta-se, ainda, que o STF entende (RE 176.626-SP) que sobre as operações de licenciamento ou cessão de direito de uso de *software*, não haverá incidência de ICMS. No entanto, os casos de *"software* de prateleira", por ser mercadoria, incide ICMS, por configurar o fato gerador do referido imposto. Interessante observar que sobre o *software* por encomenda não incide ICMS, mas sim ISS, por tratar-se de obrigação de fazer.

iv) Matérias tratadas por Lei Complementar, já visto no item 6.1. (Convênios de subordinação), em que se verificou o art. 155, § 2º, XII, da CF. Ressalta-se, apenas, que a Lei Complementar nº 24/1975 estabelece sobre a concessão e revogação de isenção ou redução de alíquotas do ICMS, determinando que serão concedidas por meio de termos de **convênios** celebrados e ratificados pelos Estados e Distrito Federal.

Sobre este assunto, o STF[14] se posicionou entendendo como inconstitucional a concessão de isenção unilateral, sem prévia **celebração de convênio** intergovernamental, nos termos da LC 24/1975, o que violou o art. 155, § 2º, XII, "g", da Constituição Federal.

Em relação ao Princípio da Anterioridade, destaca-se que o ICMS respeita tanto o exercício quanto a nonagesimal, todavia, as alíquotas do ICMS sobre combustíveis respeitarão apenas a anterioridade nonagesimal, em caso de redução ou restabelecimento de alíquota, nos termos do art. 155, § 4º, IV, da CF.

Modalidade de Lançamento: por homologação.

ICMS	
Critério Material	Realizar Operações de Circulação de Mercadorias
Critério Espacial	Estado do estabelecimento onde se encontre a mercadoria, no momento da ocorrência do fato gerador

---

[14] ADI 3809 / ES, Rel. Min. Eros Grau, DJ 14/09/2007.

Critério Temporal	No momento da saída da mercadoria do estabelecimento
Critério Pessoal	**Sujeito Ativo**: Estado de Origem **Sujeito Passivo**: Comerciante
Critério Quantitativo	**Base de cálculo**: preço da mercadoria **Alíquotas**: Mínimas e Máximas por Resolução do Senado Federal

18.6. Imposto Sobre a Propriedade de Veículos Automotores – IPVA

Antes de analisar o Imposto Sobre a Propriedade de Veículos Automotores – IPVA –, é importante evidenciar que este imposto não tem previsão no CTN, pois surgiu apenas em 1985, com a Constituição Federal – Emenda Constitucional 27/85 –, em substituição à TRU – Taxa Rodoviária Única.

- **Trata-se de Imposto de competência estadual e distrital**, nos termos do art. 155, III, da Constituição Federal (CF).

As normas gerais do IPVA, referentes ao fato gerador, base de cálculo e contribuintes, devem ser tratadas por meio de Lei Complementar, nos termos do art. 146, III, "a", da CF. Essas normas gerais poderão ser estabelecidas pelos Estados e Distrito Federal, tendo em vista a sua competência plena, uma vez que inexiste lei federal que regule esse imposto, conforme permissão constante no art. 24, I, § 3º, da CF.

O **Critério Material** consiste em ser proprietário de veículo automotor (terrestre).

Por "auto" temos tudo o que pode se mostrar por si mesmo, independentemente de outro elemento[15]. Assim, veículo automotor seria aquele que é dotado de motor próprio, e, portanto, capaz de se locomover em virtude do impulso ali produzido. São abrangidos nesse conceito: carros, ônibus, caminhões, embarcações e aeronaves.

No entanto, o STF,[16] nos Recursos Extraordinários n°s 134.509 e 255.111, após interpretação histórica do tributo, ao considerar que o mesmo foi criado em substituição à TRU – Taxa Rodoviária Única –, entendeu que o IPVA **não incide sobre embarcações e aeronaves**.

Com relação ao **critério temporal**, de acordo com as leis estaduais, são três momentos que se considera ocorrido o fato gerador do

---

[15] De Plácido e Silva. Vocabulário Jurídico. 17 ed. Rio de Janeiro: Forense, 2000, p. 101.
[16] RE nº 379.572, Rel. Min. Gilmar Mendes, DJ 11/04/2007.

IPVA: i) Em 1º de janeiro de cada exercício financeiro para **veículos usados**; ii) Na data da aquisição, no caso de veículo **zero Km**; iii) Na data do desembaraço aduaneiro, em se tratando de veículo novo ou usado importado do exterior para o consumidor final.

Sobre o **critério espacial**, pode-se dizer que é o Estado em que está registrado o veículo (Certificado de Registro do Veículo – CRV –, ou o documento de licenciamento). O registro está sujeito às regras do Código de Trânsito Brasileiro, segundo a qual deve ser registrado no local de domicílio do proprietário do veículo.[17]

O **sujeito ativo** coincide com o critério espacial. Será o Estado ou Distrito Federal, onde estiver licenciado o veículo automotor.

O **contribuinte** é o proprietário de veículo automotor.

Na condição de responsável, é o adquirente de veículo com dívidas tributárias, conforme previsão no art. 131 do CTN.

Segundo entendimento do STJ[18], no contrato de arrendamento mercantil o arrendante é responsável solidário para o adimplemento da obrigação tributária relativa ao IPVA.

A **base de cálculo** é o valor venal do veículo, ou seja, o preço de mercado, quando for usado; e será o valor da nota fiscal, quando se tratar de veículo zero Km.

As **alíquotas** serão estabelecidas por lei ordinária estadual. Não há limite máximo, no entanto, o Senado Federal, por meio de Resolução, estabelecerá as **alíquotas mínimas**, nos termos do art. 155, § 6º, I, da CF. Ademais, o IPVA poderá ter alíquotas diferenciadas em razão do **tipo e da utilização do veículo**.

Características: Trata-se de imposto <u>fiscal</u>, cuja finalidade precípua é arrecadar. Todavia, o IPVA pode apresentar características de extrafiscalidade, quando, por exemplo, o Estado quer estimular a preservação do meio ambiente e tributa de forma diferenciada o veículo em função do combustível.

É um tributo <u>direto</u>, pois, entre a ocorrência do fato gerador e a obrigação de pagar o tributo, não existe intercalação de sujeitos. Quem pratica o fato gerador é o proprietário e é ele quem irá pagar o IPVA.

O lançamento, via de regra, é de **ofício**. A própria autoridade administrativa verifica a ocorrência do fato gerador, calcula o tributo e encaminha para o contribuinte quitá-lo.

---

[17] Código de Trânsito Brasileiro – Art. 120. Todo veículo automotor, elétrico, articulado, reboque ou semi-reboque, deve ser registrado perante o órgão executivo de trânsito do Estado ou do Distrito Federal, no Município de domicílio ou residência de seu proprietário, na forma da lei.

[18] REsp nº 744.308, Rel. Min. Castro Meira, DJ 02/09/2008.

O IPVA observa tanto o princípio da anterioridade do exercício, quanto o nonagesimal (arts. 150, III, "b" e "c", da CF). Assim, se o tributo for majorado neste exercício, deverá aguardar o exercício seguinte e verificar se transcorreram os noventa dias da data da publicação da lei.

No entanto, tendo em vista a Emenda Constitucional n° 42/2003, houve a instituição de exceção à **base de cálculo do IPVA**, quanto ao princípio da anterioridade nonagesimal. Pela observação da parte final do § 1°, art. 150, da CF, para se alterar a **base de cálculo**, haverá a observância apenas do princípio da anterioridade do exercício, não havendo necessidade de se respeitar o princípio da anterioridade nonagesimal. Isso quer dizer que se a base de cálculo for majorada em 20 de dezembro de determinado exercício, poderá ser cobrada em 1° de janeiro do exercício seguinte.

IPVA	
Critério Material	Ser proprietário de veículo automotor (terrestre)
Critério Espacial	Estado em que estiver licenciado o veículo
Critério Temporal	**Carros usados:** 1º de janeiro de cada ano **Carros 0 Km:** na data da aquisição
Critério Pessoal	**Sujeito Ativo:** Estado em que estiver licenciado o veículo **Sujeito Passivo:** Proprietário do veículo
Critério Quantitativo	**Base de cálculo:** valor do automóvel **Alíquotas:** Mínimas fixadas por Resolução do Senado Federal

19. Impostos municipais

JOSIANE MINARDI

19.1. Imposto sobre Propriedade Predial e Territorial Urbana – IPTU

O Imposto sobre Propriedade Predial Territorial e Urbana tem sua fonte na Constituição, no art. 156, inciso I.

- **Previsão Legal**: arts. 32 a 34 do CTN.

Em atenção ao art. 156, I, da CF, o **critério material** do IPTU é ser **proprietário** de imóvel urbano.

Ser proprietário, nos termos do art. 1.228 do Código Civil, envolve a faculdade de usar, gozar e dispor da coisa e o direito de reavê-la do poder de quem quer que injustamente a possua ou detenha.

Ao considerar que a Constituição Federal estabelece ser a propriedade o fato gerador do IPTU, qualquer outro direito real sobre o imóvel não será hipótese de incidência desse imposto.

Por essa razão, temos que o art. 32 do CTN, quando prevê que o fato gerador do IPTU é a propriedade, o domínio útil ou a posse de imóvel por natureza ou por acessão física, entende-se que incidirá esse imposto apenas quando for exercida a posse e o domínio útil com *animus domini*.

A simples posse e domínio útil não ensejam a tributação do IPTU, pois a Constituição determinou como riqueza tributável do IPTU a propriedade em seu sentido pleno.

Assim, temos que o locatário, o arrendatário, o comodatário e o mero detentor não praticam o fato gerador do IPTU, pois não apresentam *animus domini*.

Com relação ao imóvel urbano, temos que a regra é a da localização, e não da destinação do imóvel. Assim, considera-se um imóvel urbano aquele situado dentro da zona urbana.

Nos termos do art. 32, § 1º, do CTN, a zona urbana é a definida por lei municipal observado o requisito mínimo da existência de melhoramentos indicados em pelo menos 2 (dois) dos incisos desse artigo, construídos ou mantidos pelo Poder Público:

(i) meio-fio ou calçamento, com canalização de águas pluviais;
(ii) abastecimento de água;
(iii) sistema de esgotos sanitários;
(iv) rede de iluminação pública, com ou sem posteamento para distribuição domiciliar;
(v) escola primária ou posto de saúde a uma distância máxima de 3 (três) quilômetros do imóvel considerado.

A lei municipal pode considerar urbanas as áreas urbanizáveis, ou de expansão urbana, constantes de loteamentos aprovados pelos órgãos competentes, destinados à habitação, à indústria ou ao comércio, mesmo que localizados fora das zonas definidas nos termos do parágrafo anterior.

A área que não tenha ao menos dois dos melhoramentos acima mencionados, não poderá ser considerada zona urbana. Podendo os imóveis nela situados sofre a incidência do ITR, e não do IPTU.

Ainda que a regra para incidência do IPTU leve em consideração a localização do imóvel, tem-se uma exceção, cuja previsão consta no art. 15 do DL nº 57/66, que foi recepcionado com *status* de lei complementar em nosso ordenamento jurídico, que determina que sobre um imóvel localizado dentro da zona urbana de um município, mas que tiver como **destinação econômica** a exploração vegetal, agrícola, pecuária ou agroindustrial, incidirá o ITR.

Quanto ao **critério temporal**, as leis municipais estabelecem a incidência do IPTU sobre a propriedade em 1º de janeiro de cada ano.

Sobre o **critério espacial**, é o município de localização do imóvel, considerado dentro da zona urbana.

O **Sujeito ativo** coincide com o critério espacial, sendo o Município da localização do imóvel.

Nos termos do art. 34 do CTN, **contribuinte** do IPTU é o proprietário do imóvel, o titular do seu domínio útil, ou o seu possuidor a qualquer título. Sendo que o detentor de domínio útil e o possuidor para serem contribuintes desse imposto devem ter *animus domini*.

A **base de cálculo** do IPTU, nos termos do art. 33 do CTN, é o valor venal do imóvel, considerando, inclusive, a construção, e não apenas a terra nua.

O valor venal é o valor de mercado do imóvel, aquele valor que alcançaria se fosse posto à venda, em condições normais.

Na avaliação, não deve ser considerado o valor dos bens móveis mantidos, em caráter permanente ou temporário, no imóvel, para efeito de sua utilização, exploração, aformoseamento ou comodidade, conforme prevê o parágrafo único do art. 33 do CTN.

A Constituição Federal determina que as **alíquotas** do IPTU podem ser progressivas por duas razões. A primeira para cumprir a **função social** do imóvel urbano. Assim, nos termos do art. 182, § 4º, II, da CF, os imóveis não edificados, não utilizados ou subutilizados podem ter alíquotas maiores do que aqueles devidamente construídos, por esses estarem cumprindo a sua função social.

A segunda possibilidade de progressividade das alíquotas do IPTU é em razão do **valor do imóvel**, conforme prevê o art. 156, § 1º, I, da CF, após EC nº 29/2000. Quanto maior for o valor do imóvel, maior será a alíquota desse imposto.

O art. 156, § 1º, II, da CF determina, ainda, que as alíquotas do IPTU podem ser diferentes de acordo com a localização e o uso do imóvel.

Características: É um imposto fiscal, uma vez que sua finalidade precípua é arrecadar recursos para o Município ou para o Distrito Federal. Contudo, será extrafiscal quando se valer da progressividade para coibir o descumprimento da função social da propriedade urbana.

Trata-se de um tributo direto, vez que, via de regra, não comporta o repasse do encargo financeiro.

O IPTU respeita o princípio da anterioridade do exercício e da anterioridade nonagesimal (arts. 150, III, "b" e "c", da CF), conquanto, se a alteração for na **base de cálculo** desse imposto, deverá respeitar apenas o princípio da anterioridade do exercício, sendo exceção ao princípio da anterioridade nonagesimal, podendo, portanto, ser cobrada a nova base de cálculo do IPTU no dia 1º de janeiro do exercício seguinte, ainda que sua alteração tenha ocorrido no dia 31 de dezembro.

O **lançamento** do IPTU, em regra, é realizado por ofício, nos termos do art. 142 do CTN.

IPTU	
Critério Material	ser **proprietário** de imóvel urbano
Critério Espacial	município de localização do imóvel
Critério Temporal	1º de janeiro de cada ano

Critério Pessoal	**Sujeito Ativo:** Município de localização do imóvel **Sujeito Passivo:** proprietário do imóvel. O detentor de domínio útil e o possuidor para serem contribuintes desse imposto devem ter *animus domini*.
Critério Quantitativo	**Base de cálculo:** valor venal do imóvel **Alíquotas:** progressivas em razão da função social e do valor do imóvel.

19.2. Imposto sobre Transmissão *inter vivos* de Bens Imóveis e direitos a eles relativos – ITBI

O imposto de transmissão *inter vivos*, ITBI, tem sua fonte na Constituição, no art. 156, inciso II.

- **Previsão Legal**: arts. 35 a 42 do CTN.

Convém observar que o CTN foi editado sob a égide da Constituição de 1946 e suas emendas, época em que estava vigente o ITBI unificado com o Imposto de Transmissão *Causa Mortis*. Por esta razão, os arts. 35 e 42 tratam dos dois impostos simultaneamente, cabendo ao intérprete identificar os dispositivos que se referem a um e a outro imposto.

Sobre o **critério material**, pode-se dizer que o legislador ordinário, ao disciplinar sobre o ITBI, pode contemplar as três variáveis contidas no protótipo constitucional, vale dizer, erigir por hipótese de incidência desse imposto:

(i) transmissão *inter vivos*, a qualquer título, por ato oneroso, de bens imóveis, por natureza ou acessão física;
(ii) transmissão de direitos reais sobre imóveis exceto os de garantia;
(iii) cessão de direitos à sua aquisição.

Com efeito, cumpre analisar cada uma das variáveis contidas no protótipo constitucional.

O conceito de bens imóveis está expresso na Lei nº 10.406/2002, que institui o novo Código Civil Brasileiro. Veja-se:

Art. 79. São bens imóveis o solo e tudo quanto se lhe incorporar natural ou artificialmente.
Art. 80. Consideram-se imóveis para os efeitos legais:
I – os direitos reais sobre imóveis e as ações que os asseguram;
II – o direito à sucessão aberta.
Art. 81. Não perdem o caráter de imóveis:
I – as edificações que, separadas do solo, mas conservando a sua unidade, forem removidas para outro local;
II – os materiais provisoriamente separados de um prédio, para nele se reempregarem.

O critério material da hipótese de incidência tributária do ITBI somente pode ser a **transmissão de imóvel**, a transferência, a mudança, a alteração de titularidade do direito de propriedade por **ato oneroso**.

Para o direito civil (art. 1.245, do Código Civil), no caso da transmissão imobiliária, esta só se considerará efetivada, aperfeiçoada, com todos os seus efeitos, quando do **registro no Cartório de Imóveis**. Assim, somente com este ato é que o bem imóvel se considerará transmitido, passando a pertencer ao patrimônio do adquirente.

Somente as **cessões onerosas** de direitos à aquisição de bens imóveis e de direitos reais sobre imóveis se subsumem à incidência do ITBI, conforme o arquétipo constante da Lei Maior.

Com relação aos direitos reais sobre os imóveis, constata-se que esses também estão sujeitos à incidência do ITBI, **salvo os de garantia**.

São direitos reais tributáveis pelo imposto supracitado os seguintes:

(i) A **enfiteuse ou aforamento**, que consiste na outorga que o proprietário faz a terceiros dos direitos de uso, gozo, e disposição do bem, reservando para si apenas o chamado domínio eminente. O proprietário fica com o direito de receber do enfiteuta um pagamento anual, denominado foro e bem, assim, na hipótese do enfiteuta alienar o imóvel é auferido um novo pagamento, designado por laudêmio;

(ii) A **servidão**, que representa o encargo ou o ônus, que se estabelece sobre um imóvel, pertencente a outro proprietário.

(iii) O **usufruto**, que se dá quando o proprietário transmite a outrem o direito de usar e gozar da coisa temporariamente;

(iv) O **uso**, que consiste na transmissão do direito real de usar imóvel alheio;

(v) A **habitação**, que é direito de uso com fins residenciais.

Os direitos reais de garantia, que **não estão sujeitos** à tributação do imposto de transmissão de bens imóveis, são a **anticrese, a hipoteca e o penhor** (Novo CC, art. 1225, VIII, IX e X).

Na tributação dos direitos reais referidos, quando o proprietário se despede de algum dos poderes que detém sobre a propriedade, transmitindo-o a terceiros, diz-se que transmitiu direitos reais sobre a coisa. No que diz respeito ao ITBI, só interessa a transmissão, **por ato oneroso, *inter vivos*, de direitos reais sobre imóveis**. Ademais, fundamental é a determinação do valor correspondente à base de cálculo, que, à evidência, deve ser inferior ao valor da propriedade, que é o direito real na sua plenitude.

Com a previsão na Constituição Federal de 1988, ficaram submetidas à incidência do ITBI, nas cessões de direitos à aquisição de imóveis, **a dação em pagamento, a arrematação e a adjudicação**. Desta forma, também incide o imposto na cessão de direitos do arrematante ou adjudicatário, depois de assinado o auto de arrematação ou adjudicação. O fato jurídico tributário do imposto abrange, ainda, a cessão de direitos à sucessão e a cessão de benfeitorias e construções em terreno compromissado à venda.

Igualmente, ainda com relação ao critério material da hipótese de incidência do imposto, cumpre esclarecer que **não** incide o ITBI sobre a aquisição da propriedade por **usucapião**.

No usucapião, não há transmissão, porque não há um alienante voluntário. Na verdade, inexiste vínculo entre aquele que perde a propriedade e o que adquire.

Como é cediço, o usucapião se trata de modo originário de aquisição da propriedade, assim não há que se falar na hipótese de se adquirir bem imóvel por usucapião, portanto, não é fato jurídico tributário do ITBI.

O **critério temporal** do ITBI é a transmissão da propriedade, na qual, de acordo com o direito civil brasileiro, somente ocorre na inscrição do título no registro de imóveis competente.

Sobre o **critério espacial**, pode-se dizer que sendo o ITBI imposto de competência dos municípios, o local da ocorrência do fato gerador é o do município onde se localiza o imóvel objeto de transmissão, ou ao qual está ligada a cessão de direitos. Diversamente do que ocorre com o IPTU e ITR, no ITBI não há distinção entre zona urbana e rural, valendo, pois, para todo e qualquer imóvel.

Em se tratando do imposto municipal sobre transmissão onerosa de bens imóveis ou direitos a eles relativos, a competência para a cobrança do tributo é a do **local da situação do bem**, de acordo com o disposto no inciso II do § 2º do art. 156 da Constituição Federal.

Segundo o art. 42 do CTN, as leis municipais podem escolher como **contribuinte** do imposto qualquer das partes envolvidas na operação tributária.

> Art. 42. Contribuinte do imposto é qualquer das partes na operação tributada, como dispuser a lei.

Dessa forma, a lei municipal pode estabelecer que o contribuinte do imposto de transmissão seja o comprador ou o vendedor do bem. A maioria da legislação dos Municípios tem eleito como contribuinte do ITBI o comprador.

Cumpre ressaltar que no ITBI pode vir a ocorrer um caso específico de sujeição passiva indireta, prevista no art. 134, VI, do Código

Tributário Nacional, o qual atribui aos tabeliães, escrivães, notários, oficiais de Registro de Imóveis e demais serventuários, a responsabilidade solidária pelo cumprimento da obrigação tributária principal devida sobre os atos por eles praticados em razão de seu ofício, quando não pago o imposto pelo contribuinte.

Das disposições do Código Tributário Nacional, extrai-se do art. 38 que a **base de cálculo** do ITBI é o **valor venal** dos bens ou direitos transmitidos.

O valor venal corresponde ao valor de mercado do imóvel. Dessa forma, a base de cálculo do imóvel não irá, necessariamente, corresponder ao valor pelo qual se efetuou a transação.

Apurada a base de cálculo, aplica-se a **alíquota** prevista na legislação municipal apropriada, sendo que esta **não** pode ser progressiva.

Características: Consiste em imposto fiscal, em razão de visar à arrecadação e suprir as necessidades públicas. Trata-se de um tributo direto, não cabendo repercussão.

Imunidades específicas: o § 2º, inciso I, do art. 156 da Constituição Federal prevê que o ITBI não deverá incidir sobre a transmissão de bens ou direitos incorporados ao patrimônio de pessoa jurídica em realização de capital, nem sobre a transmissão de bens ou direitos decorrentes de fusão, incorporação, cisão ou extinção de pessoa jurídica, salvo se, nesses casos, a atividade preponderante do adquirente for a compra e venda desses bens ou direitos, locação de bens imóveis ou arrendamento mercantil.

A atividade preponderante nos termos do art. 37 do CTN é quando mais de 50% da receita operacional da pessoa jurídica adquirente, nos 2 (dois) anos anteriores e nos 2 (dois) anos subsequentes à aquisição, decorrer de compra e venda de imóveis, locação ou arrendamento mercantil. E se a pessoa jurídica adquirente iniciar suas atividades após a aquisição, ou menos de 2 (dois) anos antes dela, apurar-se-á a preponderância levando em conta os 3 (três) primeiros anos seguintes à data da aquisição.

O **lançamento** do ITBI, em regra, é feito por declaração. O contribuinte leva ao conhecimento da autoridade os elementos de fato indispensáveis à feitura do lançamento, e esta calcula o imposto devido, notificando o contribuinte para pagá-lo.

Ademais, respeita o princípio da anterioridade, tanto nonagesimal, como a do exercício financeiro, nos termos do art. 150, III, "b" e "c", da CF.

ITBI	
Critério Material	a) transmissão *inter vivos*, a qualquer título, por ato oneroso, de bens imóveis, por natureza ou acessão física; b) transmissão de direitos reais sobre imóveis exceto os de garantia; c) cessão de direitos à sua aquisição
Critério Espacial	Município da situação do Bem Imóvel
Critério Temporal	No momento do registro em Cartório
Critério Pessoal	**Sujeito Ativo:** Município da situação do Imóvel **Sujeito Passivo:** Nos termos do art. 42 do CTN
Critério Quantitativo	**Base de cálculo:** valor venal do imóvel **Alíquotas: Não** podem ser progressivas

19.3. Imposto sobre Serviços de Qualquer Natureza – ISS ou ISSQN

O Imposto sobre Serviços de Qualquer Natureza tem sua fonte na Constituição, no art. 156, inciso III.

- **Previsão Legal:** LC nº 116/03 e art. 9º do DL nº 406/68.

Critério Material: A Constituição Federal de 1988, ao tratar sobre o ISS, estabeleceu que esse imposto incidiria sobre serviços, não compreendidos na competência do art. 155, II, e definidos em Lei Complementar.

A **prestação de serviços** é a operação pela qual uma pessoa, em troca do pagamento de um preço (preço do serviço), realiza, em favor de outra, a transmissão de um bem imaterial (serviço). Trata-se, na verdade, de uma **obrigação de fazer**.

Serviços de competência dos Estados e Distrito Federal são os de transporte interestadual ou intermunicipal, e de comunicação. Desta forma, não estão sujeitos à incidência do ISS.

A expressão "definidos em Lei Complementar" esclarece que o instrumento competente para definir os serviços que serão alcançados pelo ISSQN é unicamente a lei complementar.

Assim, ainda que seja serviço, mas se não houver previsão na lista anexa à LC nº 116/03, não haverá incidência do ISS. É o que ocorre, por exemplo, com os provedores de internet[19].

A lista de serviços que acompanha a Lei Complementar nº 116/03 contém o rol integral dos serviços incidentes no ISSQN.

---

[19] REsp 674.188/PR, Rel. Min. Denise Arruda, DJ 04/08/2008.

A lista de serviços anexa à LC nº 116/03 é taxativa, e não exemplificativa, assim, não se pode exigir ISS de um serviço que não esteja previsto da redação da lista.

O STJ tem entendimento de que ainda que a lista de serviços seja taxativa, pode ser interpretada extensivamente, devido às expressões "congêneres", "qualquer natureza" presentes na redação da lista anexa à LC nº 116/03.

Observa-se, no entanto, que o legislador, ao selecionar sobre quais serviços deveriam incidir o ISSQN, indicou também alguns negócios jurídicos que não constituem autênticos serviços, e assim acabou infringindo o próprio ordenamento jurídico tributário, na medida em que é defeso modificar conceitos e formas de direito. Logo, dizer que algum negócio jurídico é serviço, a fim de incidência do ISS, estar-se-á violando as regras jurídicas e, assim, sujeitando a operação aos vícios de ilegalidade.

Exemplo de negócio jurídico que **não é serviço**, e que está previsto na lista anexa à LC nº 116/03, é a **locação de bens móveis.** No item 15.03, tem-se que sobre a locação e manutenção de cofres particulares, de terminais eletrônicos, de terminais de atendimento e de bens e equipamentos em geral, deve incidir ISS.

Por não ser serviço, ainda que haja previsão na lista anexa à LC nº 116/03, **não deve incidir ISS sobre locação de bens móveis**. Nesse sentido, tem-se o entendimento do STF, Súmula Vinculante nº 31.

No caso do ISS, o **critério temporal** ocorre no momento em que o serviço prestado é finalizado.

Quanto ao **critério espacial**, com a promulgação da Lei Complementar nº 116/03, o Município competente para recolher o ISS será o Município onde se localizar o **estabelecimento prestador do contribuinte**, ou, na sua falta, o **domicílio do prestador de serviço**. Contudo, a própria lei traz um rol de **exceções** em que o tributo será devido ao Município em que o serviço for prestado.

> Art. 3º O serviço considera-se prestado e o imposto devido no local do estabelecimento prestador ou, na falta do estabelecimento, no local do domicílio do prestador, exceto nas hipóteses previstas nos incisos I a XXII, quando o imposto será devido no local:
>
> I – do estabelecimento do tomador ou intermediário do serviço ou, na falta de estabelecimento, onde ele estiver domiciliado, na hipótese do § 1º do art. 1º desta Lei Complementar;
>
> II – da instalação dos andaimes, palcos, coberturas e outras estruturas, no caso dos serviços descritos no subitem 3.05 da lista anexa;
>
> III – da execução da obra, no caso dos serviços descritos no subitem 7.02 e 7.19 da lista anexa;
>
> IV – da demolição, no caso dos serviços descritos no subitem 7.04 da lista anexa;

V – das edificações em geral, estradas, pontes, portos e congêneres, no caso dos serviços descritos no subitem 7.05 da lista anexa;
VI – da execução da varrição, coleta, remoção, incineração, tratamento, reciclagem, separação e destinação final de lixo, rejeitos e outros resíduos quaisquer, no caso dos serviços descritos no subitem 7.09 da lista anexa;
VII – da execução da limpeza, manutenção e conservação de vias e logradouros públicos, imóveis, chaminés, piscinas, parques, jardins e congêneres, no caso dos serviços descritos no subitem 7.10 da lista anexa;
VIII – da execução da decoração e jardinagem, do corte e poda de árvores, no caso dos serviços descritos no subitem 7.11 da lista anexa;
IX – do controle e tratamento do efluente de qualquer natureza e de agentes físicos, químicos e biológicos, no caso dos serviços descritos no subitem 7.12 da lista anexa;
X – (VETADO);
XI – (VETADO);
XII – do florestamento, reflorestamento, semeadura, adubação e congêneres, no caso dos serviços descritos no subitem 7.16 da lista anexa;
XIII – da execução dos serviços de escoramento, contenção de encostas e congêneres, no caso dos serviços descritos no subitem 7.17 da lista anexa;
XIV – da limpeza e dragagem, no caso dos serviços descritos no subitem 7.18 da lista anexa;
XV – onde o bem estiver guardado ou estacionado, no caso dos serviços descritos no subitem 11.01 da lista anexa;
XVI – dos bens ou do domicílio das pessoas vigiados, segurados ou monitorados, no caso dos serviços descritos no subitem 11.02 da lista anexa;
XVII – do armazenamento, depósito, carga, descarga, arrumação e guarda do bem, no caso dos serviços descritos no subitem 11.04 da lista anexa;
XVIII – da execução dos serviços de diversão, lazer, entretenimento e congêneres, no caso dos serviços descritos nos subitens do item 12, exceto o 12.13, da lista anexa;
XIX – do Município onde está sendo executado o transporte, no caso dos serviços descritos pelo subitem 16.01 da lista anexa;
XX – do estabelecimento do tomador da mão-de-obra ou, na falta de estabelecimento, onde ele estiver domiciliado, no caso dos serviços descritos pelo subitem 17.05 da lista anexa;
XXI – da feira, exposição, congresso ou congênere a que se referir o planejamento, organização e administração, no caso dos serviços descritos pelo subitem 17.10 da lista anexa;
XXII – do porto, aeroporto, ferroporto, terminal rodoviário, ferroviário ou metroviário, no caso dos serviços descritos pelo item 20 da lista anexa.

Observa-se, ainda, que a própria Lei Complementar traz o conceito de estabelecimento prestador no art. 4º: "considera-se estabelecimento prestador o local onde o contribuinte desenvolva a atividade de prestar serviços, de modo permanente ou temporário, e que configure unidade econômica ou profissional, sendo irrelevantes para caracterizá-lo as denominações de sede, filial, agência, posto de atendimento, sucursal, escritório de representação ou contato ou quaisquer outras que venham a ser utilizadas".

Ainda com relação ao aspecto espacial da regra matriz de incidência do ISS, mais uma exceção observa-se, quando o serviço for proveniente do exterior, ou cuja prestação tenha iniciado em outro país, resta ignorar o estabelecimento ou domicílio do prestador (situado no exterior), considerando, assim, o estabelecimento do tomador ou do intermediário daquele serviço.

Em se tratando do Imposto sobre Serviços de Qualquer Natureza, a competência para a cobrança do tributo é a **do local do estabelecimento prestador do serviço**, salvo as exceções trazidas pelo art. 3°, inciso I a XXII, da LC n° 116/03.

Segundo o art. 5° da LC n° 116/03, **contribuinte** do ISS é o prestador do serviço.

Não são contribuintes do Imposto sobre Serviços de Qualquer Natureza os que prestem serviços em relação de emprego, os trabalhadores avulsos, os diretores e membros de conselho consultivo ou de conselho fiscal de sociedades e fundações, bem como os sócios-gerentes-delegados, cujas características são colhidas em outros diplomas jurídicos.

Ressalta-se, ainda, que os Municípios, mediante lei, poderão atribuir de modo expresso a responsabilidade pelo crédito tributário a uma terceira pessoa, vinculada ao fato gerador da respectiva obrigação, excluindo, dessa forma, a responsabilidade do contribuinte ou atribuindo-a a este em caráter supletivo do cumprimento total ou parcial da referida obrigação, inclusive no que se refere à multa e aos acréscimos legais.

Oportuno salientar que são também responsáveis: o tomador ou intermediário de serviço proveniente do exterior do País, ou cuja prestação se tenha iniciado no exterior do País; a pessoa jurídica, ainda que isenta ou imune, tomadora ou intermediária dos serviços descritos nos subitens 3.05; 7.02; 7.04; 7.05; 7.09; 7.10; 7.12; 7.14; 7.15; 7.16; 7.17; 7.19; 11.02; 17.05; 17.10 e 17.10 da lista anexa à LC n° 116/03.

A **base de cálculo** do Imposto sobre Serviços de Qualquer Natureza é o preço do serviço, conforme prevê o art. 7° da LC n° 116/03.

No entanto, quando se tratar de **ISS sobre o regime fixo**, a base de cálculo não leva em consideração o valor do serviço, apenas um valor anual (fixo) cobrado pela legislação Municipal, nos termos do art. 9° do DL n° 406/68, que não foi revogado pela LC n° 116/03 estabelece:

O art. 8° da LC n° 116/03 determina a alíquota máxima de 5% (cinco por cento), sem excepcionar nenhuma espécie de serviço, nada dispondo, inclusive, com relação à alíquota mínima.

Assim sendo, os Municípios devem observar a alíquota **máxima de 5% e a mínima de 2%** (alíquota prevista no art. 88 do ADCT, enquanto não houver lei complementar tratando sobre a alíquota mínima).

Características: Consiste em imposto fiscal, em razão de visar à arrecadação e suprir as necessidades públicas. Trata-se de um tributo direto, podendo ser **indireto** se houver o repasse do encargo financeiro, conforme entendimento do STJ[20].

Isenção: Nos termos do art. 2º, I, da LC nº 116/03, o ISS não incide sobre serviços prestados no exterior.

O **lançamento** do ISS, via de regra, é por homologação. O próprio contribuinte verifica a ocorrência do fato gerador, calcula o valor e paga o montante considerado devido, aguardando ulterior homologação por parte da autoridade administrativa. Mas, no caso de ISS sob regime fixo, o lançamento é feito de ofício.

Ademais, respeita o princípio da anterioridade, tanto nonagesimal, como a do exercício financeiro, nos termos do art. 150, III, "b" e "c", da CF.

ISS	
Critério Material	Prestação de serviços, não compreendidos na competência do art. 155, II e definidos em Lei Complementar
Critério Espacial	**Regra**: Município da sede do prestador de serviço, exceções do Art. 3º da LC 116/03
Critério Temporal	No momento em que o serviço prestado é finalizado.
Critério Pessoal	**Sujeito Ativo:** coincide com o critério espacial **Sujeito Passivo:** contribuinte: prestador do serviço.
Critério Quantitativo	**Base de cálculo:** valor do serviço **Alíquotas:** Mínima de 2% e Máxima de 5%

---

[20] REsp nº 873.616, Rel. Min. Teori Albino Zavascki, DJ 01/09/2010.

20. Contribuições

LEANDRO PAULSEN

Dentre as espécies tributárias, merecem destaque as contribuições. Trata-se de tributos cuja instituição se justifica constitucionalmente em razão da especial finalidade a que se destinam: prover recursos para atuação da União na área social, de intervenção no domínio econômico ou do interesse de categorias profissionais ou econômicas, nos termos do art. 149, *caput*, da CF. Essa atuação pode dar-se mediante o uso desses recursos em atividades próprias, realizadas pelos Ministérios, ou mediante a destinação a entidades sem fins lucrativos voltadas a cada uma dessas áreas, como os serviços sociais autônomos, os conselhos de fiscalização profissional etc. Ao instituir as contribuições, a lei indica a sua finalidade, condicionando a destinação legal dos recursos. Pode haver coincidência entre o sujeito ativo credor e o destinatário legal dos recursos, ou não.

Estados e Municípios têm competência para instituir contribuições a serem pagas pelos seus servidores efetivos para o custeio de regime próprio de previdência, o que consta do art. 149, § 1º, da CF

Municípios ainda podem instituir contribuições para o custeio da iluminação pública municipal, conforme o art. 149-A da CF.

Vejamos as contribuições no quadro geral de classificação dos tributos, com suas espécies e subespécies:

a) impostos
    a.1. ordinários (arts. 145, I, 153, 155 e 156)
    a.2. residuais (art. 154, I)
    a.3. extraordinários de guerra (art. 154, II)

b) taxas
    b.1. pelo exercício do poder de polícia (art. 145, II, primeira parte)
    b.2. pela prestação de serviços públicos específicos e divisíveis (art. 145, II, segunda parte)

c) contribuições de melhoria (art. 145, III)

d) contribuições
  d.1. sociais
    d.1.1. gerais (art. 149, primeira parte e §§ 2º, 3º e 4º)
    d.1.2. de seguridade social
      d.1.2.1. ordinárias (art. 149, primeira parte e §§ 2º a 4º, c/c art. 195, I a IV)
      d.1.2.2. residuais (art. 149, primeira parte c/c art. 195, § 4º)
      d.1.2.3. provisória (arts. 74 a 90 do ADCT)[1]
      d.1.2.4. de previdência do funcionalismo público estadual, distrital e municipal (149, § 1º)
  d.2. de intervenção no domínio econômico (art. 149, segunda parte e §§ 2º a 4º, e art. 177, § 4º)
  d.3. do interesse das categorias profissionais ou econômicas (art. 149, terceira parte)
  d.4. de iluminação pública municipal e distrital (art. 149-A)
e) empréstimos compulsórios
  e.1. extraordinários de calamidade ou guerra (art. 148, I)
  e.2. de investimento (art. 148, II)

Retrataremos, sucintamente, algumas das principais contribuições instituídas.

---

[1] Esta subespécie diz respeito à Contribuição Provisória sobre Movimentação Financeira (CPMF), cuja última prorrogação estendeu-se até dezembro de 2007.

21. Contribuições de seguridade social previdenciárias

LEANDRO PAULSEN

21.1. Contribuição dos empregados ao RGPS[2]

O art. 195 da Constituição, em seu inciso II, com a redação da EC 20/98, permite à União instituir contribuição **do trabalhador e dos demais segurados** da previdência social, o que está em conformidade com o caráter contributivo da previdência social, previsto no seu art. 201. Quem realiza atividade econômica, qualquer que seja, é segurado obrigatório do Regime Geral de Previdência Social e tem de contribuir mensalmente. As contribuições ensejam, oportunamente, o gozo de benefícios previdenciários. Aposentadorias e pensões do regime geral são imunes à contribuição previdenciária, imunidade essa que restou estendida pelo STF às aposentadorias e pensões dos regimes próprios de previdência até o limite do benefício máximo do regime geral de previdência social, podendo-lhes ser cobrada contribuição quanto ao que sobejar. Veja-se o art. 195, II, da CF:

> Art. 195. A seguridade social será financiada por toda a sociedade, de forma direta e indireta, nos termos da lei, mediante recursos provenientes dos orçamentos da União, dos Estados, do Distrito Federal e dos Municípios, e das seguintes contribuições sociais: (Vide Emenda Constitucional nº 20, de 1998)
> II – do trabalhador e dos demais segurados da previdência social, não incidindo contribuição sobre aposentadoria e pensão concedidas pelo regime geral de previdência social de que trata o art. 201; (Redação dada pela Emenda Constitucional nº 20, de 1998)

O art. 20 da Lei 8.212/91 estabelece a contribuição dos segurados empregados, inclusive do doméstico, e do segurado trabalhador avulso, estabelecendo que "é calculada mediante a aplicação da correspondente *alíquota sobre o seu salário de contribuição mensal*, de forma

---
[2] Regime Geral de Previdência Social.

não cumulativa". Dentre os benefícios previdenciários, apenas o salário-maternidade enseja a incidência da contribuição, conforme o art. 28, § 2º, da Lei 8.212/91.

O salário de contribuição, para o empregado e o trabalhador avulso, é "a remuneração auferida em uma ou mais empresas, assim entendida a totalidade dos rendimentos pagos, devidos ou creditados a qualquer título, durante o mês, destinados a retribuir o trabalho, qualquer que seja a sua forma, inclusive as gorjetas, os ganhos habituais sob a forma de utilidades e os adiantamentos decorrentes de reajuste salarial, quer pelos serviços efetivamente prestados, quer pelo tempo à disposição do empregador ou tomador de serviços nos termos da lei ou do contrato ou, ainda, de convenção ou acordo coletivo de trabalho ou sentença normativa" (art. 28, I, da Lei 8.212/91). Tenha-se em conta, a **Súmula 310 do STJ**: "O auxílio-creche não integra o salário de contribuição".

✓ ATENÇÃO: há verbas indenizatórias que não integram a base de cálculo, nos termos do art. 29, §§ 8º e 9º, da Lei 8.212/91:
  - diárias, salvo no que excederem a cinquenta por cento da remuneração mensal
  - ajudas de custo
  - parcela *in natura* recebida de acordo com os programas de alimentação do trabalhador
  - importâncias recebidas a título de férias indenizadas e respectivo adicional constitucional
  - parcela recebida a título de vale-transporte
  - bolsa recebida por estagiário
  - participação nos lucros ou resultados da empresa
  - valores recebidos em decorrência da cessão de direitos autorais.

Aplicam-se alíquotas de 8 a 11% conforme os patamares de salário de contribuição.

Vejamos, então:

Fato gerador:

Perceber remuneração a cada mês.

✓ Obs: o 13ª é tributado em separado, como um novo fato gerador (art. 7º da Lei 8.620/93)

Base de cálculo:

Empregado doméstico: a remuneração registrada na carteira de trabalho (art. 28, II);

Demais empregados e avulsos: a remuneração mensal que percebem (art. 28 I).

Limites da base de cálculo:
Mínimo: o salário-mínimo ou o piso da categoria;
Máximo: o valor-teto de salário de contribuição.

Alíquotas:

TABELA DE CONTRIBUIÇÃO DOS SEGURADOS EMPREGADO,
EMPREGADO DOMÉSTICO E TRABALHADOR AVULSO
VIGENTE A PARTIR DE 01/01/2016
Portaria Interministerial MTPS/MF 1/2016

SALÁRIO DE CONTRIBUIÇÃO (R$)	ALÍQUOTA INSS
até 1.556,94	8%
de 1.556,95 até 2.594,92	9%
de 2.594,93 até 5.189,82	11%

✓ RETENÇÃO NA FONTE: A Lei 8.212/91 obriga o empregador doméstico e a empresa que remunerem seus empregados e trabalhadores avulsos à retenção e ao recolhimento das contribuições por eles devidas, conforme art. 30, I, *a* e *b*, II e V.

21.2. Contribuição dos contribuintes individuais (autônomos)

Os arts. 21 e 28 da Lei 8.212/91 disciplinam a contribuição dos segurados contribuintes individuais e dos segurados facultativos, observados, em ambos os casos, o valor mínimo e máximo admitidos para o salário de contribuição (mesmos limites aplicados aos empregados).

Base de cálculo:
Contribuinte individual: sua remuneração mensal;
Facultativo: o valor que escolher, observados os limites.

A alíquota será de 20% sobre o salário de contribuição, conforme o art. 21 da Lei 8.212/91. Mas, quando o contribuinte individual presta serviços a pessoa jurídica também contribuinte, há uma dedução que implica a redução da alíquota, na prática, para 11%, conforme os §§ 4º e 5º do art. 30 da Lei 8.212/91.

Além disso, a LC 123/06, acrescendo os §§ 2º e 3º ao art. 21 da Lei 8.212/91, trouxe a possibilidade de os contribuintes individual e facultativo contribuírem com alíquota de 11% sobre o valor mínimo do salário de contribuição quando optem pela exclusão do direito à aposentadoria por tempo de contribuição. Tal opção pode ser reconsiderada pelo segurado mediante recolhimento da diferença de 9%, acrescida de juros.

A apuração e recolhimento da contribuição pelos segurados facultativos cabe a eles próprios, conforme o art. 30, inciso II, da Lei 8.212/91, com a redação da Lei 9.876/99.

Relativamente aos contribuintes individuais, também têm a responsabilidade de recolherem, eles próprios, sua contribuição. Mas, quando prestem serviços a pessoas jurídicas, sofrem retenção na fonte, nos termos do art. 4º da Lei 10.666/03.

O contribuinte individual e o segurado facultativo têm prazo até o dia quinze do mês seguinte ao da competência para o recolhimento da contribuição, nos termos do art. 30, II, da Lei 8.212/91.

21.3. Contribuições previdenciárias dos empregadores e das empresas

O art. 195, I, *a*, da CF, com a redação da EC 20/98, é expresso quanto à possibilidade de instituição de contribuições para a seguridade social dos empregadores, das empresas e, inclusive, de entidades que venham a ser equiparadas a empresas, sobre "a folha de salários e demais rendimentos do trabalho pagos ou creditados, a qualquer título, à pessoa física que lhe preste serviço, mesmo sem vínculo empregatício".

A referência, na norma de competência, a "rendimentos do trabalho" afasta a possibilidade de o legislador fazer incidir a contribuição sobre verbas indenizatórias. Assim, os valores pagos a título de auxílio-creche, de auxílio-transporte e as ajudas de custo em geral, desde que compensem despesa real, não podem integrar a base de cálculo da contribuição previdenciária.

Por sua vez, a referência aos pagamentos a "pessoa física" impede a cobrança quando de pagamentos a pessoas jurídicas, e.g., cooperativas de trabalho. A Lei 9.876/99, que instituiu indevidamente contribuição a cargo das empresas tomadoras de serviços de cooperativas de trabalho, de 15% sobre o valor da Nota Fiscal de Prestação de Serviços, teve sua inconstitucionalidade reconhecida pelo STF no RE 595.838.

Vejamos as contribuições validamente instituídas:

• **Contribuição do empregador doméstico**: (art. 24 da Lei 8.212/91, com a redação da Lei 13.202/15): "08% (oito por cento)" sobre o salário de contribuição do empregado doméstico a seu serviço, mais "0,8% (oito décimos por cento)" para o financiamento do seguro contra acidentes do trabalho.

✓ SUBSTITUTO TRIBUTÁRIO: Além disso, o empregador doméstico também é obrigado à retenção e ao recolhimento da contribuição previdenciária que tem como contribuinte o próprio empregado doméstico.

- **Contribuição da empresa sobre a remuneração dos empregados**: (art. 22, I, da Lei 8.212/91, com a redação da Lei 9.876/99): 20% sobre o total da remuneração dos segurados empregados e trabalhadores avulsos que lhes prestem serviços (22,5% no caso das instituições financeiras porque sujeitas ao adicional de 2,5% do § 1º do art. 22 da Lei 8.212/91, com a redação da Lei 9.876/99)[3]. Sendo base de cálculo o "total das remunerações", não se limita pelo salário de contribuição do empregado ou do avulso.

Ao apurar-se o "total das remunerações", é preciso ter em conta que o art. 195, I, *a*, da Constituição cuida de "rendimentos do trabalho" e que o próprio art. 22, I, da Lei 8.212/91 circunscreve àquelas "destinadas a retribuir o trabalho". Verbas que não constituam, propriamente, rendimentos do trabalhador destinados a retribuir o trabalho não compõem a base de cálculo da contribuição. No RE 593068, o STF reconheceu a repercussão geral da discussão relativa à "exigibilidade da contribuição previdenciária incidente sobre adicionais e gratificações temporárias, tais como 'terço de férias', 'serviços extraordinários', 'adicional noturno', e 'adicional de insalubridade'" justamente em face da sua caracterização, ou não, como remuneração. O mérito ainda pende de julgamento. Sobre as férias gozadas, forte em sua natureza remuneratória e salarial, incide a contribuição, conforme vem decidindo o STJ.[4] Entendendo que o terço de férias tem natureza indenizatória/compensatória, o STJ afasta a incidência de contribuição sobre tal verba.[5] Sobre o pagamento de salário-maternidade, incide.[6] O STJ firmou posição no sentido de que não incide contribuição previdenciária sobre o montante pago pela empresa ao empregado nos primeiros dias de afastamento por motivo de doença, antes da percepção do benefício do auxílio-doença.[7] Conforme o art. 1º da MP 664, de 30 de dezembro de 2014, que alterou os §§ 1º e 2º do art. 43 da Lei 8.213/91, o benefício do auxílio-doença passou a ser pago apenas a partir do trigésimo primeiro dia de afastamento (e não mais a partir

---

[3] STF, Tribunal Pleno, Rel. p/Acórdão Ministro CARLOS BRITTO, ACMC 1109, mai/07.

[4] STJ, Primeira Seção, AgRgEDivREsp 1.441.572, rel. Min. Mauro Campbell Marques, nov/2014.

[5] STJ, Primeira Seção, EDivREsp 973.125, rel. Ministra ASSUSETE MAGALHÃES, nov/2014.

[6] STJ, Primeira Seção, EDivREsp 135.303, rel. Ministra ASSUSETE MAGALHÃES, out/2014. Essa orientação foi julgada pela sistemática e para os efeitos dos recursos repetitivos, no REsp 1.230.957, rel. o Ministro Mauro Campbell Marques, em março de 2014.

[7] STJ, 1ª T., REsp 836.531/SC, Min. Teori Albino Zavascki, ago/06.

do décimo sexto), percebendo o empregado, até então, o seu salário a cargo da empresa. A alimentação fornecida *in natura* no estabelecimento da empresa também não integra a base de cálculo, ainda que não haja vinculação ao Programa de Alimentação do Trabalhador.[8] O questionamento acerca da incidência sobre o décimo terceiro salário (gratificação natalina), por sua vez, resultou na **Súmula 688** do STF: "É legítima a incidência da contribuição previdenciária sobre o 13º salário". De outro lado, integram a base de cálculo os valores pagos a título de distribuição de lucro ou participação em resultado que não tenham observado a periodicidade mínima estabelecida pelo art. 3º, § 2º, da Lei 10.101/00, com a redação da Lei 12.832/13. Cabe às empresas apurar e recolher a contribuição, a seu cargo, sobre as remunerações dos empregados e avulsos até o dia 20 do mês seguinte ao de competência. Considera-se **mês de competência** o mês trabalhado, aquele a que se refere a remuneração. As contribuições sobre o salário de dezembro e sobre o décimo terceiro salário devem ser pagas, antecipadamente, até o dia 20 de dezembro, conforme o art. 7º da Lei 8.620/93 e o art. 216, § 1º, do Regulamento.

> ✓ SUBSTITUTAS TRIBUTÁRIAS: Além de suportarem com recursos próprios, enquanto contribuintes, esta contribuição e as adiante abordadas, as empresas são obrigadas, enquanto substitutas tributárias, a reter de seus empregados e a recolher as contribuições por eles devidas.
>
> • **Contribuição ao SAT sobre a remuneração dos empregados**: 1%, 2% ou 3% conforme o grau de risco da atividade preponderante na empresa, sujeitando-se, ainda, a acréscimo de 6, 9 ou 12 pontos percentuais relativamente à remuneração dos empregados e avulsos sujeitos à aposentadoria especial e admitindo, também, redução de até 50% ou aumento de até 100% em razão do desempenho da empresa relativamente aos níveis de frequência, gravidade e custo dos acidentes de trabalho verificados, aferido pelo Fator Acidentário de Prevenção – FAP. Trata-se da chamada contribuição ao SAT (Seguro de Acidente do Trabalho) ou RAT (Risco Ambiental do Trabalho) para financiamento da aposentadoria especial e de benefícios decorrentes de incapacidade decorrente de riscos ambientais do trabalho.

O STF já se manifestou pela *constitucionalidade da contribuição ao SAT*, não vislumbrando violação à garantia da legalidade tributária.[9] O STJ, no REsp 464.749/SC, afirmou a *necessidade de verificação da atividade preponderante por estabelecimento*, e não por empresa.[10] A constitucionalidade do FAP, conforme regulamentado pelo art. 202-A do

---

[8] STJ, Segunda Turma, Rel. Ministra ELIANA CALMON, REsp 1.051.294/PR, fev/09.

[9] STF, Tribunal Pleno, un., Rel. Ministro CARLOS VELLOSO, RE 343.446/SC, mar/2003.

[10] STJ, Segunda Turma, unânime, REsp 499.299/SC, Rel. Ministra ELIANA CALMON, jun/2003; Primeira Turma, REsp 464.749/SC, ago/2003.

Dec. 3.048/99, teve sua repercussão geral reconhecida pelo STF no RE 684.261 RG.

O adicional ao SAT é objeto da Lei 8.212/91, art. 22, inciso II, com a redação da Lei 9.732/98, da Lei 8.213/91, art. 57, §§ 6º e 7º, e da Lei 10.666/03.

- **Contribuição da empresa sobre a remuneração dos autônomos**: 20% sobre o total das remunerações pagas ou creditadas a qualquer título, no decorrer do mês, aos segurados contribuintes individuais que lhe prestem serviços (art. 22, III, da Lei 8.212/91, com a redação da Lei 9.876/99).

- **Contribuição da empresa substitutitva**: Em face da elevada carga incidente sobre a folha de salários, que encarece e, por isso, inibe a contratação de empregados, o art. 195, § 13, da Constituição prevê a **"substituição gradual, total ou parcial" da contribuição sobre a folha por uma nova contribuição sobre a receita ou faturamento**. Essa nova contribuição costuma ser designada de **contribuição substitutiva**. Os arts. 7º a 9º da Lei 12.546/11, com as alterações posteriores da Lei 12.715/12, da Lei 12.844/13, Lei 12.995/14, Lei 13.043/14 e 13.161.15, estabelecem a substituição das contribuições sobre a folha por nova contribuição sobre a receita bruta para diversos setores. Tal substituição alcança, dentre outras, empresas como as que prestam serviços de tecnologia da informação (TI), de tecnologia da informação e comunicação (TIC) e serviços de *Call Center*, bem como empresas do setor hoteleiro e também empresas cujas atividades se enquadram em muitas das posições da Nomenclatura Comum do Mercosul – NCM – anexa ao Decreto 7.660/11 (que aprova a tabela do IPI).

A contribuição substitutiva sobre a receita não é idêntica para todos os setores abrangidos pela substituição. As alíquotas variam, sendo que para determinadas atividades é de 4,5% e para outras é de 3%, de 2,5%, de 2% ou de 1% (arts. 7º-A e 8º-A da Lei 12.546/11, com a redação das Leis 13.161/15 e 13.202/15).

22. Contribuições de seguridade social sobre a receita (PIS e COFINS)

LEANDRO PAULSEN

22.1. A receita como base tributável

Desde a EC 20/98, quaisquer receitas do contribuinte podem ser colocadas, por lei, como integrantes da base de cálculo de contribuição para a seguridade social. Isso porque a EC nº 20/98 ampliou a base econômica do art. 195, I, para permitir a instituição de seguridade social sobre a "receita ou faturamento" (alínea "b"), de modo que a diferenciação de tais conceitos é desnecessária no que diz respeito às leis supervenientes, que regem o PIS e a COFINS (contribuições sobre a receita).

O termo "**receita**" tem sentido mais amplo, abrangendo tanto as receitas oriundas do objeto social da empresa (faturamento) como as receitas não operacionais, complementares, acessórias ou eventuais.

De qualquer modo, embora o conceito de receita seja mais largo que o de faturamento, nem todo ingresso ou lançamento contábil a crédito constitui receita tributável. A análise da amplitude da base econômica "receita" precisa ser analisada sob a **perspectiva da capacidade contributiva**. Não pode o legislador fazer incidir contribuição sobre indenizações ou ressarcimentos e recuperações de custos tributários. Assim, sobre os valores recebidos a título de repetição do indébito tributário, não incide COFINS.[11] Do mesmo modo, não incide COFINS sobre os créditos de ICMS, IPI, PIS e COFINS que evitam a cumulatividade de tais tributos ou mesmo sobre os créditos presumidos de IPI que visam a compensar o PIS e a COFINS suportados de fato pelo exportador quando da aquisição de produtos.[12]

---

[11] ADI SRF 25/2003: "Art. 2º. Não há incidência da (...) COFINS e da PIS/Pasep sobre os valores recuperados a título de tributo pago indevidamente. Art. 3º. Os juros incidentes sobre o indébito tributário recuperado é receita nova e, sobre ela, incidem o IRPJ, a CSLL, a COFINS e a Contribuição para o PIS/Pasep".

[12] STJ, Segunda Turma, Rel. Ministro CASTRO MEIRA, REsp 1.003.029/RS, ago/08.

Ponto ainda controverso diz respeito à pretensão dos contribuintes de excluir, da base de cálculo da COFINS, o ICMS destacado nas notas fiscais de venda de mercadorias. Entendem que o ICMS destacado não configuraria faturamento ou receita sua, mas do Fisco. Essa tese restou reforçada em outubro de 2014, quando o STF concluiu o julgamento do RE 240785, de relatoria do Min. Marco Aurélio, dando razão ao contribuinte por 7 votos a 2. Mas ainda pendem de julgamento sobre a matéria a ADC 18 e o RE 574.706 (com repercussão geral reconhecida). E note-se que, dos 7 votos favoráveis ao contribuinte no RE 240.785, três são de Ministros já aposentados e que não participarão, portanto, do julgamento da ADC e do novo RE. Entendemos que os contribuintes não têm razão e que, portanto, o entendimento possa vir a ser revertido. O ICMS é calculado por dentro, conforme se vê de nota ao art. 155, II, da CF. A pessoa jurídica contribuinte do ICMS o paga com recursos próprios, ainda que se possa visualizar, pelo destaque do ICMS na nota, a transferência do respectivo ônus financeiro ao consumidor, considerado, por isso, o contribuinte de fato. É por integrar o preço das mercadorias que não se pode excluir o ICMS da base de cálculo da COFINS.

Não é dado ao legislador tributar ingressos relativos a valores recebidos em nome de terceiros. Hoje, com a Lei 12.937/14, resta claro que só incide sobre o resultado das operações em conta alheia, e não sobre toda a receita recebida em favor de terceira empresa.

Mas, se, de um lado, só se pode instituir contribuição sobre a receita do contribuinte, e não sobre a receita de terceiros, de outro, não há direito constitucional dos contribuintes de deduzirem da base de cálculo despesas que tenham para com fornecedores de bens e serviços, ou seja, não há direito à tributação sobre o "lucro bruto".[13]

Não podem incidir sobre **receitas advindas da exportação de mercadorias e serviços**, como decorrência da **imunidade** constitucional estampada no art. 149, § 2º, I, da CF por força da EC 33/01, e repercutida no art. 6º da Lei 10.833/03.

22.2. PIS e COFINS comuns ou cumulativas

Existem dois regimes jurídicos para cada uma dessas contribuições: o comum ou cumulativo e o não cumulativo. Sistemáticas específicas de tributação relacionadas ao PIS e à COFINS são, ainda, as decorrentes da utilização, pelo legislador, das técnicas da substituição

---

[13] STJ, Primeira Seção, Rel. Ministro LUIZ FUX, REsp 847.641/RS, mar/09.

tributária para a frente e do regime monofásico. Em todos os regimes, a **União é o sujeito ativo** (credor) de tais contribuições, arrecadando--as através da Receita Federal do Brasil.

No **regime comum**, as contribuições PIS e COFINS são disciplinadas basicamente pela Lei 9.718/98.

Submetem-se ao regime comum as pessoas jurídicas tributadas no imposto de renda com base no lucro presumido (com receita bruta total, no ano-calendário anterior, de até setenta e oito milhões de reais e cujas atividades não estejam obrigatoriamente sujeitas à apuração do lucro real, nos termos do art. 13 da Lei 9.718/98, com a redação da Lei 12.814/13) e as imunes a impostos. Também se submetem ao regime comum as receitas de determinados setores, como as decorrentes de serviços prestados por hospital, pronto-socorro e clínica médica, as receitas decorrentes de prestação de serviços de educação infantil, ensinos fundamental e médio e educação superior, as receitas decorrentes de prestação de serviço de transporte coletivo de passageiros, efetuado por empresas regulares de linhas aéreas domésticas etc., conforme se vê dos arts. 8º da Lei 10.637/02 e 10 da Lei 10.833/03.

O fato gerador dessas contribuições ocorre mensalmente com a percepção do faturamento.

Por força da Lei 12.973/14, que alterou a Lei 9.718/98 e o art. 12 do Decreto-Lei 1.598/77, o PIS e a COFINS cumulativos incidem sobre o faturamento mensal, tendo por base de cálculo "o produto da venda de bens nas operações de conta própria", "o preço da prestação de serviços em geral", "o resultado auferido nas operações de conta alheia" e outras "as receitas da atividade ou objeto principal da pessoa jurídica".

No regime comum, o **PIS incide à alíquota de 0,65%**, conforme previsão constante do art. 1º da MP 2.158-35/01. A **COFINS incide à alíquota de 3%**, conforme o art. 8º da Lei 9.718/98, que teve a sua constitucionalidade reconhecida pelo STF.[14]

Tratando-se de regime comum ou cumulativo, tais contribuições incidem sobre o faturamento de cada empresa, sem que haja quaisquer deduções mediante apuração e compensação de créditos, tampouco ajuste posterior. Paga-se o resultado da aplicação da alíquota sobre a base de cálculo, sendo definitivo o montante decorrente dessa operação.

---

[14] STF, Tribunal Pleno, Rel. Ministro ILMAR GALVÃO, RE 336.134, 2002.

22.3. PIS e COFINS não cumulativos

Submetem-se ao regime não cumulativo as empresas maiores, com receita total anual superior a setenta e oito milhões de reais, nos termos do art. 13 da Lei 9.718/98, com a redação da Lei 12.814/13, desde que não submetidas por lei ao regime comum.

A Lei 10.637/02 cuida do **PIS não cumulativo**. Estabelece como fato gerador faturamento mensal. Sua base de cálculo é o total das receitas auferidas, mas não integram a base de cálculo as receitas decorrentes de saídas de mercadorias isentas da contribuição ou sujeitas à alíquota zero e as relativas a vendas canceladas e aos descontos incondicionais concedidos, nos termos do § 3º. O art. 2º da Lei 10.637/02 estabelece a alíquota de 1,65% como regra. Já o contribuinte está definido no art. 4º como sendo a pessoa jurídica que aufere as receitas. Resta claro da legislação, que, no caso do PIS/PASEP e da COFINS, não há creditamento de valores destacados nas operações anteriores, mas apuração de créditos calculados em relação a despesas com bens e serviços utilizados na sua atividade econômica. O art. 3º da Lei 10.637/02 autoriza o desconto de créditos calculados em relação a bens adquiridos para revenda, bens e serviços utilizados como insumo, inclusive combustíveis e lubrificantes, aluguéis pagos a pessoa jurídica, despesas financeiras, máquinas e equipamentos adquiridos, energia elétrica e energia térmica etc. O crédito apropriado não aproveitado em determinado mês pode ser aproveitado nos meses subsequentes, comunicando-se, pois, os períodos. Não há previsão de correção monetária de tais créditos. Também é autorizado o desconto de crédito apurado em relação às importações tributadas a título de PIS/PASEP-Importação, de que cuida a Lei 10.865/04.

A Lei 10.833/03 dispõe sobre a cobrança da **COFINS não cumulativa**. Incide sobre "o total das receitas auferidas no mês pela pessoa jurídica, independentemente de sua denominação ou classificação contábil", conforme se vê do seu art. 1º, com a redação da Lei 12.973/14. Contribuinte é "a pessoa jurídica que auferir as receitas". A alíquota da COFINS não cumulativa é, em regra, de 7,6%,[15] forte no art. 2º da Lei 10.833/03. Conforme a Lei 10.833/03, a base de cálculo da COFINS não cumulativa é o total das receitas auferidas pela pessoa jurídica, abrangendo as receitas com a venda de bens e serviços nas operações em conta própria ou alheia e todas as demais receitas auferidas. A não cumulatividade da COFINS é operacionalizada através da possibilidade de apropriação e desconto de créditos. O crédito não aprovei-

---

[15] Mas há inúmeras outras alíquotas para receitas específicas nos parágrafos do art. 2º.

tado em determinado mês poderá sê-lo nos meses subsequentes. A apropriação de créditos, nos termos da Lei 10.833/03, dá-se mediante a aplicação da alíquota de 7,6% sobre o valor de bens adquiridos para revenda, bens e serviços utilizados como insumo na prestação de serviços e na produção ou fabricação de bens ou produtos destinados à venda, energia elétrica consumida no estabelecimento, aluguéis de prédios, máquinas e equipamentos, despesas financeiras, máquinas, equipamentos e outros bens incorporados ao ativo imobilizado, edificações e benfeitorias nos imóveis utilizados nas atividades da empresa, bens recebidos em devolução, armazenagem de mercadoria e frete na operação de venda, vale-transporte, vale-refeição ou vale-alimentação, fardamento ou uniforme fornecidos aos empregados por pessoa jurídica que explore as atividades de prestação de serviços de limpeza, conservação e manutenção (art. 3º).

23. Contribuições de seguridade social do importador

LEANDRO PAULSEN

O art. 195, IV, da CF, advindo com a EC nº 42/03, ensejou a instituição de contribuição para o custeio da seguridade social a cargo do importador. Tal se deu através da Lei 10.865/04, que instituiu as contribuições denominadas **PIS/PASEP-Importação** e **COFINS-Importação**. A instituição de ambas deu-se simultaneamente, inferindo-se do tratamento unitário que lhes é atribuído – revelado no fato de que os aspectos das respectivas hipóteses de incidência são os mesmos, com ressalva da alíquota diferenciada – que, na prática, configuram simples percentuais apartados de uma única contribuição sobre a importação.

Os fatos geradores são "a entrada de bens estrangeiros no território nacional" e "o pagamento, o crédito, a entrega, o emprego ou a remessa de valores a residentes ou domiciliados no exterior como contraprestação por serviço prestado". Consideram-se ocorridos os fatos geradores "na data do registro da declaração de importação de bens submetidos a despacho para consumo" e "na data do pagamento, do crédito, da entrega, do emprego ou da remessa de valores" no caso de importação de serviços.

O PIS/PASEP-Importação e a COFINS-Importação têm como sujeito ativo a própria União. O art. 20 da Lei 10.865/04 expressamente prevê a administração do tributo pela Secretaria da Receita Federal.

Contribuinte é a pessoa física ou jurídica que promova a entrada dos bens no território nacional, relativamente à importação de bens, e a pessoa física ou jurídica aqui domiciliada contratante dos serviços ou, supletivamente, beneficiária do serviço, relativamente à importação de serviços.

A base de cálculo de tais contribuições, nos termos do art. 7º, I, da Lei 10.865/04, com a redação da Lei 12.865/13, é "o valor aduaneiro", o que guarda consonância com o estabelecido no art. 149, § 2º, III, *a*, da Constituição Federal".[16]

A alíquota do PIS/PASEP-Importação é de 2,1% ou de 1,65%, conforme o caso, havendo, ainda, alíquotas distintas para determinados produtos. O mesmo se dá relativamente à COFINS-Importação, cuja alíquota é de 9,65% ou de 7,6.%, também com previsões de outras alíquotas para alguns produtos que a lei indica. É o que consta do art. 8º da Lei 10.865/04. A Lei 10.865/04, no mesmo art. 8º, também diferencia o tratamento de outros produtos, fixando-lhes alíquota específica, ou seja, determinando um valor fixo por unidade de produto ou por volume. Traz, ainda, no § 11 do art. 8º, autorização ao Executivo para reduzir alíquotas a zero e restabelecê-las relativamente a alguns produtos, como alguns químicos e farmacêuticos e outros destinados ao uso em hospitais, clínicas e consultórios médicos e odontológicos, campanhas de saúde e laboratórios de anatomia patológica, citológica ou de análises clínicas. Esta delegação ao Executivo para integrar a norma tributária impositiva, mexendo em seu aspecto quantitativo, contudo, não encontra suporte constitucional.

As contribuições COFINS-Importação e PIS/PASEP-Importação são pagas, relativamente à importação de bens, na data do registro da Declaração de Importação, aliás como ocorre com o próprio Imposto sobre a Importação. Ou seja, é considerado ocorrido o fato gerador com o registro da Declaração de Importação e, incontinenti, é feito o pagamento das novas contribuições e do imposto sobre a importação eletronicamente, através do SISCOMEX. Já quanto à importação de serviços, o pagamento das contribuições é feito por ocasião do pagamento, crédito, entrega, emprego ou remessa da contraprestação (do preço do serviço), ou seja, simultaneamente à consideração da ocorrência do fato gerador.

---

[16] STF, Tribunal Pleno, Rel. p/Acórdão Ministro DIAS TOFFOLI, RE 559.937, mar/2013.

24. Contribuição de Seguridade Social sobre o Lucro (CSL)

LEANDRO PAULSEN

A União tem competência para instituir contribuição das empresas sobre o lucro com vista ao custeio da seguridade social, nos termos do art. 195, I, *c*, da CF. **Lucro** é o acréscimo patrimonial decorrente do exercício da atividade da empresa ou entidade equiparada.

A Lei 7.689/88 institui a contribuição social sobre o lucro das pessoas jurídicas. **Sujeito ativo** (credor) é a própria União, sendo arrecadada através da Secretaria da Receita Federal do Brasil. **Contribuintes** são as pessoas jurídicas domiciliadas no país e equiparadas. A Lei 10.865/04 **isenta** da CSL as sociedades cooperativas, salvo as de consumo.

A contribuição pode ser **anual ou trimestral**, como o imposto sobre a renda das pessoas jurídicas, sendo paga, também, nos mesmos prazos.

A **base de cálculo** da contribuição é o resultado do trimestre ou do exercício, antes da provisão para o imposto de renda (art. 2º da Lei 7.689/88), com os ajustes determinados pela legislação. Daí falar-se em "resultado ajustado", o que se aproxima muito do lucro real tributado pelo Imposto de Renda. O que difere são algumas deduções e compensações para a sua apuração.

As empresas que, no IRPJ, optem pela tributação conforme o lucro presumido, são tributadas a título de CSL conforme o resultado também presumido. Efetivamente, a CSL terá sua base de cálculo determinada conforme o *resultado presumido* quando a empresa tenha optado por apurar o Imposto de Renda pelo lucro presumido, o que envolve a adoção de base substitutiva tendo como referência percentual da receita bruta. Cuida-se de medida de simplificação da apuração e do recolhimento de tais tributos. Podem optar pelo lucro presumido empresas com receita bruta total, no ano-calendário anterior, até R$ 78.000.000,00 (setenta e oito milhões de reais) e cujas atividades não estejam obrigatoriamente sujeitas à apuração do lucro real, nos termos do art. 13 da Lei 9.718/98, com a redação da Lei 12.814/13. Em vez de apurarem o lucro real e o resultado ajustado, apuram o lucro presumido, seguindo o art. 15 da Lei 9.249/95. A base de cálculo diz-se presumida porque, em verdade, o lucro pode ter sido maior, ou menor, que o percentual da receita apontado por lei. Sobre o lucro presumido, aplica-se a alíquota do imposto, chegando-se ao montante devido. Como o lucro é presumido, a pessoa jurídica fica dispensada da apuração do lucro real e das formalidades que lhe são inerentes. Como regra, a base de cálculo é de 8% sobre a receita bruta auferida mensalmente. Mas há atividades para as quais a base de cálculo corresponde a 1,6% (revenda de combustível), 16% (como prestação de serviços de transporte, exceto o de carga) ou a 32% (prestação de serviços em geral, à exceção de alguns). A possibilidade ou não de compensação de prejuízos de anos anteriores é questão legal. Não há que se falar em comunicação automática de exercícios. Esta, quando admitida, constitui medida de política tributária estabelecida por lei, visando a minimizar os efeitos da carga tributária. O STF, inclusive, tem posição firmada no sentido da constitucionalidade de leis que limitaram a compensação de prejuízos passados.[17] Inexiste, assim, direito constitucional à dedução de prejuízos de períodos anteriores, considerada tal autorização, quando existente, como uma liberalidade do legislador, como verdadeiro benefício fiscal.

A alíquota da CSL é de 9%, nos termos do art. 3º da Lei 7.689/88, com a redação que lhe foi atribuída pela Lei 13.169/15. Mas há atividades, como as instituições financeiras, sujeitas a alíquotas de 20% ou de 17%.

A CSL apurada trimestralmente é paga em quota única no último dia do mês subsequente ao do encerramento do período de apuração, podendo o contribuinte optar pelo parcelamento em até três quotas, procedendo-se à sua atualização pela SELIC. Na CSL anual, há pagamentos mensais por estimativa até o último dia útil do mês subsequente àquele a que se referir e ajuste anual, com pagamento de eventual saldo até o último dia do mês de março do ano subsequente.

---

[17] STF, Segunda Turma, Rel. Ministro CEZAR PELUSO, RE 229.412 AgR, 2009.

25. Contribuições de intervenção no domínio econômico

LEANDRO PAULSEN

25.1. Contribuição destinada ao SEBRAE

A contribuição ao SEBRAE (Serviço Brasileiro de Apoio às Micro e Pequenas Empresas) foi instituída pelo art. 1º da Lei 8.154/90 como um **adicional** às contribuições ao SESC e SENAC (do comércio), SESI e SENAI (da indústria). Também é cobrada como adicional às contribuições devidas aos demais serviços sociais autônomos como o SECOOP (do cooperativismo), o SEST (do transporte), o SENAT (de aprendizagem do transporte) e o SENAR (de aprendizagem rural).

A parcela destinada ao SEBRAE é de 0,3% **sobre a folha de salários**.

A natureza de contribuição de intervenção no domínio econômico restou afirmada pelo STF quando do julgamento do RE 396.266-3: "A contribuição do SEBRAE – Lei 8.029/90, art. 8º, § 3º, redação das Leis 8.154/90 e 10.668/03 – é contribuição de intervenção no domínio econômico, não obstante a lei a ela se referir como adicional às alíquotas das contribuições sociais gerais relativas às entidades de que trata o art. 1º do DL 2.318/86, SESI, SENAI, SESC, SENAC. Não se inclui, portanto, a contribuição do SEBRAE, no rol do art. 240, CF". Afirmou o ministro-relator CARLOS VELLOSO no voto condutor que "se o SEBRAE tem por finalidade 'planejar, coordenar e orientar programas técnicos, projetos e atividades de apoio às micro e pequenas empresas, em conformidade com as políticas nacionais de desenvolvimento, particularmente as relativas às áreas industrial, comercial e tecnológica' (Lei 8.029/90, art. 9º, incluído pela Lei 8.154/90), a contribuição instituída para a realização desse desiderato está conforme aos princípios gerais da atividade econômica consagrados na Constituição. ... não possui o SEBRAE qualquer finalidade de fiscalização ou regulação das atividades das micro e pequenas empresas, mas de incentivo à sua criação e desenvolvimento, em conformidade com o disposto no art. 179 da Constituição Federal, acreditando em seu potencial de influenciar positivamente as áreas industrial, comercial e tecnológica, estas também de interesse das empresas que contribuem ao SESC/SENAC, SESI/SENAI. Conclui-se, portanto, que a contribuição para o SEBRAE é daquelas de intervenção na atividade econômica". Entende o STF que se trata de tributo constitucional, matéria, aliás, cuja repercussão geral foi reconhecida no AI 762202 RG para fins de aplicação uniforme do que decidido pelo STF.

Como o SEBRAE atua junto às micro e pequenas empresas, discutiu-se se as médias e grandes também poderiam ser obrigadas ao pagamento, já que não estavam no grupo alcançado por sua atividade. O STF firmou orientação indicando que a contribuição ao SEBRAE **pode ser cobrada também das médias e grandes empresas**, porquanto a atividade de tal ente social autônomo, embora direcionada às microempresas e às empresas de pequeno porte, afeta todo o comércio e toda a indústria, guardando, portanto, relação também com as médias e grandes.

Note-se que, assim como a contribuição ao INCRA, a contribuição ao SEBRAE é contribuição interventiva que tem por base de cálculo a folha de salários. Desse modo, é pertinente a discussão sobre a sua compatibilidade com a **EC 33/01**, que delimitou as bases econômicas sobre as quais poderiam incidir as contribuições interventivas: faturamento, receita bruta ou valor da operação (art. 149, § 2º, III, *a*, da CF). Entendemos que a contribuição ao SEBRAE foi tacitamente revogada, tendo em conta sua não recepção pela EC 33/01.[18] As reformas constitucionais, aliás, têm sido no sentido de desonerar a folha de salários, do que é exemplo também a EC 42/03, a qual, incluindo o § 13 ao art. 195 da CF, previu inclusive a possibilidade de substituição da própria contribuição previdenciária sobre a folha pela incidente sobre a receita ou o faturamento. Essa questão da recepção ou não pela EC 33/01 já teve a sua repercussão geral reconhecida pelo STF no RE 603624 RG, cujo mérito está para ser decidido.

25.2. Contribuição sobre a comercialização de combustíveis

O art. 177, § 4º, da Constituição, acrescentado pela EC 33/01, estabelece suporte constitucional específico para a instituição de "con-

---

[18] PAULSEN, Leandro; VELLOSO, Andrei Pitten. Controle das CIDEs e das Contribuições Sociais pela Base Econômica – Art. 149, § 2º, da CF com a redação da EC 33/01. Publicado na *RDDT* em 2008.

tribuição de intervenção no domínio econômico relativa às atividades de importação ou comercialização de petróleo e seus derivados, gás natural e seus derivados e álcool combustível". A intervenção dar-se-á mediante destinação dos recursos "ao pagamento de subsídios a preços ou transporte de álcool combustível, gás natural e seus derivados e derivados de petróleo", "ao financiamento de projetos ambientais relacionados com a indústria do petróleo e do gás" e "ao financiamento de programas de infra-estrutura de transportes", conforme prevê o inciso II do § 4º.

Estabelece o inciso I do § 4º que tal contribuição pode ter alíquota diferenciada por produto ou uso e que a alíquota pode ser "reduzida e restabelecida por ato do Poder Executivo", atenuando, assim, a legalidade. Também dispensa a observância da anterioridade de exercício. Ocorre que tanto a **legalidade** quanto a **anterioridade** constituem garantias fundamentais do cidadão contribuinte com nível de cláusula pétrea. Desse modo, nem mesmo por emenda constitucional a sua observância poderia ser dispensada. Por isso, entendemos que a EC 33/01, no ponto, é inconstitucional, tal como já decidiu o STF na ADI 939 relativamente à EC 03/03, que, ao autorizar a instituição do IPMF, estabelecera invalidamente exceção à anterioridade de exercício. Já a EC 42/01, que criou a garantia da anterioridade nonagesimal do art. 150, III, *c*, da CF, não colocou tal contribuição dentre as suas exceções e é plenamente aplicável.

A CIDE-Combustível foi instituída pela Lei 10.336/01. Dispõe seu art. 1º que incide "sobre a importação e a comercialização de petróleo e seus derivados, gás natural e seus derivados, e álcool etílico combustível" e que terá a destinação idêntica à elencada no dispositivo constitucional (art. 177, § 4º, II). **Fatos geradores** da contribuição são **as operações de importação e de comercialização** no mercado interno de gasolinas e suas correntes, diesel e suas correntes, querosene de aviação e outros querosenes, óleos combustíveis (*fuel-oil*), gás liquefeito de petróleo, inclusive o derivado de gás natural e de nafta e álcool etílico combustível realizadas por seus produtores, formuladores ou importadores, que são os contribuintes, tudo nos termos dos arts. 2º e 3º da referida lei. O art. 3º, § 2º, prevê que a contribuição "não incidirá sobre as receitas de exportação, para o exterior, dos produtos relacionados no *caput* deste artigo", o que está em consonância com o art. 149, § 2º, I, da CF, tendo em conta a imunidade criada pela EC 33/01.

As **alíquotas** são específicas (em valores certos por unidade de medida de volume, peso ou quantidade), nos termos do art. 5º da Lei 10.336/03: R$ 860,00 por m³ de gasolina, R$ 390,00 por m³ de diesel, R$ 92,10 por m³ de querosene de aviação e de outros querosenes, R$ 40,90 por *t* de óleos combustíveis com alto teor de enxofre, R$ 40,90 por *t* de óleos combustíveis com baixo teor de enxofre, R$ 250,00 por *t* de gás liquefeito de petróleo, inclusive o derivado de gás natural e da nafta, e R$ 37,20 por m³ de álcool etílico. É autorizada compensação do que tenha sido pago na importação ou na aquisição de outro contribuinte com o devido na comercialização no mercado interno (art. 7º).

No caso de comercialização, no mercado interno, a CIDE devida **será apurada mensalmente e será paga** até o último dia útil da primeira quinzena do mês subsequente ao de ocorrência do fato gerador e, na hipótese de importação, o pagamento da CIDE deve ser efetuado na data do registro da Declaração de Importação, nos exatos termos do art. 6º da Lei 10.336/01.

O art. 10 estabelece **isenção** da CIDE para produtos "vendidos a empresa comercial exportadora, conforme definida pela ANP, com o fim específico de exportação para o exterior".

A **administração** e a **fiscalização** da CIDE competem à Secretaria da Receita Federal, nos termos do art. 13.

26. Contribuições do interesse de categorias profissionais ou econômicas

LEANDRO PAULSEN

26.1. Contribuição aos conselhos de fiscalização profissional

As **contribuições devidas pelos profissionais aos respectivos conselhos** têm natureza tributária, constituindo contribuições do interesse das categorias profissionais, com amparo no art. 149 da CF, devendo observância às limitações ao poder de tributar, como a legalidade, a irretroatividade e as anterioridades.[19] Conforme decisões reiteradas de nossos tribunais: "Os Conselhos Profissionais não têm poder para fixar suas anuidades, devendo esta fixação obedecer os critérios estabelecidos em lei".[20]

É exigida inscrição nos Conselhos tanto dos profissionais pessoas físicas, como das empresas pessoas jurídicas. Mas a inscrição das pessoas jurídicas só pode ser exigida pelo Conselho que diga respeito à **atividade básica da empresa** ou em relação à qual preste serviços a terceiros, nos termos do art. 1º da Lei 6.839/80.

A **Lei 12.514/11** institui a **anuidade** devida aos conselhos de fiscalização profissional. É aplicável sempre que inexista lei específica ou que a lei específica estabeleça a cobrança em moeda ou unidade de medida não mais existente ou, em vez de estabelecer os valores, delegue a fixação para o próprio conselho, nos termos do art. 3º. A Lei 10.795/03, que institui as anuidades do CRECI, resta preservada, pois é lei especial.

Conforme a Lei 12.514/11, **fato gerador das anuidades é "a existência de inscrição no conselho**, ainda que por tempo limitado, ao longo do exercício", nos termos do seu art. 5º. Com a inscrição nos

---

[19] STJ, Segunda Turma, Rel. Ministra ELIANA CALMON, REsp 928.272, 2009.

[20] TRF4, Primeira Turma, Rel. Desa. Fed. MARIA LÚCIA LUZ LEIRIA, AC 2000.70.00.015264, 2002.

Conselhos, surge para os profissionais ou empresas a obrigação de pagar a respectiva anuidade, renovando-se anualmente tal obrigação enquanto permanecerem inscritos. Deixando de exercer determinada atividade profissional ou econômica, têm de requerer o cancelamento da inscrição, sob pena de terem de continuar pagando as anuidades. Importante é a regra do seu art. 9°, no sentido de que a "existência de valores em atraso não obsta o cancelamento ou a suspensão do registro a pedido".

O **montante devido** é de até R$ 500,00 para profissionais de nível superior, e de até R$ 250,00 para profissionais de nível técnico. Relativamente às empresas, a anuidade varia de R$ 500,00 a R$ 4.000,00 em função do capital social, tudo conforme dispõe o art. 6°. Está previsto reajuste pelo INPC, cabendo aos Conselhos proceder à atualização anual e divulgar o valor exato da anuidade devida.

26.2. Contribuição sindical

Os sindicatos contam com diversas fontes de receita, dentre as quais a chamada contribuição confederativa, fixada pela assembleia geral e que só obriga os filiados ao sindicato nos termos da **Súmula 666** do STF.[21] Também há a contribuição assistencial estabelecida por convenção coletiva e que igualmente só é exigível dos sindicalizados nos termos do **Precedente Normativo 119** do TST.[22] Por fim, ainda existe a contribuição sindical, essa sim de natureza tributária, instituída por lei com amparo no art. 149 da CF e exigível de todos os trabalhadores da categoria profissional.

A **contribuição sindical** é estabelecida pelos **arts. 579 e 580 da CLT**. A CLT prevê que é devida por todos os trabalhadores empregados, ao respectivo sindicato, na importância correspondente à remuneração de um dia de trabalho, bem como pelos profissionais liberais

---

[21] **Súmula 666 do STF**: "A contribuição confederativa de que trata o art. 8°, IV, da Constituição, só é exigível dos filiados ao sindicato respectivo".

[22] **Precedente Normativo 119 do TST**: "A Constituição da República, em seus arts. 5°, XX, e 8°, V, assegura o direito de livre associação e sindicalização. É ofensiva a essa modalidade de liberdade cláusula constante de acordo, convenção coletiva ou sentença normativa estabelecendo contribuição em favor de entidade sindical a título de taxa para custeio do sistema confederativo, assistencial, revigoramento ou fortalecimento sindical e outras da mesma espécie, obrigando trabalhadores não sindicalizados. Sendo nulas as estipulações que inobservem tal restrição, tornam-se passíveis de devolução os valores irregularmente descontados.". Mas o STF decidiu: "CONTRIBUIÇÃO – CONVENÇÃO COLETIVA. A contribuição prevista em convenção coletiva, fruto do disposto no artigo 513, alínea e, da Constituição Federal, é devida por todos os integrantes da categoria profissional, não se confundindo com aquela versada na primeira parte do inciso IV do artigo 8° da Carta da República." (STF, Segunda Turma, Rel. Ministro MARCO AURÉLIO, RE 189.960, 2000).

em valor fixo correspondente a 30% do maior valor de referência vigente. Mas há uma exceção: o STF entende que os advogados, mesmo empregados, não estão sujeitos à contribuição sindical em razão da sua necessária vinculação e contribuição à OAB e considerando que as funções que deveriam, em tese, ser desempenhadas pelos sindicatos foram atribuídas à OAB.[23]

Os empregadores também estão sujeitos à contribuição sindical da sua categoria econômica. A importância é calculada mediante aplicação de tabela de alíquotas que variam de 0,02% a 0,8%, mediante progressividade gradual, sobre o capital social da empresa.

Nos termos dos arts. 582 e 583 da CLT, a contribuição sindical dos empregados é descontada na folha do mês de março, sendo recolhida em abril. Os profissionais liberais realizam o recolhimento em fevereiro.

O STJ já decidiu que: "A contribuição sindical compulsória, também denominada de 'imposto sindical' (art. 578 e seguintes da CLT), não se confunde com a contribuição sindical associativa (contribuição assistencial) e pode ser arrecadada entre os funcionários públicos, conforme já declarou o STF, observadas a unicidade sindical (art. 8º, II, da CF/88) e a desnecessidade de filiação. Assim, seu desconto pode ser pleiteado por qualquer das entidades constantes do rol de beneficiários da arrecadação contido no art. 589 da CLT".[24]

Note-se que a União é que tem competência para instituir contribuição do interesse de categorias profissionais ou econômicas, de modo que as contribuições sindicais sempre terão como fonte lei federal, no caso presente, artigos da própria CLT.

Ademais, tratando-se de tributo, não há como a lei atribuir aos sindicatos a condição de sujeitos ativos, credores da contribuição, titulares das prerrogativas, de fiscalização e de constituição do crédito. Nos termos do art. 119 do CTN, só pessoas jurídicas de direito público é que podem figurar como sujeitos ativos. No caso, caberá à União, através do Ministério do Trabalho, figurar como credora, lançar e inscrever em dívida as contribuições impagas. Os sindicatos, que são pessoas jurídicas de direito privado sem fins lucrativos e exercem atividades do interesse público, figuram como destinatários do produto da arrecadação.

Os arts. 601 a 610 da CLT, com a redação da Lei 11.648/08, é que disciplinam as questões de procedimento e de processo relacionadas à constituição dos créditos, inscrição em dívida e cobrança.

---

[23] STF, Tribunal Pleno, Rel. Ministro EROS GRAU, ADI 2522, 2006.

[24] STJ, Segunda Turma, Rel. Ministra ELIANA CALMON, RMS 30930/PR, 2010.

São publicados editais durante três dias, nos jornais de maior circulação, até 10 dias da data para pagamento da contribuição sindical, nos termos do art. 605 da CLT.

Ocorrendo inadimplência, cabe às autoridades regionais do Ministério do Trabalho apurar, lançar e expedir certidão quanto ao crédito correspondente, que servirá de título executivo para viabilizar a execução a ser realizada pelas entidades sindicais, nos termos do art. 606 da CLT. Tal artigo dispõe, ainda, que da certidão constará "a individualização de contribuinte, a indicação do débito e a designação da entidade a favor da qual será recolhida a importância de imposto, de acordo com o respectivo enquadramento sindical". A cobrança da dívida faz-se com todos os privilégios próprios da Fazenda Pública, conforme o § 2º do mesmo artigo.

Relativamente à contribuição devida à confederação de categoria econômica, foi editada a **Súmula 396** do STJ: "A Confederação Nacional da Agricultura tem legitimidade ativa para a cobrança da contribuição sindical rural." (out/09).

27. Contribuição de iluminação pública

LEANDRO PAULSEN

O art. 149-A da Constituição autoriza os Municípios a instituírem contribuição para o custeio do serviço de iluminação pública, mediante lei municipal que observe a legalidade estrita, a irretroatividade e as anterioridades, o que, conforme já decidiu o STF, por certo não dispensa a observância das demais garantias dos contribuintes.

Entende o STF que a **cobrança apenas dos consumidores de energia elétrica** não viola a isonomia. Também entende que a progressividade da alíquota não afronta a capacidade contributiva.[25]

---

[25] "CONTRIBUIÇÃO PARA O CUSTEIO DO SERVIÇO DE ILUMINAÇÃO PÚBLICA – COSIP. ART. 149-A DA CONSTITUIÇÃO FEDERAL. LEI COMPLEMENTAR 7/02, DO MUNICÍPIO DE SÃO JOSÉ, SANTA CATARINA. COBRANÇA REALIZADA NA FATURA DE ENERGIA ELÉTRICA. UNIVERSO DE CONTRIBUINTES QUE NÃO COINCIDE COM O DE BENEFICIÁRIOS DO SERVIÇO. BASE DE CÁLCULO QUE LEVA EM CONSIDERAÇÃO O CUSTO DA ILUMINAÇÃO PÚBLICA E O CONSUMO DE ENERGIA. PROGRESSIVIDADE DA ALÍQUOTA QUE EXPRESSA O RATEIO DAS DESPESAS INCORRIDAS PELO MUNICÍPIO. OFENSA AOS PRINCÍPIOS DA ISONOMIA E DA CAPACIDADE CONTRIBUTIVA. INOCORRÊNCIA. EXAÇÃO QUE RESPEITA OS PRINCÍPIOS DA RAZOABILIDADE E PROPORCIONALIDADE. RECURSO EXTRAORDINÁRIO IMPROVIDO. I – Lei que restringe os contribuintes da COSIP aos consumidores de energia elétrica do município não ofende o princípio da isonomia, ante a impossibilidade de se identificar e tributar todos os beneficiários do serviço de iluminação pública. II – A progressividade da alíquota, que resulta do rateio do custo da iluminação pública entre os consumidores de energia elétrica, não afronta o princípio da capacidade contributiva. III – Tributo de caráter sui generis, que não se confunde com um imposto, porque sua receita se destina a finalidade específica, nem com uma taxa, por não exigir a contraprestação individualizada de um serviço ao contribuinte. IV – Exação que, ademais, se amolda aos princípios da razoabilidade e da proporcionalidade. V – Recurso extraordinário conhecido e improvido." (STF, Pleno, Rel. Ministro RICARDO LEWANDOWSKI, RE 573675, mar/09) Veja-se excerto do voto condutor: "... respeitados os demais princípios tributários e os critérios de razoabilidade e proporcionalidade, nada há de inconstitucional em identificarem-se os sujeitos passivos da obrigação em função de seu consumo de energia elétrica. Esta foi, aliás, a intenção do constituinte derivado ao criar o novo tributo, conforme se pode verificar a partir da leitura do seguinte trecho do relatório apresentado pelo Deputado Custódio Mattos à PEC 559/02: 'A proposta, para viabilizar e facilitar a efetiva implementação da contribuição, deixa explícita a faculdade legal de cobrança na própria fatura de consumo de energia elétrica dos contribuinte, que, fica implícito, seriam as pessoas físicas e jurídicas consumidoras de energia elétrica'. Com efeito, sendo a iluminação pública um serviço *uti universi*, ou seja, de caráter geral e indivisível, prestado a todos os cidadãos, indistintamente, não se afigura possível, sob o aspecto material, inclui todos os seus beneficiários no pólo passivo da

O próprio art. 149-A da CF, em seu parágrafo único, autoriza a **cobrança da contribuição na fatura de consumo de energia elétrica**. O fato de ter base de cálculo idêntica à do ICMS sobre energia elétrica não viola o § 3º do art. 155 da CF, que só veda a incidência de outro "imposto" sobre a mesma base, e não de uma contribuição. O Ministério Público Federal ingressou com Ação Civil Pública para obrigar concessionária a fazer com que, das faturas de energia elétrica, constasse **código de barras específico para o preço da energia e para a contribuição de iluminação pública**, de modo que não fosse condicionado o pagamento da conta ao da contribuição e vice-versa (STJ, Primeira Turma, Rel. Ministro Luiz Fux, REsp 1.010130, 2010), pretensão essa que encontra suporte no art. 164 do CTN.

No **Município de São Paulo**, tal contribuição foi instituída pela **Lei Municipal 13.479/02**, que restou regulamentada pelo Decreto 43.143/03. O parágrafo único do seu art. 1º fez constar que o **serviço de iluminação pública** a que se destina a contribuição "compreende a iluminação de vias, logradouros e demais bens públicos, e a instalação, manutenção, melhoramento e expansão da rede de iluminação pública, além de outras atividades a estas correlatas". Foi criado um fundo especial vinculado exclusivamente ao custeio do serviço de iluminação pública, destinatário da arrecadação da contribuição (art. 8º). O Executivo encaminha ao Legislativo, anualmente, o programas de gastos e investimentos e balancete do fundo (art. 8º). **Contribuinte** "é todo aquele que possua ligação de energia elétrica regular ao sistema de fornecimento de energia" (art. 3º). A contribuição tem **valores fixos** e distintos para os consumidores residenciais, de um lado, e para os consumidores não residenciais, de outro. Há isenção para os contribuintes "vinculados às unidades consumidoras classificadas como 'tarifa social de baixa renda' pelo critério da Agência Nacional de Energia Elétrica – ANEEL". A Lei 14.125/05 concedeu **isenção** aos contribuintes "residentes ou instalados em vias ou logradouros

---

obrigação tributária... De qualquer modo, cumpre notar que os principais beneficiários do serviço serão sempre aqueles que residem ou exercem as suas atividades no âmbito do município ou do Distrito Federal, isto é, pessoas físicas ou jurídicas, públicas ou privadas, identificáveis por meio das respectivas faturas de energia elétrica. [...] ... O Município..., ao empregar o consumo mensal de energia elétrica de cada imóvel, como parâmetro para ratear entre os contribuintes o gasto com a prestação do serviço de iluminação pública, buscou realizar, na prática, a almejada justiça fiscal, que consiste, precisamente, na materialização, no plano da realidade fática, dos princípios da isonomia tributária e da capacidade contributiva, porquanto é lícito supor que quem tem um consumo maior tem condições de pagar mais. Por fim, cumpre repelir o último argumento do recorrente, segundo o qual a base de cálculo da COSIP se confunde com a do ICMS. Tal hipótese, permissa venia, não ocorre no caso, porque a contribuição em tela não incide propriamente sobre o consumo de energia elétrica, mas corresponde ao rateio do custo do serviço municipal de iluminação pública entre contribuintes selecionados segundos critérios objetivos, pelo legislador local, com amparo na faculdade que lhe conferiu a EC 39/02".

que não possuam iluminação pública" (art. 3º). O art. 2º deixa claro que cabe "à Secretaria de Finanças e Desenvolvimento Econômico da Prefeitura do Município de São Paulo proceder ao lançamento e à fiscalização do pagamento da Contribuição". Mas a concessionária de energia elétrica é **responsável pela cobrança e recolhimento** da Contribuição, devendo transferir o montante arrecadado para a conta do Tesouro Municipal, mediante convênio, nos termos do art. 6º da Lei 13.479/02, devendo manter cadastro atualizado dos contribuintes que deixarem de efetuar o recolhimento da Contribuição. Ademais, a Lei 14.125/05 estabeleceu que a concessionária do serviço de distribuição de energia é obrigada à inclusão da contribuição na fatura de consumo de energia, cobrança e repasse do valor arrecadado para conta do Tesouro Municipal (art. 4º), sujeitando-se a multa moratória de 0,33% ao dia até o limite de 20% caso ocorra atraso no repasse, sem prejuízo da atualização monetária do débito. Estabeleceu, ainda, multa de 50% do valor da contribuição não repassada ou repassada a menor para as hipóteses de falta ou atraso no repasse.

Impressão:
Evangraf
Rua Waldomiro Schapke, 77 - POA/RS
Fone: (51) 3336.2466 - (51) 3336.0422
E-mail: evangraf.adm@terra.com.br